股权布局控税

肖太寿　钟天宁　编著

中国财经出版传媒集团
中国财政经济出版社

图书在版编目（CIP）数据

股权布局控税 / 肖太寿，钟天宁编著 . -- 北京：中国财政经济出版社，2022. 4（2022.7 重印）
ISBN 978 - 7 - 5223 - 1290 - 3

Ⅰ. ①股… Ⅱ. ①肖… ②钟… Ⅲ. ①股权管理－税收管理－研究－中国 Ⅳ. ①F812. 423

中国版本图书馆 CIP 数据核字（2022）第 050343 号

责任编辑：陈志伟　　　　责任印制：史大鹏
封面设计：MXK DESIGN STUDIO Q:1765628429　　　　责任校对：胡永立

股权布局控税
GUQUAN BUJU KONGSHUI

中国财政经济出版社 出版
URL：http：//www. cfeph. cn
E - mail：cfeph@ cfeph. cn

社址：北京市海淀区阜成路甲 28 号　邮政编码：100142
营销中心电话：010 - 88191522
天猫网店：中国财政经济出版社旗舰店
网址：https：//zgczjjcbs. tmall. com
北京时捷印刷有限公司印刷　各地新华书店经销
成品尺寸：170mm × 240mm　16 开　19. 5 印张　243 000 字
2022 年 4 月第 1 版　2022 年 7 月北京第 2 次印刷
定价：98. 00 元
ISBN 978 - 7 - 5223 - 1290 - 3
（图书出现印装问题，本社负责调换，电话：010 - 88190548）
本社质量投诉电话：010 - 88190744
打击盗版举报热线：010 - 88191661　QQ：2242791300

前言

所谓“股权布局控税”，是指企业通过公司股权架构设计，既使原始股东（创始人）紧紧掌握公司控制权，又实现合法节税和股权激励目标的一种股权安排策略。“股权布局控税”必须要实现两个目标：一是原始股东或原始创始人紧紧掌握了公司的控制权；二是在原始股东不丧失公司控制权的前提下，实现公司合法合理纳税，降低税收风险，提升企业税收安全的目标。因此，股权布局控税必须遵循“**既不丧失公司控制权又合法控税**”的新思维。

企业要在经营中规避财、税、法三大风险，维持企业健康持续经营。作为企业的老板和企业的财务负责人，一定要重视财务风险、税务风险和法律风险控制，提升企业的税收安全，增强竞争力。“股权布局控税”的逻辑思路为：第一，必须在遵循《公司法》、公司章程和税法相互融合的法律保障前提下，策划企业股权架构的布局，第二，企业股权布局全过程中，必须贯彻“原始股东不丧失公司控制权”的原则；第三，股权布局必须控制税收风险，合法纳税。

为了提高广大企业老板和财务负责人对企业自身财税法风险的掌控能力，笔者结合自己多年在税务实践中的职业操守经验和对国家最近颁布的新税收政策的研究，特意编写 部相关指引——**《股权布局控税》**。

本书从篇章结构来看，主要分为六章。股权布局控税新思维：既不丧失公司控制权又合法控税；股权布局控税的法律保障：公司法、公司章程、股东协议与税法相融合；三种公司股权架构主体的涉税处理；“九大”股权布局控税策略及其案例剖析；股权布局涉及股权转让的纳税处理；股权布局涉及增资、减资、转增资本的涉税处理。

第一章，股权布局控税新思维：既不丧失公司控制权又合法控税。

本章主要介绍的内容有：（1）规避股权布局的“四大死局”，即股权均分、按资配股、小股为尊、股权过散和影子股东；（2）掌握公司控制权的三大工具、六大策略，股权布局控税的股权架构主体设计等三方面的内容。其中，“三大工具、六大策略”是指通过股东协议、公司章程、股东会和董事会会议，从股权层面、股东会层面、董事会层面、董事长层面、CEO 层面和法定代表人层面六大层面进行规则的巧妙设计，实现对公司控制权的掌握。重点介绍了既能掌握公司控制权又能合法控税的三种股权架构主体的设计策略。

第二章，股权布局控税的法律保障：公司法、公司章程、股东协议与税法相融合。

本章主要详细介绍股权布局控税的法律保障，即将**公司法、公司章程、股东协议与税法相融合，从而为股权布局控税设计提供重要的法律支撑。在设计企业的股权布局控税策略时，**必须依照公司法的规定，在公司章程中巧妙设计规则，以使原始股东掌握公司控制权，同时依照国家税法的规定，充分运用税法的规定，设计股权布局，为节约税收夯实基础。

公司成立后，各股东签署的公司章程（市场监督管理局通用版本的公司章程）必须要在市场监督管理局进行备案，对外进行公布。可是基于原始股东增强公司控制权和决策权的考虑，市场监督管理局提供的通用版本公司章程，很难满足各股东想要加强公司内部治理的需要，所以，公司的各股东除了一致签署在市场监督管理局备案的公司章程之外，还会共同签署股东协议、股东出资协议、一致行动人协议、股东分红协议、委托投票权协议，以上协议与公司章程之间存在一定的联系，对签字的各股东均有法律约束力。而且，公司章程、股东协议、股东出资协议、股权转让协议、增资扩股协议签订的前提条件是不得违背《公司法》的相关规定。

第三章，三种公司股权架构主体的涉税处理。

股权架构是公司治理结构的基础，不同的股权架构最终会影响公司的行为和绩效。核心公司的股权布局体现为三种常用的股权架构主体形式：自然人直接架构、控股公司架构和有限合伙企业架构。这三种股权架构主体涉及投资者的税负完全不一样。本章主要分析三种常用的股权架构主体的税负，从税负的角度来分析公司创始人、财务投资者应如何选择公司主体股权架构。

第四章，"九大"股权布局控税策略及其案例剖析。

本章以"股权布局控税的新思维"为指导，以股权布局控税的法律保障为基础，通过举例法，重点论证"九大"股权布局的控税策略：一是设计控股公司股权架构比自然人股权架构令股权转让更控税；二是建筑企业挂靠利润合法提取的股权布局设计；三是设计定向分红免税的股权布局；四是提取企业未分配利润的股权布局；五是设计"有限合伙企业+家族公司（有限公司）"作为股权架构主体的混合股权架构；六是设计构建用20万元控制5 000万元的公司，且既能控税又只承担20万元责任的股权布局；七是企业生命周期的股权布局控税设计；八是对外增资扩股后的股权布局控税设计；九是建筑劳务公司老板提取劳务利润的股权布局控税设计。

第五章，股权布局涉及股权转让的纳税处理。

股权布局涉及的股权转让业务，主要是法人股东转让股权和自然人股东转让股权业务，其中，股权转让业务中包括股权投资、股权置换等业务。自然人转让股权与法人转让股权只涉及印花税、企业所得税（股东是法人的情况下）、个人所得税（股东是自然人股东的情况下），根本不涉及增值税（因为股权转让不属于增值税的征税范围，所以不征增值税）。从股权布局控税的角度来讲，设计有限责任公司或股份有限公司（法人单位）持股的股权架构主体的股权结构，股权转让更省税。本章重点介绍法人股东退出、法人转让股权和自然人转让股权的纳税处理。

第六章，股权布局涉及增资、减资、转增资本的涉税处理。

在企业股权布局控税策略方案的设计过程中，往往涉及公司对外股权融资，增加公司注册资金，公司减资和公司未分配利润、盈余公积转增资本等一系列涉税问题。本章从控制企业税收风险，确保提升公司税收安全的角度出发，主要介绍和分析法人投资者、自然人投资者从被投资企业减资，公司对外进行股权融资、增资扩股以及公司累积盈余转增资本过程中的涉税风险及其应对策略。在此基础上，详细分析平价增资、溢价增资和折价增资的涉税处理。

本书具有以下特点：

1. 内容具有新颖性和创新性。本书是基于《公司法》《合伙企业法》《中华人民共和国民法典》和国家颁布的最新税收政策而编写的税务实践之书。巧妙地把最新税收政策应用到企业股权布局控税设计中，具有很强的新颖性和时代的创新性。

2. 实用性和操作性强。本书收集了较多的实例，特别是“九大”股权布局控税策略设计中的众多实例，是笔者长期税务咨询实践中收集的真实案例，读者阅读学习后，就知道在税务实务中怎样处理各类业务可能存在的涉税风险点，富有实际操作性和可行性。

希望本书能够作为各有关律师事务所、会计师事务所、税务师事务所、财税咨询公司、企业管理咨询公司等财税中介机构，以及各地税务干部、财务总监、财务部经理、企业家或老板的培训教材，也可以作为广大教师、科研人员、税务干部、税务师、注册会计师和税务律师的参考用书。

由于时间仓促，书中错误之处在所难免，敬请读者谅解！

2022 年 3 月

于北京肖太寿直播室

获得更多精彩内容，请扫描并关注肖太寿博士说税公众微信号：xtstax。

目录

第一章　股权布局控税新思维：既不丧失公司控制权又合法控税

所谓“股权布局控税”，是指企业通过公司股权架构设计，既实现原始股东（创始人）紧紧掌握公司控制权，又实现合法节税和股权激励目标的一种股权安排策略。“股权布局控税”一词是动宾结构，“控税”是目标，“股权布局”是手段，是工具，连起来理解，是指通过企业股权布局的设计，达到企业规避防范税收风险、合法合理少缴纳税收的目标。或者说，“股权布局控税”必须要实现两个目标：一是原始股东或创始人紧紧掌握了公司的控制权；二是基于原始股东不丧失公司控制权的前提下，实现公司合法合理节税的目标。因此，股权布局控税必须遵循“**既不丧失公司控制权又合法控税**”的新思维。

第一节　规避股权布局的“四大死局”①

在企业股权布局实践中，对于通过股权比例控制公司控制权的初创企业而言，为了紧紧掌握公司的控制权，原始股东必须规避股权布局的“四大死局”：股权均分、按资配股、小股为尊、股权过散和影子股东。具体论

① 仝宝雄．公司控制权顶层设计［M］．北京：中国纺织出版社有限公司，2021：44－48.

述如下：

一、股权布局“死局”之一：股权均分

所谓“股权均分”是指平均分散股权，每个股东的股权比例是一样的。例如，两名股东各占50%，四名股东各占25%，五名股东各占20%。这种“股权均分”，没有明显大股东的情况，对于创业公司而言，基本上九死一生。因为“股权均分”存在以下弊端：

1. 股东搭便车，没有人真正为公司负责。

2. 决策成本高。

“股权均分”导致的直接后果是没有决策者，股东有同等发言权。因此，大家都是主人，又没有在话语权上能说了算的人，遇事吵吵嚷嚷，议而不决，导致无法达成一致意见，无法形成最终有效决策。

3. 容易导致内部人贪腐。

管理人员需要有人监督，在平均分散股权模式下，对每个股东来说，监督带来的收益不大，而监督需要成本、精力、时间等，且容易得罪人，因此，谁也不愿意监督，于是导致内部人贪腐。过去的大集体——生产队、人民公社，就是“平均分散股权”的极致案例。事实已经证明，那是没有效率的。

4. 容易引起股东之间的矛盾。

在公司初创时期，从股权比例层面掌握公司控制权而言，平均分散股权的设计方法，可能会出现股权除不尽的情况，这就会导致某个股东的股权比例比其他股东多那么一点点，而多那么一点点，会导致话语权极大的差异。

例如，3 个股东平均分配 100% 的股权，除不尽，于是一个股东占 33.34%，另外两个股东占 33.33%。那个多 0.01% 的股东，跟另外任意一

个股东很容易达成一致，即可超过三分之二，能够作出重大决策。而另外两个占33.33%的股东就没有占33.34%的股东的决策权利，即可以跟另外任意一个股东达成一致，占比可超过三分之二，能够作出重大决策的方便。

再如，6个股东，也是除不尽，于是其中一个股东占16.7%，另外5个各占16.66%，或者有4个占16.67%，2个占16.66%。不论哪种情况，股东之间的小小差异，都会导致话语权大大的不同，引发股东之间的矛盾。

【案例分析1：海底捞股权之争的启示①】

（一）海底捞最初的股权结构：平分股权（最差的股权结构）

1994年，有四个要好的年轻人，在四川简阳开设了一家只有4张桌子的小火锅店，后来快速发展，成就了今日的海底捞。这四个要好的年轻人，两男两女结成了两对夫妻，他们就是“海底捞”股东张勇夫妇和施永宏夫妇。最初的时候，现任海底捞董事长兼总经理张勇并没有出资，是其他3个年轻人凑了8 000元，而这四个人各占了25%的股份。出现了海底捞最初（1994年）的平分股权的股权结构，其股权结构如图1－1所示。

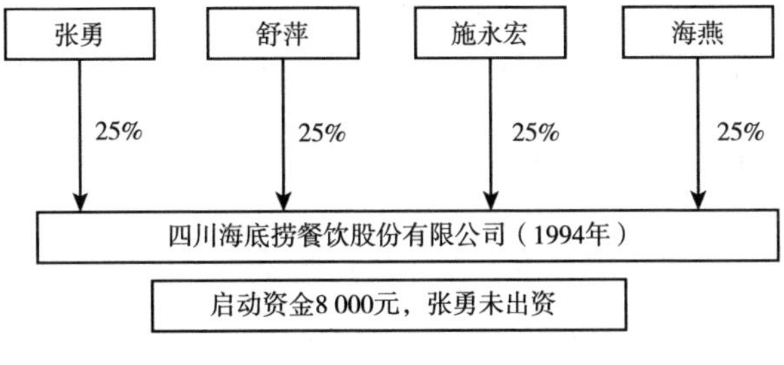

图1－1　海底捞最初（1994年）的股权结构

随着企业不断壮大，没有拿过1分钱的张勇认为企业要想发展，就需要一个经理，他提议自己当经理。施永宏同意了。张勇

① 资料来源：作者通过“海底捞”官方网站的资料整理所得。

还认为，另外3个股东跟不上企业的发展，于是毫不留情地先后让他们离开了企业，只做股东。

张勇最早先让自己的太太离开了企业，2004年让施永宏的太太也离开了企业。张勇夫妇与施永宏夫妇各占50%法人股份。

（二）海底捞股权结构的调整

2007年，正是"海底捞"快速起飞的时候，张勇竟然让和自己奋斗20年的兄弟、和自己拥有同样股份的施永宏下了岗。这还没有结束，施永宏离开海底捞后，张勇又以原始出资额的价格，从施永宏夫妇手中购买了18%的股权，张勇夫妇成了海底捞占股68%的绝对控股股东，68%已经超过了三分之二。海底捞股权关系变化如图1-2所示。

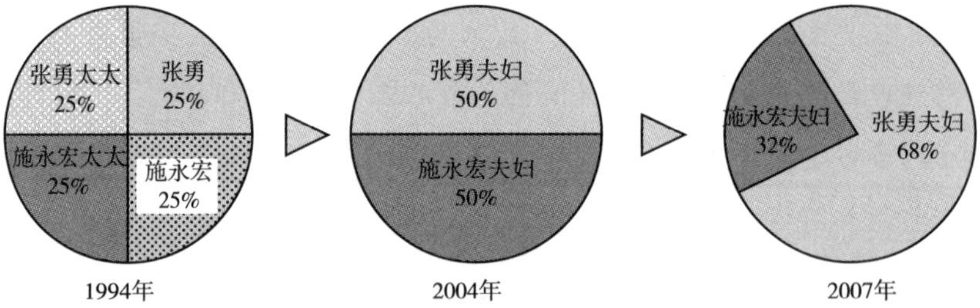

图1-2　海底捞股权关系变化

（三）海底捞股权变化的启示

1. 最差的股权结构是平分股权，股权平分=死亡。

2. 好的股权结构标准：

第一，一定要有"带头大哥"的股东，即核心股东、能够拍得了板的股东，核心股东必须占有公司67%以上的表决权。

第二，股东之间必须相互信任。海底捞的股权调整，其实相当于公司二股东施永宏给大股东张勇作了一次股权激励。

【案例分析2：真功夫股权之争对公司股权分配设计的法律启示[①]】

（一）真功夫餐饮管理有限公司股权结构裂变始末

1. 真功夫餐饮管理有限公司前身——“东莞市双种子饮食有限公司”的股权结构。

真功夫的前身，是潘宇海在东莞长安镇107国道旁边开的一家168甜品店。1994年，潘敏峰和蔡达标加入168甜品店，创始人变为潘宇海、蔡达标、潘敏峰三人，潘敏峰是潘宇海的姐姐，是蔡达标的妻子。潘敏峰和蔡达标两夫妻出资了4万元，潘宇海出资4万元，把168甜品店改为168蒸品店。股权结构是潘宇海占50%，姐姐和姐夫各占25%。随后，168蒸品店更名为“双种子公司”，最后再更名为“真功夫”。这种股权结构一直未变。潘宇海将“电脑程控蒸汽柜”引入中式快餐烹饪，实现了中式快餐的标准化、规模化加工，原来的甜品店也因此得以蜕变为标准化的中式快餐连锁店，并改组为“东莞市双种子饮食有限公司”，开始在东莞迅速扩张。潘宇海担任双种子公司董事长、总裁。1994年的“东莞市双种子饮食有限公司”股权结构如图1－3所示。

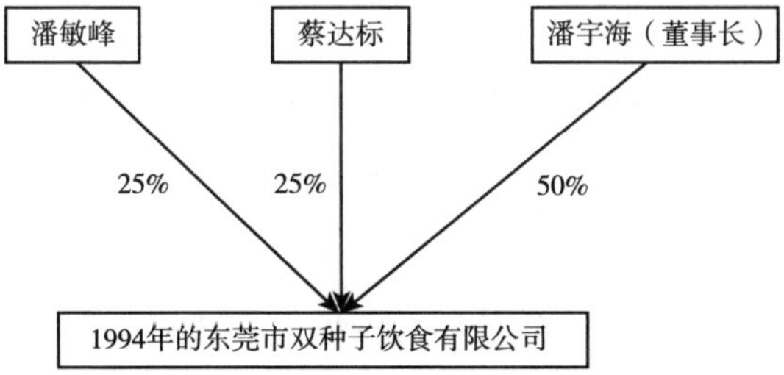

图1－3　1994年的“东莞市双种子饮食有限公司”股权结构

① 资料来源：作者根据真功夫餐饮管理有限公司官方网站整理所得。

2. 蔡达标、潘敏峰夫妇离婚后的“东莞市双种子饮食有限公司”股权结构。

1997年，真功夫借助其“电脑程控蒸汽设备”，攻克了中式快餐业的“速度”和“标准化”两大难题，开始在全国各地开设连锁店，企业快速发展起来。在这个阶段，负责店面扩张的蔡达标对企业的贡献越来越大。2003年，企业的主导权从潘宇海的手中转到了蔡达标手中。2006年9月，蔡达标、潘敏峰夫妇离婚，潘敏峰所持有的25%股权归蔡达标所有。2006年的“东莞市双种子饮食有限公司”股权结构如图1-4所示。

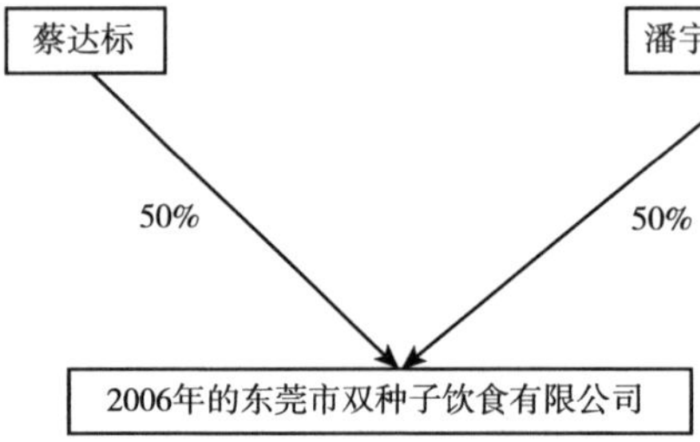

图1-4　2006年的“东莞市双种子饮食有限公司”股权结构

3. 2007年真功夫餐饮管理有限公司的股权结构。

2007年，蔡达标开始为上市做准备。一方面，从肯德基、麦当劳等快餐连锁店引进一批高管，此举使真功夫早期跟随创业的一些元老先后离去，这也被外界解读为“去潘化”策略；另一方面，蔡达标在同一年引入了今日资本和中山联动两家风投。两家风投对真功夫估值高达50亿元，各投1.5亿元，各占3%的股权，蔡达标和潘宇海的股权比例都由50%摊薄到47%。至此，真功夫的股权结构变为蔡达标、潘宇海各占41.74%，双种子公司占10.52%（其中蔡、潘各占5.26%），今日资本和中山联动各占3%。后来，蔡达标通过控股中山联动，股权比例反超潘宇海。2007年真功夫餐饮管理有限公司的股权结构如图1-5所示。

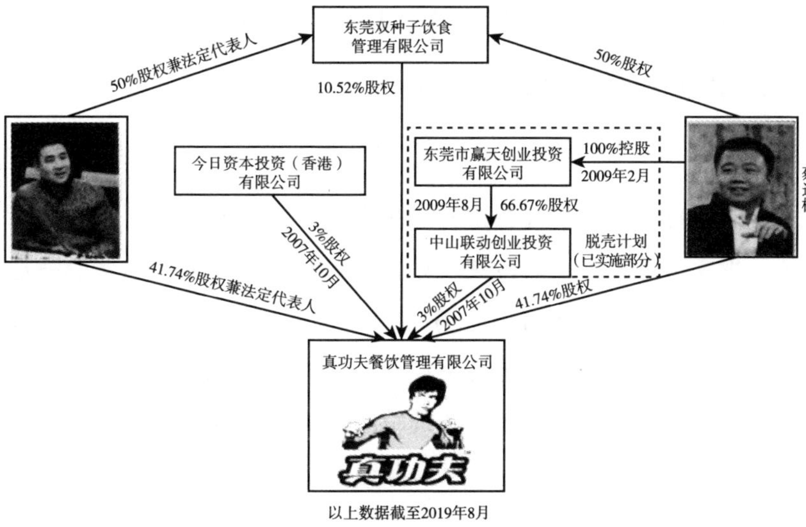

图 1－5　2007 年真功夫餐饮管理有限公司的股权结构

（二）股东矛盾日益激化

在两家风投公司的建议下，蔡达标开始着手“去家族化”改革，从肯德基、麦当劳等餐饮连锁企业挖来众多职业经理人，而在此过程中，真功夫多位与潘宇海关系密切的中高层或离职或被辞退，这使得潘宇海被进一步边缘化。2008 年，蔡达标未兑现 5 年前的“口头”承诺，即让潘宇海做总裁，潘宇海希望参与真功夫管理而不得，致使两人的矛盾和争斗公开化。

2009 年 7 月 23 日，潘宇海将真功夫告上法庭，要求履行公司股东知情权，并请求法院查封该公司 2007 年 7 月至 2008 年 12 月的财务报告、财务账册以及会计凭证。

2010 年 2 月，广州市天河法院作出判决，判定真功夫拒绝大股东查账审计属于违法，要求真功夫将财务报告、财务账册、会计凭证、银行对账单提供给股东潘宇海委托的会计师事务所进行账目审计，并提供不少于 10 平方米的办公场所。随后，潘宇海向公安报案。2011 年 3 月 17 日下午，蔡达标和真功夫的部分公司高管被公安部门“带走”。2014 年，蔡达标获刑 14 年。

（三）真功夫股权之争的法律评析及建议

1. 法律评析

企业的每个股东对企业的贡献肯定是不同的，而股权比例对等，即意味着股东贡献与股权比例不匹配，这种不匹配到了一定程度，就会引发股东矛盾。另外，这种股权结构没有核心股东，也容易造成股东矛盾。真功夫股权之争的问题关键，在于股权结构设计不合理，家族矛盾只是进一步加剧了股权结构不理想所导致的矛盾。全世界最差的股权结构，就是两个股东各占 50%，如果两个股东意见一致还好，不一致就很麻烦。**而真功夫正是这种情况，蔡达标、潘敏峰离婚后，姐夫蔡达标和小舅子潘宇海各占 50%的均等股权比例是股权之争的根本原因所在。**

2. 股权比例设计的建议

两人合伙开公司，一定要规避各占 50% 的股权比例设计。

二、股权布局“死局”之二：按资配股

“出资比例 = 股权比例”是股权配置中的一种认识错误。因为一家公司能否做好，资金只是一方面因素，还有很多因素必须考虑，如人力贡献、专业技术、特殊资源等，只有综合各方面因素，才能最终确定每个人的配股比例。因此，绝对不可以仅按照出资人投入的资金额进行股权比例分配。

【案例分析 3：某公司按照股东出资比例配置股权比例的法律分析】

（一）基本情况介绍

A 公司由甲、乙、丙三位股东出资创立，甲出资 60 万元，乙出资 25 万元，丙出资 15 万元，股权分配为甲占 60%，乙占 25%，

丙占15%。其中，乙因为掌握技术而全权负责经营，丙引入一些特殊资源帮助公司发展，甲基本不参与管理。请分析A公司按照各股东出资比例分配股权是否合理。

（二）按照出资比例分配股权的法律分析

由于每一位股东对企业的贡献度是不一样的，根据资金股、技术股、资源股对企业的贡献度来配置股权比例才是合理、公平的。而本案例按照各股东出资比例来分配股权比例显然是不公平的。因此，建议股权配置方案如下：

第一，A公司中甲出资最多，但没有任何资金外的贡献，建议甲的股份比例下调。

第二，乙掌握技术又负责经营，显然贡献最大，应提高乙的股权比例。

第三，丙为公司引入了重要资源，对公司发展的贡献也不小，应提高其股权占比。

假设资金贡献占50%、技术贡献占30%、资源贡献占20%，则公司配置给甲的股权比例为30%（60%×50%+30%×0+20%×0）；配置给乙的股权比例为42.5%（25%×50%+30%×100%+20%×0）；配置给丙的股权比例为27.5%（15%×50%+30%×0+20%×100%）。

因此，在设计股权比例时，最好不要仅按照各个股东的出资比例分配股权。因为一个公司的发展，离不开资金、技术、管理、人脉资源等生产要素的共同作用。所以，应将公司股权分为资金股、技术股、人才股和资源股。在给每位股东设计股权时，必须按照每位股东提供的资金、技术、管理、人脉等资源给公司未来带来的贡献值及其比例权重，综合计算每位股东应分配的股权比例。下面以一个案例进行说明，以飨读者。

【案例分析4：A公司各位股东的股权比例如何设计?】

（一）基本情况介绍

A公司是刚成立的网络技术企业。甲出资50万元，负责管理；乙出资20万元，负责技术；A公司的技术与运营团队共6人，均为90后，没多少积蓄，共出资30万元，也是负责技术。另一个公司的高管人员丙看重A公司的发展前景及团队，打算投资100万元。因此，A公司注册资本定为200万元。甲、乙和技术与运营团队，在公司全职工作，既出资又出力，且甲、乙在公司4年内不离职。丙是兼职人员，只是出资100万元，不参与公司的任何管理，丙是相信甲与乙的为人才投资的，中途有离职的可能，且丙向甲、乙承诺：出大钱占小股，底线为20%。请问，如何给甲、乙、丙、技术与运营团队设计合理的股权比例？

（二）股权比例设计方案

第一步，经大家协商一致，将公司的股权分为两部分：资金股和人力股，其中资金股占比40%，人力股占比60%。在人力股中，甲的管理人力股占40%、乙的技术人力股占10%，技术与运营团队的人力股占10%，人力股分4年解锁。

第二步，计算各股东的股权比例。

甲的股权比例为：甲的出资比例25%（50÷200）×资金股比例40%＋甲的管理人力股40%＝50%；

乙的股权比例为：乙的出资比例10%（20÷200）×资金股比例40%＋乙的技术人力股10%＝14%；

丙的股权比例为：丙的出资比例50%（100÷200）×资金股比例40%＋丙的技术人力股0＝20%；

技术运营团队的股权比例为：技术运营团队的出资比例15%

（30÷200）×资金股比例 40% + 乙的技术人力股 10% =16%。

各位股东的股权比例如表 1-1 所示。

表 1-1　　各位股东的股权比例

<table>
<tr><th colspan="2">股东
持股</th><th>甲</th><th>乙</th><th>技术与
运营团队</th><th>丙</th><th>合计</th></tr>
<tr><td rowspan="2">出资
情况</td><td>出资额</td><td>50 万元</td><td>20 万元</td><td>30 万元</td><td>100 万元</td><td>200 万元</td></tr>
<tr><td>持股比例</td><td>25%</td><td>10%</td><td>15%</td><td>50%</td><td>100%</td></tr>
<tr><td rowspan="2">股份
分类</td><td>资金股
40%</td><td>10%
（25%×40%）</td><td>4%
（10%×40%）</td><td>6%
（15%×40%）</td><td>20%
（50%×40%）</td><td>40%</td></tr>
<tr><td>人力股
60%</td><td>40%
（分 4 年兑现）</td><td>10%
（分 4 年兑现）</td><td>10%
（分 4 年兑现）</td><td>0%
（无人力股）</td><td>60%</td></tr>
<tr><td colspan="2">合计持股</td><td>50%</td><td>14%</td><td>16%</td><td>20%</td><td>100%</td></tr>
</table>

第三步，分红权分 4 年成熟、解锁。当合伙人离职时，分红权全部收回，可由甲或乙代持。人力股分 4 年成熟、解锁是指每年成熟的人力比例（人力股比例 ÷4），如果中途离职，则按"剩余的年份 ×25%"计算的股权比例由公司收回。各股东分红的股权比例是按照资金股的比例加上人力股的比例计算所得。因此，各股东 4 年中分红的股权比例计算如下。

（1）甲分红的股权比例计算如下：

第一年末分红的股权比例：资金股比例 10% + 第一年末的人力股比例 40% ÷4 =20%；

第二年末分红的股权比例：资金股比例 10% + 第二年末的人力股比例 40% ÷4 ×2 =30%；

第三年末分红的股权比例：资金股比例 10% + 第三年末的人力股比例 40% ÷4 ×3 =40%；

第四年末分红的股权比例：资金股比例 10% + 第四年末的人力股比例 40% ÷4 ×4 =50%。

（2）乙分红的股权比例计算如下：

第一年末分红的股权比例：资金股比例4%＋第一年末的人力股比例10%÷4＝6.5%；

第二年末分红的股权比例：资金股比例4%＋第二年末的人力股比例10%÷4×2＝9%；

第三年末分红的股权比例：资金股比例4%＋第三年末的人力股比例10%÷4×3＝11.5%；

第四年末分红的股权比例：资金股比例4%＋第四年末的人力股比例10%÷4×4＝14%。

（3）技术与运营团队分红的股权比例计算如下：

第一年末分红的股权比例：资金股比例6%＋第一年末的人力股比例10%÷4＝8.5%；

第二年末分红的股权比例：资金股比例6%＋第二年末的人力股比例10%÷4×2＝11%；

第三年末分红的股权比例：资金股比例6%＋第三年末的人力股比例10%÷4×3＝13.5%；

第四年末分红的股权比例：资金股比例6%＋第四年末的人力股比例10%÷4×4＝16%。

（4）丙分红的股权比例计算如下：

第一年末分红的股权比例：100%－（甲第一年末分红的股权比例＋乙第一年末分红的股权比例＋技术与运营团队第一年末分红的股权比例）＝(100%－20%－6.5%－8.5%）＝65%；

第二年末分红的股权比例：100%－（甲第二年末分红的股权比例＋乙第二年末分红的股权比例＋技术与运营团队第二年末分红的股权比例）＝(100%－30%－9%－11%）＝50%；

第三年末分红的股权比例：100% －（甲第三年末分红的股权比例＋乙第三年末分红的股权比例＋技术与运营团队第三年末分红的股权比例）=（100% －40% －11.5% －13.5%） =35%；

第四年末分红的股权比例：100% －（甲第四年末分红的股权比例＋乙第四年末分红的股权比例＋技术与运营团队第四年末分红的股权比例）=（100% －50% －14% －16%） =20%。

具体计算后的结果如表1－2所示。

表1－2　　各股东4年中分红的股权比例

权利＼股东	解锁时间	甲	乙	技术与运营团队	丙	合计
分红权	初创时	25%	10%	15%	50%	100%
	第1年末	20%（10% +10%）	6.5%（4% +2.5%）	8.5%（6% +2.5%）	65%	100%
	第2年末	30%（10% +20%）	9%（4% +5%）	11%（6% +5%）	50%	100%
	第3年末	40%（10% +30%）	11.5%（4% +7.5%）	13.5%（6% +7.5%）	35%	100%
	第4年末	50%（10% +40%）	14%（4% +10%）	16%（6% +10%）	20%	100%

通过以上股权比例设计，解决了投资方出资不出力及全职的创始团队出资又出力的问题，体现了人力资本的价值。

三、股权布局"死局"之三：小股为尊

所谓"小股为尊"，是指股权划分不合理导致小股权称霸，让公司中的某一个或某几个小股东形成的小集团趁机做大，窃取公司的最高决策权的现象。

例如，某公司有甲、乙两名股东，分别拥有公司51%和49%的股权比例。后因发展加速，招募了一位技术股东丙，为免去丙的后顾之忧，甲、乙两人决定各拿出3%的股份相赠。公司股权结构变更为：甲占48%，乙占46%，丙占6%。由于股权稀释后，甲和乙的持股都没有超过半数，在日常经营中没有决策权，所以，每当甲与乙意见相左时，都会去争取丙站在自己一边。无论是甲+丙的股权比例占比之和，还是乙+丙的股权比例占比之和，都超过51%。也就是说，只要获得了丙的支持，就等于某项决策可以通过了。丙也看到了自己的重要地位，他没有选择固定站队，而是在个人利益至上的前提下，周旋于甲、乙之间，最终形成了甲、乙被架空，丙成为隐形决策者的局面。

通过以上案例分析可以发现，在股权比例划分时，必须防范规避公司的某一个或某几个小股东形成的小集体趁机做大，窃取公司的最高决策权的现象。

【案例分析5：某公司创业股东的股权比例分配及其分红比例的设计方案】

（一）基本情况介绍

2014年年初，张三作为发起人，与李四、王五合伙组建创业公司A，A公司主要经营建筑服务类。三人之所以能够走到一起，则是因为各自持有不同的资源：

1. 张三具备管理经验及资金资源，全职担任公司总经理，是负责公司经营管理的操盘手，投资30万元；

2. 李四具备建筑企业的运营经验，且带来了2位资深员工，组成了一支成熟的全职运营团队，熟练建筑企业运营。但由于3人均是90后，资金积累少，3人共投资10万元；

3. 王五具备资金资源，是张三的大学同学，基于对张三的了解与信任，同意出资60万元，但不参与公司经营管理。

请问，如何设计张三、李四、王五的股权比例，如何进行公司税后利润的分红？

（二）分配股权比例的合理方法

按照资金、技术、管理、人脉等资源对企业未来的贡献值进行股权比例配置。要根据股东的不同类型，分别给予不同的股权比例。不同类型股东的股权占比一般如下：

1. 资源型股东的股权占比≤10%；

2. 资金型股东的股权占比≤40%；

3. 顾问型股东的股权占比≤5%；

4. 技术型股东的股权占比≤20%。

（三）简化的股权比例分配步骤

1. 一般先将公司的股权分为两个类别：资金股权（假设为60%）部分和经营管理股权或人力股权（假设为40%）部分；

2. 对资金股权部分进行计算，确定比例，计算公式如下：

某股东资金股权部分的比例 = 资金股权比例（假设60%）×某股东出资比例

3. 根据每个股东在创业团队中担任的职责、做出的贡献，评估经营管理股权或人力股权。为此，可以设立简单的虚拟股权绩效评价系统，按照职责、岗位来确定分配比例的多少；

4. 将资金股权比例和经营管理股权比例或人力股权比例合计，计算出不同创业合伙人应得的股权比例。计算公式如下：

某一股东得到的股权比例 = 某股东资金股权部分的比例 + 某股东经营管理股权比例（或人力股权部分的比例） = 资金股权比例（假设60%）×某股东出资比例 + 人力股权比例×某股东出的

人力股权比例

（四）股权比例分配设计策略

1. 按照出资比例配置的股权比例

如果简单地按照资金资源计算股份，则王五占比最高，具体股权分配如表1－3所示。

表1－3　具体股权分配

股东	定位	参与方式	投资额	投资入股占股比例
张三	操盘手	出钱＋出力	30万元	30%
李四	运营团队	出钱＋出力	10万元	10%
王五	出资方	出钱不出力	60万元	60%
合计			100万元	100%

如果按照表1－3中的出资比例配置股权比例，则忽略了李四及其运营团队的贡献，必然会引起李四的不满。与此同时，不参与经营且不具备经验的王五占据控制权，也可能影响公司后续发展。因此，按照出资比例配置股权比例对于李四是不公平的，也不利于公司长期发展。

2. 具体的股权配置比例设计策略

第一步，假设公司股权分为资金股和人力股。

资金股占比40%，人力股占比60%，人力股分3年解锁来做股权架构设计。其中张三出的人力股权比例为60%，李四出的人力股权比例为40%，王五不出力，人力股为0，合计人力股为60%（60%×60%＋40%×60%＋0×60%）。即张三的人力股为36%（60%×60%），李四的人力股为24%（40%×60%）。

第二步，计算各创始合伙人股东3年后的股权比例。

将资金股权比例和经营管理股权比例或人力股权比例合计，

计算出不同创业合伙人应得的股权比例。计算公式如下：

某一股东得到的股权比例 = 某股东资金股权部分的比例 + 某股东经营管理股权比例（或人力股权部分的比例） = 资金股权比例（假设 40%） × 某股东出资比例 + 人力股权比例 × 某股东出的人力股权比例

（1）张三的股权比例 = 资金股权比例（假设 40%） × 张三出资比例 + 人力股权比例 × 张三出的人力比例 = 张三的出资比例 30% × 资金股比例 40% + 人力股比例 60% × 张三出的人力比例 60% = 48%

（2）李四的股权比例 = 资金股权比例（假设 40%） × 李四出资比例 + 人力股权比例 × 李四出的人力比例 = 李四的出资比例 10% × 资金股比例 40% + 人力股比例 60% × 李四出的人力比例 40% = 28%

张三与李四的持股比例如表 1－4 所示。

表 1－4　　张三与李四的持股比例

股东	定位	参与方式	投资额	投资占股比例	资金股 40%	人力股 60%	3 年后占股
张三	操盘手	出钱 + 出力	30 万元	30%	12% = 30% × 40%	36%	48% = 12% + 36%
李四	运营团队	出钱 + 出力	10 万元	10%	4% = 10% × 40%	24%	28% = 4% + 24%

（3）王五的股权比例 = 资金股权比例（假设 40%） × 王五出资比例 + 人力股权比例 × 王五出的人力比例 = 王五的出资比例 60% × 资金股比例 40% + 人力股比例 60% × 王五出的人力比例 0 = 24%

王五的持股比例如表 1－5 所示。

表 1－5　王五的持股比例

股东	定位	参与方式	投资额	投资占股比例	资金股 40%	人力股 60%	3 年后占股
王五	出资方	出钱不出力	60 万元	60%	24% = 60% ×40%	0	24%

基于以上的股权分配方案设计，经过 3 年的运营后，A 公司的持股情况会变成如下情况：操盘手张三持股 48%，运营团队持股 28%，而投资股东王五则持股 24%。如此一来，项目快速发展的关键在于运营团队。这样既能平衡创始发起人、运营团队，又能平衡投资股东的利益。

（五）3 年前各股东合伙人的分红比例设计策略

在前 3 年合作中，对 A 公司价值贡献最大的资源要素从资金逐步演变为运营、管理，单纯以资金入股的王五的股权逐步降至最低。如果在前 3 年中，各股东合伙人按照 3 年后的股权比例进行分红，则对出资最多的王五是很不公平的。因此，在前 3 年当中，不可以按照股权比例来进行分红，也不可以按照出资比例进行分红，应按照如下设计策略进行分红。

1. 分红原则：兼顾资金股比例和人力股比例进行分红

在前 3 年中，各股东的资金股比例是不变的，王五、张三和李四的资金股比例分别是 24%、12%、4%（如表 1－6 所示）。而人力股要分 3 年进行解锁成熟才能兑现，每年兑现的人力股比例为“某股东 3 年后的人力股比例 ÷3”。

表 1－6　王五、张三和李四的资金股比例

解锁时间	王五	张三	李四	合计
资金股持股比例	24%	12%	4%	40%

2. 各股东第一年末分红的比例设计

（1）张三第一年末分红的比例 = 张三的资金股持股比例 + 兑现的人力股持股比例 = 12% + 36% ÷ 3 = 24%

（2）李四第一年末分红的比例 = 李四的资金股持股比例 + 兑现的人力股持股比例 = 4% + 24% ÷ 3 = 12%

（3）王五第一年末分红的比例 = 1 - （12% + 24%） = 64%

3. 各股东第二年末分红的比例设计

（1）张三第二年末分红的比例 = 张三的资金股持股比例 + 兑现的人力股持股比例 = 12% + 36% ÷ 3 × 2 = 36%

（2）李四第二年末分红的比例 = 李四的资金股持股比例 + 兑现的人力股持股比例 = 4% + 24% ÷ 3 × 2 = 20%

（3）王五第二年末分红的比例 = 1 - （20% + 36%） = 44%

4. 各股东第三年末分红的比例设计

（1）张三第三年末分红的比例 = 张三的资金股持股比例 + 兑现的人力股持股比例 = 12% + 36% ÷ 3 × 3 = 48%

（2）李四第三年末分红的比例 = 李四的资金股持股比例 + 兑现的人力股持股比例 = 4% + 24% ÷ 3 × 3 = 28%

（3）王五第三年末分红的比例 = 1 - （48% + 28%） = 24%

在导入人力股与资金股后，通过以上计算，A 公司前 3 年各股东合伙人的分红权比例如表 1 - 7 所示。

表 1 - 7　　A 公司前 3 年各股东合伙人的分红权比例

	解锁时间	王五	张三	李四	合计
分红权	第 1 年末	64%	12% + 12% = 24%	4% + 8% = 12%	100%
	第 2 年末	44%	12% + 24% = 36%	4% + 16% = 20%	100%
	第 3 年末	24%	12% + 36% = 48%	4% + 24% = 28%	100%

四、股权布局"死局"之四：股权过散和影子股东

（一）股权过散

很多公司经常出现规模不大但股东众多的现象。这种股权过于分散，人多关系复杂，没有一个服众的核心人物，就会成一盘散沙。

（二）影子股东

影子股东分为机会股东和挂名股东。所谓"机会股东"，是指以兼职身份存在于公司内，实际经营贡献很少，甚至为零的股东。公司应尽量避免出现机会股东。如果确实因为资金、资源或特殊原因而不得不引入机会股东，也要将他们的股权比例压到最低，而且在公司未来发展中，要逐步稀释机会股东的占股比例。

所谓"挂名股东"，指代替真正出资出力的股东（隐形股东），在市场监督管理局注册为公司的"显性股东"。这种"挂名股东"将会引起与"隐形股东"之间的矛盾。

第二节　掌握公司控制权的三大工具、六大策略[①]

如果想要从单个公司层面做好公司控制权的股权设计，则须采用掌握公司控制权的三大工具，分别是：股东协议、公司章程、股东会和董事会会议，其中最重要的工具是公司章程。通过公司章程的巧妙设计，分别从股权层面、股东会层面、董事会层面、董事长层面、CEO 层面、法定代表人层面六大层

① 卢庆华．公司控制权［M］．第 2 版．北京：机械工业出版社，2021：102－285.

面进行设计，实现原始股东牢牢掌握公司的控制权。

一、掌握公司控制权的三大工具：股东协议、公司章程、股东会和董事会会议

（一）股东协议

1. 股东协议的范围、约定内容、签约对象

股东协议是指股东之间签订的协议，主要用于在创始人之间、投资人之间、持股员工之间、股权转让的股东之间进行责权利的分配和约定。除了公司成立之初签定的股东协议外，可能还会有股权转让协议、融资的增资扩股协议、股权激励的员工持股协议等，可以约定股东间的出资比例、出资形式、出资期限、持股比例、表决权设计、分红的规则、董事和管理层任免规则、股权转让规则以及股东的进入、退出、调整、继承规则等，还可能有对赌协议、一致行动人协议等。无论签署哪种协议，其中规定了哪些条款，都必须遵循可控原则，即能够对签署各方都构成约束，否则，一旦失控可能失去多公司的控制权。

股东协议签约的对象可能包括创始人、投资人、持股员工、股权转让的股东等。一般而言，创始人、投资人、股权转让的股东既关心控制权，又关心收益权。而受股权激励的员工一般只关心收益权，不关心控制权。股东协议必须平衡这些高追求人群各自的利益，比员工的股权激励更有难度，也更为重要。因为签订协议后，任何一方不同意将无法修改，一次签字可能定终身了。

2. 签订股权协议的可控性条款

（1）重大事项决策的约定条款。

小股东为了保护自身利益，实现不出 1 分钱也能成为大股东的目的，通常在股东协议中约定：关于特定的、重大的决策事项，需要全体股东或者

至少满足 75% 以上表决权的股东同意通过；或约定：投资人在公司中拥有股东特权；或约定：与股权比例不一致的收益分配比例；或约定：股东不出 1 分钱也能成大股东。

【案例分析 6：签订股东协议致使持股 89% 的大股东丧失公司控制权】

（一）基本情况介绍

2012 年在 A 股上市的远大智能（之前叫博林特），在上市前的 2010 年 9 月引入投资者：恒成国际和凡高资本。当时的四家股东（远大铝业集团、新加坡远大铝业、福康投资、卓辉投资）与康宝华、恒成国际和凡高资本签署《投资协议》，协议约定：

（1）两家投资人投资 9 200 万元，共占 11.06% 的股份；

（2）在公司上市以前，公司董事会和监事会成员（除职工董事、职工监事外）的报酬事项和利润分配事项，须经出席股东大会的股东所持表决权的 90% 以上通过。

请分析该股东协议能否让持股 89% 的大股东丧失公司的控制权。

（二）公司控制权的分析

该《投资协议》签订之后，恒成国际和凡高资本虽然共持有 11.06% 公司股权，但对这些事项有一票否决权，没有其同意，将无法满足 90% 的表决权条件。所以，持股 89% 的股东没有绝对控制权，更不要说持股 67% 的股东了。

（2）公司出资的约定条款。

股东认缴公司注册资本是企业成立的前提。在股东协议中明确约定，各股东认缴的注册资本金额、出资方式、出资时间及实际缴纳注册资本的时限、到期未能出资的违约责任和变通措施，如其份额可由其他股东代缴并取得相应股权，可增加如未出资不得参与利润分配等条款。

（3）表决权分配的约定条款。

表决权是股东参与公司事务管理与决策的主要途径。《公司法》规定，公司股东可以在公司章程中约定表决权分配，该表决权分配可以不同于认缴和实缴注册资本比例，也可以不同于股权分配比例（同股不同权）。因此，可以在股东协议中约定，按照资金、技术、管理、人脉资源对公司的实际贡献确定表决权的分配比例。这对于那些除了提供资金，还能给公司带来其他资源或具有更强经营管理能力的股东是合理和必要的。

（4）融资安排的约定条款。

融资涉及股东股权比例的稀释，可以在股权协议中约定股东股权稀释比例的范围或底线，以及创始股东在股权比例低于多少后可享受的特殊权利。

（5）利润分配条款的约定条款。

根据《公司法》第三十四条的规定，股东按照实缴的出资比例分取红利，但全体股东约定不按照出资比例分取红利的除外。因此，在股东协议中可以约定，股东可按照股权比例分取红利，或者为了体现股东在公司的贡献值，可以让股东的管理能力、渠道资源参与分配。在股东协议中也可以约定：向特定股东定向分配利润或部分股东放弃分红，或不按照股权比例分配红利。

（6）股权转让的约定条款。

根据《公司法》第七十一条的规定，有限责任公司的内部股东之间可以自由转让其部分或全部股份，有限责任公司的股东若向股东以外的人转让股权，必须经过其他半数股东的表决通过，公司章程另有约定的除外。因此，基于风险防范和股权结构的考虑，可以在公司章程或股东协议中约定如下条款：

①公司股东的股权只能以平价转让给公司内部股东；

②某有限公司章程约定："为奖励对公司具有特殊贡献的高管或技术骨干，公司控股股东可将其持有的部分股权进行赠与，但出让股东仅转让相应比例的分红权，受让股东不享受表决权和转让权以及其他股东权益。"

③股权不得向股东以外的人转让；或者约定，在公司成立的5年以内，不得向股东以外的人转让股权；再或者约定，股东转让的股权由创始人平价回购。

（7）股东身份继承的约定条款。

根据《公司法》第七十五条的规定，自然股东死亡后，其合法继承人可以承继其股东资格，但是公司章程另有规定的除外。基于此规定，公司股权可以由股东的法定继承人继承，但是基于有限责任公司的人合性，股东可以通过股东协议或公司章程约定以下股东资格继承的限制性条款：

①自然人股东死亡后，其股东资格自动失效，其股权由公司原始创始人或者公司的持股平台公司按照其净资产收回。

②自然人股东死亡后，其法定继承人不能直接取得股东资格，其他不同意继承人加入的股东应当以合理的价格购买其拥有的股权。或者约定，法定继承人只享有分红权，无其他股东权利。

③股东死亡，股东资格的继承要取得三分之二股东的同意；如果未达到，被继承人的股权应优先转让给其他股东。

（8）离婚导致股权分割的约定条款。

为了解决股东离婚导致股权分割而丧失公司控制权的问题，可以在股权协议中约定，如果股东离婚导致分割给前配偶股权，公司或其他股东有权或强制性买断判决给离婚股东前配偶的股份。

（9）股东个人重大意外的特别约定条款。

如果公司股东突发重大意外，如死亡、残疾，导致不能再履行公司职责，可在股东协议或公司章程中特别约定，自然人股东发生重大意外，其股权不能继承而只能由公司的内部股东进行收购。或者约定，自然人股东死亡后，其股东资格不可以由法定继承人继承，只能保留股权的收益权，由其法定继承人享受股权的收益权。

（二）公司章程

公司章程是根据《公司法》制定的公司宪章，只要《公司法》中没有规定或规定不清楚，都可以在公司章程中进行详细规定。因此，公司章程是进行公司控制权设计最重要的工具，掌握公司控制权的六大策略，都要通过公司章程的巧妙设计来实现。实践中，往往会出现多份不同的公司章程，且公司章程的规定有矛盾，市场监督管理局不同意公司章程备案等问题，对此应如何处理呢？分析如下：

1. 出现多份不同的公司章程且公司章程的规定有矛盾的处理

当出现多份不同的公司章程且公司章程的规定有矛盾时，以签订时间在后的公司章程为准。

2. 市场监督管理局不同意公司章程备案的处理

根据《公司法》第十条的规定，设立公司，必须依法制定公司章程。在市场监督管理局登记时，必须将公司章程在市场监督管理局进行备案。实践中，如果出现两份不同的公司章程，其中有一份在市场监督管理局进行了备案，另一份公司章程没有在市场监督管理局进行备案，则市场监督管理局没有同意备案的另一份公司章程有效吗？在司法实践的判例中，法院认为，公司章程没有在市场监督管理局备案，并不影响公司出于内部治理需要在原公司章程基础上重新订立公司章程的有效性。重新订立的公司章程都已经各股东的签字认可，且签署时间在原备案的公司章程之后，对签字认可的各股东都有约束力。

（三）股东会和董事会会议

股东会和董事会会议是落实将股东和董事的个人意志上升为公司的集体意志，发挥公司控制权的重要平台，也是股东和董事进行议事，加强公司控制权的重要场所。《公司法》对于将股东或董事个人意志上升为公司集体意志的操作，是有程序要求的，如果违背了股东会和董事会开会的程序性要求，则会丧失公司的控制权，或者说，很难实现公司控制权的真正落地。

例如，根据《公司法》第四十一条的规定，召开股东会会议，应当于会议召开前 15 天通知全体股东，但是，公司章程另有规定或全体股东另有约定的除外。所以，如果公司章程没有另外规定，召开股东会会议需要提前 15 天通知全体股东；如果公司章程另有规定，则按照公司章程规定的时间通知。如果没有按照规定的时间通知开股东会，就算开了或通过了股东决议，也有可能被法院判决撤销股东会决议。

二、掌握公司控制权的六大策略在公司章程中的巧妙设计

掌握公司控制权的六大策略是从股权层面、股东会层面、董事会层面、董事长层面、CEO 层面、法定代表人层面六大层面掌握公司的控制权。这六大策略体现在公司章程中的设计技巧如下：

（一）从股权层面控制公司的公司章程设计

通过股权比例掌握公司控制权只是初级操作模式。从股权层面控制公司，是指基于股东占有公司股权比例的考虑，在公司章程中进行巧妙设计，实现原始股东或投资者对公司的控制权的一种策略。

1. 公司的 9 条股权生命线

（1）绝对控制权线（三分之二以上表决权或重大事项[①]通过线）的股权比例为 67% 或 66. 67%。

（2）相对控制权线（二分之一以上表决权或多数事项[②]一票通过权）的股权比例为 51%。

（3）一票否决权线（三分之一以上表决权或重大事项一票否决权）的股权比例为 34% 或 33. 34%。

（4）解散公司和临时股东大会、临时董事会召集权[③]的股权生命线的股权比例为 10%。

（5）收购要约线[④]的股权比例为 30%。

（6）代位诉讼线[⑤]的股权比例为 1%。

---

① 根据《中华人民共和国公司法》第四十三条、第一百零三条的规定，股东会会议作出：修改公司章程、增加或者减少注册资本的决议，以及公司合并、分立、解散或者变更公司形式的决议，必须经出席会议的股东所持表决权的三分之二以上通过。《中华人民共和国公司法》第一百二十一条，上市公司在一年内购买、出售重大资产或者担保金额超过公司资产总额百分之三十的，应当由股东大会作出决议，并经出席会议的股东所持表决权的三分之二以上通过。

② 根据《中华人民共和国公司法》第十六条、第九十条、第一百零三条和第二百一十六条之规定，公司股东会决定的普通事项包括向其他企业投资、为他人提供担保、创立大会等除了须经三分之二以上表决权通过的重大事项以外的事务。股份有限公司股东大会作出普通决议，必须经出席会议的股东所持表决权过半数通过。有限责任公司股东向股东以外的人转让股权，应当经其他股东过半数同意。

③ 根据《中华人民共和国公司法》第三十九条、第四十条、第一百八十二条之规定，持有公司 10% 以上表决权的股东，具有请求法院解散公司的权利和召开临时股东（大）会的权利。而股份有限公司单独或合计持有 10% 以上表决权的股东还可以提议召开董事会临时会议。

④ 根据《中华人民共和国证券法》第八十八条的规定，通过证券交易所的证券交易，投资者持有或通过协议、其他安排于他人共同持有一个上市公司已经发行的股份达到 30% 时，继续进行收购的，应当依法向该上市公司所有股东发出收购上市公司全部或者部分股份的要约。

⑤ 根据《中华人民共和国公司法》第一百五十一条的规定，在股份有限公司中，连续 180 日以上单独或合计持有 1% 以上股份的股东，具有代位诉讼权，即代替公司向侵犯公司权利的董事、高级管理人员或者第三人提起诉讼的权利。需要注意的是，持有期间始至 180 天，由于上市公司体量大，单独持有 1% 仍然困难的情况下，与其他股东合计持有 1% 也可满足股东代位诉讼的条件。而在有限责任公司中，所有股东均有权代替公司向侵犯公司权利的人提起诉讼，即使该股东的股权比例小于 1%。

此规定只适用于股份有限公司，有限责任公司无股权比例要求，只要是股东就有此权利。

当股东持股量达到公司总股本的1%时，就拥有间接调查权与诉讼权。代为诉讼发生必须有如下三个条件：一是董事、高管违法违规损害公司利益；二是监事违法违规损害公司利益；三是前两项都出问题，公司股东以自己名义直接向法院提起诉讼。

代位讼诉线也称为“独立董事提议线”或“单个对象股权激励上限”。单独或合并持有上市公司已经发行股份1%以上的股东，具有提出独立董事候选人的权利。根据《上市公司股权激励管理办法》的规定，非经股东大会特别决议批准，任何一名激励对象通过全部有效的股权激励计划获受的本公司股票，累积不得超过本公司总股本的1%。

（7）股权减持线①（保护公司、防止大股东随意减持）为2%。

（8）临时提案线②（保证小股东在公司的话语权）的股权比例为3%。

（9）上市公司受监管线的股份比例为5%。

2. 创始人持股52%比51%更不会丧失公司控制权

根据《中华人民共和国公司法》第十六条、第九十条、第一百零三条和第二百一十六条之规定，公司股东会决定的普通事项包括向其他企业投资、为他人提供担保、创立大会等除了经三分之二以上表决权通过的重大事项以外的事务。股份有限公司股东大会作出普通决议，必须经出席会议的股东所持表决权过半数通过。有限责任公司股东向股东以外的人转让股权，应当经其他股东过半数同意。持有公司二分之一以上股权的股东被称

① 根据《上海证券交易所上市公司股东及董事、监事、高级人员减持股份实施细则》第五条规定，“大股东减持或特定股东减持，采取大宗交易方式的，在任意连续90日内，减持股份的总数不得超过公司股份总数的2%。”

② 根据《公司法》第一百零二条规定，单独或者合计持有公司3%以上的股份的股东，可以在股东大会召开10日前提出临时提案并书面提交董事会；董事会应当在收到提案后2日内通知其他股东，并将该临时提案提交股东大会审议。

为“控股股东”，在创始人无法成为绝对控股股东、实现对公司的绝对控股的情况下，持股比例超过二分之一的“控股股东”也能在很大程度上掌握公司话语权。

基于以上法律政策规定，股东在公司的股权比例达到51%，称为相对控制权的股权生命线。因此，很多公司的创始人认为，自己在公司持股51%就享有最大股东的话语权。其实，以上观点是不准确的，**如果公司无论做多大都不考虑上市，那么创始人控股51%的确足够了。但是如果公司要上市，创始人所占比例就要大于等于52%。虽说51%和52%只差一个百分点，但是，如果公司真的上市，这1%的控股将直接影响创始人对其公司的控制权。也就是说，创始人在公司持股52%比持股51%更不会丧失公司控制权，虽相差1%，但行使的权利千差万别！**分析如下：

（1）**公司不上市的公司控制权分析。**

如果公司根本没有上市的打算，则创始人在公司持有51%的股份就可以完全控股，将一直是公司最大的股东。

（2）**公司上市的公司控制权分析。**

第一，公司要上市，必经两次股权稀释至少35%以上。

如果公司准备上市，在公司上市前，创始人的股权至少会经过2轮稀释。第一轮是风投，风投有两种方式进入公司，一种是购买创始人的股权，还有一种是增资。但无论是哪种进入方式，创始人的股权稀释最少达到10%。第二轮是公众流通股，至少稀释创始人股份的25%，两轮股权稀释的总额至少是35%以上。

第二，创始人股权稀释后的股权比例计算。

（1）持有公司51%股权的创始人经两次股权稀释35%后的股权比例为33.15%（51% -51% ×35%）；

（2）持有公司52%股权的创始人经两次股权稀释35%后的股权比例为

33.8%（52% −52% ×35%）。

第三，持股52%相对于51%的优势在于：创始人不会丧失公司的控制权。

通过以上计算分析，如果创始人在公司上市前持有51%的股份，被风投和公众流通股稀释了35%后，剩下的股权只有33.15% <33.34%（没有重大事件一票否决权）。而如果创始人在公司上市前持有52%的股份，被风投和公众流通股稀释了35%后，剩下的股权就有33.8% >33.34%（有重大事件一票否决权）。

因此，持有公司51%和52%股权的创始人，在融资稀释股权后的股权差距虽然只有0.65%，但在拥有的公司控制权方面却有着天壤之别。这是因为，在股权生命线上，绝对控股的三分之二66.67%、相对控股的51%和一票否决的三分之一33.34%，是三大战略控制点。因此，持股比例不低于三分之一，即33.34%是股权的黄金分割点，也是公司控制权的生命线，不可失守。

3. 股权生命线与公司控制权的关系

以上介绍的九种股权生命线，对于有限责任公司和股份有限公司而言有所不同。对于有限责任公司而言，有意义的股权生命线是67%、34%、10%，其他六条股权线不适用于有限责任公司。因此，针对有限责任公司而言，股权生命线与公司控制权的关系总结如下：

（1）只有在公司章程没有另外规定的情况下，67%的股权生命线才能起到控制公司的作用。如果公司章程有不同的规定，则67%的股权生命线不再有效。

（2）34%的股权生命线主要针对“修改公司章程、增加或者减少注册资本的决议，以及公司合并、分立、解散或者变更公司形式”等重大事项具有“一票否决权”的作用，但是并不能用于掌握公司控制权。

【案例分析7：某有限公司引进新的投资者却不失去公司控制权的股权设计策略】

（一）案情介绍

自然人甲和自然人乙共同投资注册成立了一家有限责任公司A，其中甲占60%的股权比例，乙占40%的股权比例，股权比例如图1－6所示。现在自然人丙准备增资1 000万元加入A公司，要求占A公司30%的股权比例。但是乙占有限责任公司A的股权比例为40%，超过具有一票否决权的股权比例34%，乙不愿意稀释自己的股权比例，甲根本没有办法。请分析，如何进行股权设计，既能实现A公司增资的需要，又不稀释自然人股东乙的股权比例呢？

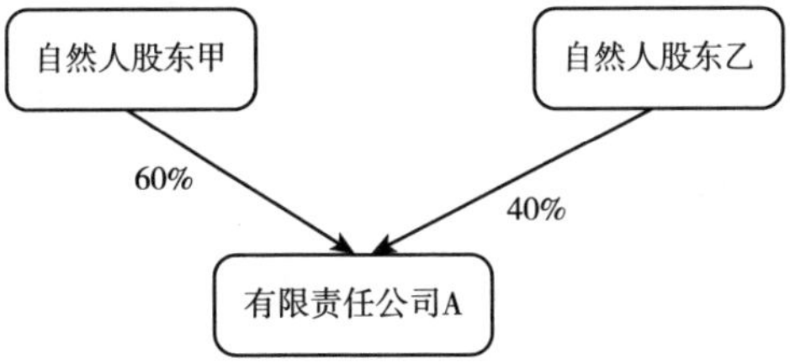

图1－6　有限责任公司A的股权比例

（二）股权设计策略

第一步，自然人甲与丙出资共同注册一家有限合伙企业B，其中甲占40%的股权比例，法律身份是普通合伙人（GP），丙占60%的股权比例，法律身份是有限合伙人（LP）。

第二步，自然人股东甲转让有限责任公司A的50%股权给有限合伙企业B。

第三步，办理相关工商变更登记手续，使有限责任公司A的股权比例变为：自然人甲股东稀释股权50%后占10%，自然人股东乙继续保留原来的股权比例 40%，有限合伙企业占 50%。具体的如图 1-7 所示。

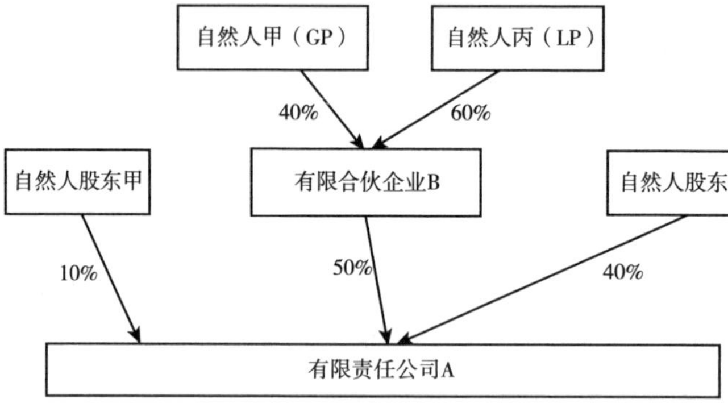

图 1-7　有限责任公司 A 的股权比例

第四步，召开股东大会，修改公司章程。

肖太寿博士提醒：公司章程中采用“同股不同权”模式，即采用非上市公司的特殊 AB 股——平均主义模式。因此，**在公司章程约定：每一股东有一表决权。**

第五步，在投资合伙协议中约定股东退出机制条款，该条款约定如下股东中途退出的退出机制：

（1）锁定期退出，约定期 3 年内不能退出，如果退出则放弃股东身份，净身出户；

（2）亏损期退出，在公司未盈利之前退出，则 1 元回购股权；

（3）合同期满退出，合同到期退出，则公司以净资产同样的价格回购股份；

（4）分期退出，首次退出 40%，剩余的 60% 于 2 年内退完，如果 2 年内从事同行业或挖公司客户或员工，则不再退还；

（5）设置高额违约金，锁定期 3 年，谁中途退出，谁承担高额的违约金以及由此造成的损失。

（三）股权设计变更后的股权控制力分析

（1）保留了原股东乙不愿意稀释股权的愿望。

（2）自然人股东甲稀释股权50%给有限合伙企业B后，在有限责任公司的股权比例变成10%，但是甲在有限合伙企业B又占40%的股权比例，且是普通合伙人的法律身份，对有限合伙企业B具有绝对控制权。因此，甲在有限责任公司A具有60%（10%+50%）的股权比例。根据修改的公司章程“**每一股东有一表决权**”的规定，甲在有限责任公司A有两份表决权，刚好占到有限责任公司A表决权的三分之二，符合《公司法》重大事项决策的表决权比例要求，既实现了甲在有限责任公司A的股权控制，也满足了乙不愿意稀释在有限责任公司A的股权的愿望。

（3）《公司法》没有规定持股51%有什么权利，需要通过公司章程设计相关的规则，才能起到控制公司的作用。

（4）设计67%、51%的股权生命线以掌握公司控制权只是很初级的做法。因为，通过公司章程的设计规则，持股70%以上的股东既无绝对控制权，也无相对控制权。

（5）持股比例多不等于就有公司控制权，通过公司章程的巧妙设计规则，持有公司较少的股权比例。例如，只持股0.0001%的小股东，也能实现控制公司的目的。

（6）如果一直保持持股67%以上的股权比例，且不在公司章程中进行设计，则采用市场监督管理局版本的公司章程就能够掌握公司控制权。

4. 创业初期创始人通过配置股权比例（控股策略）掌握公司控制权

（1）策略一：设计创始人的控股底线。

通过股权比例掌握公司控制权只是初级操作模式。从股权层面控制公司是指基于股东占有公司股权比例的考虑，在公司章程中进行巧妙设计，实现原始股东或投资者对公司控制权的一种策略。

为了不失去自己辛苦创办企业的控制权，老板必须通过控股，保证最基本的控制权，确保控股底线，将必要的股权牢固抓在手上。控股底线分别是：绝对控股线、相对控股线和谨慎对赌。

第一，绝对控股线。

创始人在创业公司的持股比例必须达到67%，公司的决策权完全被掌握在手中。

第二，相对控股线。

在相对控股情形下，创始人至少应持有公司51%的股权，唯有如此，才能与其他股东相比，保持公司的相对控制权。

第三，谨慎对赌。

谨慎融资协议中对赌条款的陷阱是：原始创始人失去公司控制权而出局。许多创始人失去企业的控制权的根源在于融资协议中签订的对赌条款、回购条款。这些条款通过精心设计，目的是让创始人出局。因此，只有在融资时，谨慎观察对赌条款并作出正确的判断，创始人才能守住底线。

【案例分析8：俏江南创始人张兰失去公司控制权而被出局的缘由——对赌协议惹的祸】

（一）失去公司控制权的情况介绍

1. 俏江南的创立

1990年，张兰创办俏江南。俏江南定位是：做国际大品牌，开连锁店，把俏江南打造成“餐饮业中的LV”。据说，俏江南单店成本超过了1 000万元，需要3—4年回收成本，资金压力巨大。随着门店的迅速扩张，投入门店的成本加大，俏江南的资金链出现断链。此时，张兰将国内知名投行“鼎晖”引入俏江南。

2. 引入投行：鼎晖

2008 年，投行“鼎晖”出资 2 亿元，占有俏江南 10.53% 的股份，俏江南当时的估值达到 19 亿。投行“鼎晖”的进入，缓解了俏江南的资金断链危机，但同时也带来了风险。为预防投资风险，鼎晖和俏江南双方签订了苛刻的对赌协议，其中包括“股份回购条款”。协议显示，**俏江南必须在 2012 年底实现上市，否则，俏江南必须回购鼎晖手中的股份，且每年回报率为 20%。**

2011 年 3 月，俏江南向中国证监会提交了上市申请，但当时 A 股上市排队的公司有 600 多家，A 股上市遥遥无期。祸不单行，2012 年底，国家“八项规定”“六项禁令”出台，监管层冻结了餐饮行业的 IPO 申请，俏江南在 A 股和港股上市失败，触发了股份回购条款。

根据回购条款内容，投行鼎晖按照“对赌协议”约定，获得至少 2 倍回报，但当时俏江南处于经营状况非常困难的境况，难以拿出 4 亿元现金去回购鼎晖所持有的股份。

为了保障自身利益不受损失，投行鼎晖启动了“领售权条款”(强制随售权)，即投行鼎晖要求除转让自己的 10.53% 的股份以外，还要求张兰跟随出售 72.17% 的股份，合计是 82.7% 的股份，股份数量超过 50%，基本可以视作是一个清算事件。

如果公司触发清算条款，A 类优先股股东（即投资人）有权优于普通股股东（创业股东）每股获得初始购买价格 2 倍的回报，这样就能保障全身而退。换句话说，投行鼎晖和张兰同时出售股票，在优先保障投行鼎晖 2 倍回报后，剩余才是张兰所得回报。

3. CVC 的引入

2014 年，投行鼎晖将欧洲最大的私募股权基金 CVC 引入，

CVC 以 10 亿元收购俏江南 82.7% 的股份，其中利用杠杆从银行贷款 8 亿元，贷款来的 8 亿元，除了给投行“鼎晖”约 4 亿元，剩下少量归张兰所有。

收购俏江南的 CVC 也不是慈善家，其给自己设了一个安全阀，采用价格杠杆来应对收购俏江南的风险：一方面，CVC 只需要支付少量现金，就可以撬动大的收购；另一方面，CVC 依靠外部债权资金收购俏江南，日后还款依赖于俏江南企业所产生的现金流。CVC 收购俏江南的流程如图 1-8 所示。

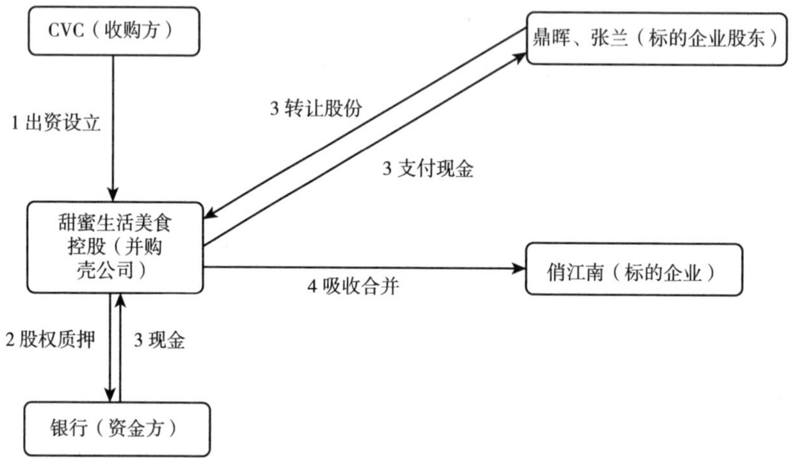

图 1-8　CVC 收购俏江南流程

CVC 完成收购后，当时整个高端餐饮行业还没有回暖，俏江南的经营状况也没有好转，致使 CVC 无法依靠俏江南产生的现金流偿还并购贷款。为了防止越陷越深，CVC 干脆放弃了俏江南的股权，连同张兰的所有股权都被银行接管。银行委派了香港保华顾问进驻俏江南，CVC 和张兰从俏江南的董事会退出。至此俏江南改朝换代，改姓易名，属于张兰的时代结束。

从极盛到衰败不过短短 6 年，创始人张兰经历了从引进融资到被扫地出门的窘境。

张兰在回顾俏江南衰败时说道："最大的错误就是引进鼎晖投资。"创业公司在引入风险资本后，如果运营不如预期而触发某些投资条款，如股份回购条款、强制随售权、清算优先权条款，则会导致创始人被踢出局。

（二）创始股东不失去公司控制权的思路

第一，创始股东在引进资金时，通过股份转让还是增资扩股比较好？前者是做存量，股份越卖越少；后者是做增量，可以减缓股份稀释的速度。无论采用哪种方式引进股东，忌讳的是一次性稀释较大的股份，让自己成为小股东。

第二，引进股东时，需要考虑其目的：引进的股东是战略投资者、财务投资者还是要参与经营？

第三，对引进的股东做尽职调查。避免一次引进多个互相熟悉的股东，预防他们成为一致行动人。

第四，创始股东要善于利用公司章程来确定自己的控制权。对于公司章程，尽量不要使用市场监督管理局提供的模板。

第五，**在融资条款中尤其需要警惕对赌条款，尽量避免对赌。**对于业绩和IPO进程的对赌，一定要量力而行，不要因为一时脑热，约定了不现实的对赌目标，否则会导致"净身"出户，最终丧失控制权。

（2）策略二：通过"虚拟股权"模式掌握公司控制权。

所谓"虚拟股权"，是指企业授予符合条件的公司高管、管理层、技术骨干人员的一种股权，该股权只享有分红权，但是没有表决权和所有权，不能转让和出售，在持有者离开公司后，虚拟股权会自动失效的一种股权激励模式。

【案例分析9：创新工场“虚拟股权模式”控制公司的股权结构分析】

（一）基本情况介绍

创新工场（北京）企业管理股份有限公司（以下简称“创新工场”）在“新三版”的公开转让说明书显示：公司的核心要素为人力资本。尤其是在李开复博士的带领下，聚集了一批在各自专业领域具有领先优势和丰富经验的导师资源和管理团队，在李开复带领下的核心管理团队的稳定和导师资源的拓展，对公司保持业内核心竞争力具有重要的意义。可是李开复于2015年9月起担任创新工场董事长以来，并未持有创新工场的股份，也不在创新工场领取报酬，究竟是什么条件让李开复博士留在创新工场工作呢？

创新工场2015年进行第2次增资后，汪华、陶宁、郎春晖、张鹰四大股东的持股比例分别达到27.83%、14.09%、11.36%、11.36%，另外四位小股东的持股比例总和为15.36%。八位股东的持股比例总和为80%，余下的20%为北京创新工场育成管理咨询有限公司（简称“育成管理公司”）持有，股权比例如图1-9所示。

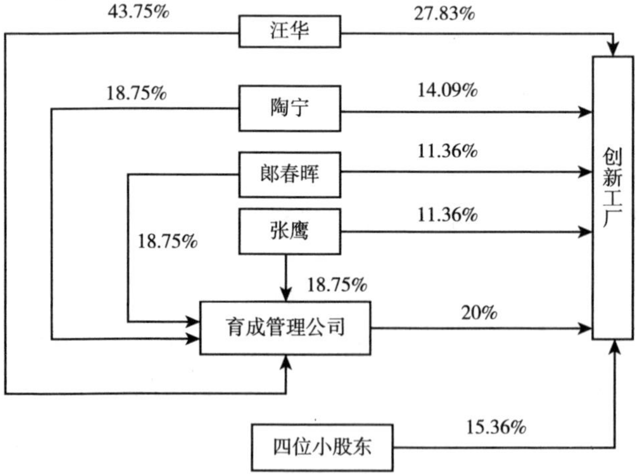

图1-9　育成管理公司股权架构

其中，育成管理公司是由汪华、陶宁、郎春晖、张鹰四位股东出资成立的，他们分别占有该公司43.75%、18.75%、18.75%、18.75%的股份。成立育成管理公司就是为李开复个人单独设计的股权激励方案，四位股东与李开复签署了薪酬激励协议，约定：育成管理公司占创新工场20%股权比例的全部收益归李开复所有，但控制权归属于育成管理公司的四位股东，即汪华、陶宁、郎春晖、张鹰。

（二）创始股东对创新工场的股权控制力分析

通过以上股权激励方案的设计，李开复不用出资就拥有创新工场20%的股份收益权，但不直接持有创新工场的股份，也没有股东控制权。2016年2月15日，创新工场在“新三版”挂牌上市，届时四位大股东（原始创始人）汪华、陶宁、郎春晖、张鹰，共同控制创新工场84.64%（27.83%＋14.09%＋11.36%＋11.36%＋20%）的股权，处于控股地位。

（3）策略三：通过“双层企业架构”模式实现公司控制权。

所谓“双层企业架构模式”，是指创始人通过个人持股和其他公司持股的双重形式，掌握公司控制权的模式。

例如：360安全科技股份有限公司（简称“360公司”）从美国退市后，通过借壳江南嘉捷回归A股上市，并于2017年12月29日获得审核通过。根据重组报告书披露，360公司创始人周鸿祎以持有23.4%的股权，合计控制上市后的360公司63.7%的投票权。周鸿祎合计控制上市后的360公司63.7%的投票权的股权结构如图1－10所示。

周鸿祎运用双层企业架构模式，分三部分实现：

第一，周鸿祎直接持有360公司上市后12.14%的股权和同等投票权。

第二，天津奇信志成科技有限公司（简称为“奇信志成公司”）持有360上市后48.74%的股份比例，其中周鸿祎在奇信志成公司的持股比例为

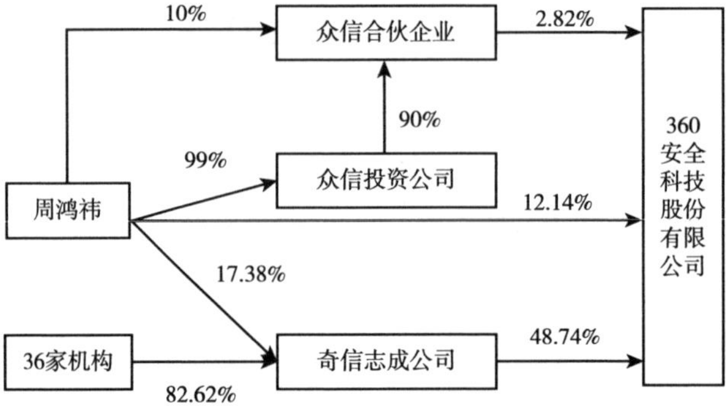

图 1－10　360 安全科技股份有限公司股权架构图

17. 38%，其他 36 家机构持股比例为 82. 62%。奇信志成公司的股东于 2016 年 3 月 31 日签署了《天津奇信志成科技有限公司股东协议》及后续补充协议，约定奇信志成公司对 360 公司行使股东表决权时，根据周鸿祎的指示进行表决。周鸿祎为奇信志成公司的执行董事，而执行董事选举须由周鸿祎提名，且周鸿祎有权随时提名新的董事人选以取代其提名的执行董事。经过这样的设计，周鸿祎以较少的持股比例实际掌控了奇信志成公司的控制权。

第三，天津众信股权投资合伙企业（有限合伙）（简称“众信合伙企业”）持有 360 公司上市后 2. 82% 的股权比例。众信合伙企业由天津众信投资管理有限公司（简称“众信投资公司”）持股 90%，另外 10% 的股权比例由周鸿祎直接持有，而众信投资公司则由周鸿祎 99% 持股。

因此，周鸿祎对众信合伙企业的直接和间接出资比例达到 99. 1%，直接控制该公司对 360 公司 2. 82% 股权的投票权。

5. 股权层面控制公司在公司章程中的巧妙设计规则：设计同股不同权规则

《公司法》第四十二条规定，股东会会议由股东按照出资比例行使表决权，但公司章程另有规定的除外。基于此规定，为了增强和掌握公司控制权，可以在公司章程中设计同股不同权规则，实现持股比例低的股东掌握公司控制权。所有的有限责任公司（市场上的绝大多数公司）都可以在公司章程作出规定后，实行 AB 股或其他特殊表决权制度。

【案例分析 10：戊公司股东同股不同权设计掌握公司控制权的法律分析】

（一）基本情况介绍

安徽的戊有限责任公司在 2001 年 8 月成立，股东是王氏兄弟四人，大股东王一持股 34%，另外三兄弟各持股 22%。由大股东王一担任执行董事、总经理和法定代表人，王四担任监事。请问如何通过公司章程设计同股不同权制度，保证王一掌握戊有限责任公司的公司控制权？

（二）从股权层面控制公司的公司章程设计规则（特殊 AB 股：固定投票权模式）

戊有限责任公司的公司章程规定：股东会会议作出修改公司章程、增加或减少注册资本的决议，以及公司合并、分立、解散或者变更公司形式、任免执行董事或监事、公司分红方案、一千万元以上投资方案的决议，必须经代表三分之二以上表决权的股东通过。**执行董事在股东会表决时行使 52%的表决权。**

（三）公司章程设计后王一对公司控制权的分析

2019 年 3 月，公司召开股东会会议，其中一项决议为撤掉王四的监事职务，换另一个人担任监事。而根据公司章程规定，任免监事需要三分之二以上票数通过。王一和王二同意，两人共持表决权 68%（王一有 52%，加上王二的投票权 16%），股东决议获得三分之二的票数通过。王四被成功罢免。

“执行董事在股东会表决时行使 52%的表决权”在公司章程中的规定是对大股东王一表决权作出的特别约定，不违反《公司法》第四十三条的强制性规定，所有公司章程的规定有效。

【案例分析 11：甲公司通过章程约定 A 股东出资 20%、占 68%表决权】

甲公司注册资本为 100 万元，且全部实缴到位，其中自然人股东 A 出资 20 万元，自然人股东 B 出资 30 万元，自然人股东 C 出资 50 万元，如果按照同股同表决权的话，则三人分别享有 20%、30%、50% 的表决权，此时 C 对甲公司股东会具有控制权。但是 C 是财务投资人，不参与公司的经营管理；A 全职，负责公司业务开发、日常管理；B 全职协助 A 开展工作。**经全体股东协商一致，股东表决权调整如下：A、B、C 的表决权比例分别为 68%、20%、12%。因此，虽然自然人股东 A 出资 20%，但是通过甲公司章程的约定，可以享受 68%的表决权。**

【案例分析 12：公司章程规定按照股权比例分配分红权和表决权①】

（一）基本情况介绍

高先生是一家公司的技术总监，主要负责某项技术的研发。某次朋友聚会中，高先生认识了孙先生，孙先生此前是做化工方面的业务，经过了解，孙先生对高先生的技术能力非常认可。孙先生很诚恳地表示，他很看好高先生的技术能力，想与高先生合作，共同成立有限责任公司。孙先生同时表示：自己愿意出资 90 万元，高先生出资 10 万元即可。为了打消高先生的疑虑，孙先生还表示：公司分红的时候，高先生占比 60%，他占 40%。

听到孙先生这样说，高先生自然很感兴趣。但他还是担心，将来万一自己与孙先生产生冲突，公司召开股东会的时候，孙先生占的股份，一旦损害自己的利益，自己还是缺乏主动权。所以，高先生想拿表决权的 60%，孙先生占表决权的 40%。请问应怎样操作才能保障高先生的要求和想法呢?

① 周晓林、童冬冬. 股权控制战略［M］. 北京：人民邮电出版社，2019：136.

（二）法律分析

根据《公司法》第四十二条的规定，股东会会议由股东按照出资比例行使表决权，但是公司章程另有规定的除外。

根据《公司法》第三十四条的规定，股东按照实缴的出资比例分取红利，但全体股东约定不按照出资比例分取红利的除外。

基于以上法律规定，允许股东自由协商，在公司章程中自行约定表决权比例和分红比例。因此，高先生和孙先生在公司章程中约定：不按照出资比例分配分红权和表决权，高先生的表决权为60%，孙先生的表决权为40%；高先生的分红比例为60%，孙先生的分红比例为40%。

6. 从股权层面控制公司的两种“控人”策略模式

（1）一致行动人模式。

所谓“一致行动人”，是指投资者通过协议或其他安排，与其他投资者共同控制其所能够支配的一个公司表决权数量的行为。

“一致行动人模式”主要是针对原始创始人团队分散，对外不能形成绝对优势的情况，创始团队的股东通过签订《一致行动协议》，依靠共同掌握的总股权比例，来实现对公司控制权的一种股权控制模式。操作要点如下：

第一，各原始创始人签订《一致行动协议》明确规定：各股东集中表决权，对公司股东会决议，意见保持一致。

第二，在协议中还明确约定：“一致行动人”内部无法达成一致时，最终以某一创始人股东的意见为准。

【案例分析13：将一致行动人协议写进公司章程实现公司控制权的分析】

（一）基本情况

福瑞股份（内蒙古福瑞中蒙药科技股份有限公司）在申请IPO

时，创始人王某某持有21.99%的股份（直接持股13.44%+间接通过福创投资持有8.55%）。公司的股权架构如图1-11所示。

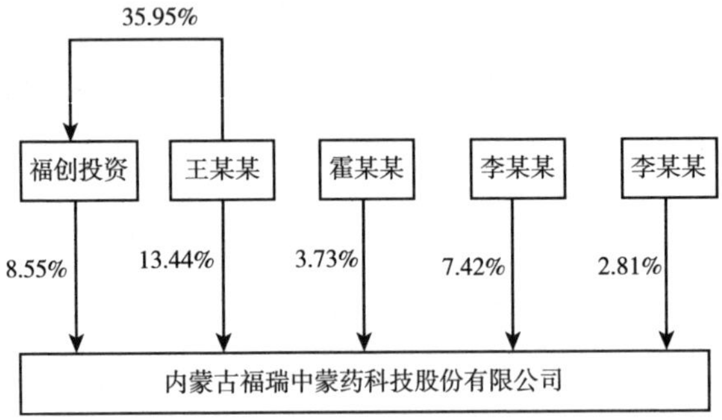

图1-11　内蒙古福瑞中蒙药科技股份有限公司的股权架构

（二）实现公司控制权的策略：一致行动人协议

为了在公司重大事项上保持一致，王某某与自然人股东霍某某、李某某及杨某某共同签署了《一致行动人协议》，如图1-12所示。

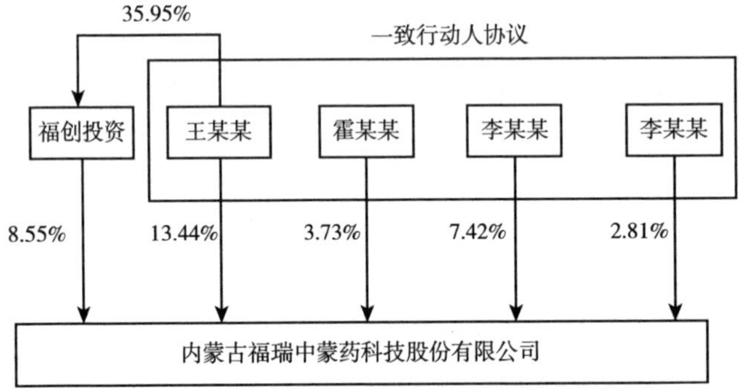

图1-12　签订《一致行动人协议》后内蒙古福瑞中蒙药科技股份有限公司的股权架构

通过签订一致行动人协议，可以看出王某某的股份比例变成：21.99%+3.73%+7.42%+2.81%=35.95%，成为福瑞股份的实际控制人，并拥有一票否决权。

（三）修改公司章程致使一致行动人协议对抗第三方效力

为了增加一致行动人协议内容对抗第三方的效力，福瑞股份修改了公司章程，具体内容如下：

第八十七条：根据一致行动协议签署的《一致行动人协议》，其他一致行动人在公司行使经营管理决策权及在公司股东大会行使表决权时，应将在公司股东大会上的表决权委托王某某行使。

第一百二十条：根据一致行动协议签署的《一致行动人协议》，若在公司董事会中有一致行动人委派的人员担任董事，或一致行动人本人担任董事，其他一致行动人委派人员担任的董事或其本人（其他一致行动人本人担任董事时）在公司董事会上进行表决时，应将其在公司董事会上的表决权委托王某某委派人员担任的董事或王某某（王某某担任本人担任董事时）行使。

第一百九十四条：实际控制人是指虽不直接持有公司股份，或者其直接持有的股份达不到控股股东要求的比例，但通过投资关系、协议或者其他安排，能够实际支配公司行为的自然人或法人。本公司实际控制人为王某某。

通过以上案例分析，关于“一致行动人协议”要特别提醒以下几点：

（1）一致行动人协议有“行动一致”的期限。

一致行动人协议一般都有一定的期限，在期限届满后，协议将失效。

（2）一致行动人协议可能因目的完成而被解除或撤销。

保持一致行动人往往是为了某种特殊目的，例如上市，一旦目的达成，协议可能会被解除或者被撤销。

（3）一致行动人协议对第三方没有约束力。

一致行动人协议效力仅限于签约主体，对合同外第三方，除非经过效力追认，否则没有法律效力。因此，**在签署一致行动人协议时，可将一致行动人协议内容写进公司章程，增加协议内容对第三方的对抗效力。**

（2）委托投票权模式。

所谓“委托投票模式”，是指“表决权代理”，即公司部分股东通过协议约定，自愿将其所有的投票权委托给其他特定股东行使，这个特定的股东往往是企业的创始人。

根据《中华人民共和国公司法》第一百零六条的规定，股东可以委托代理人出席股东大会会议，代理人应当向公司提交股东授权委托书，并在授权的范围内行使表决权。基于此规定，当企业引入投资人时，创始人的股权就被稀释，股权稀释后如何实现继续掌握公司的控制权呢？最好的策略是“委托投票权”，只要实施“委托投票权”策略，即使股权稀释，创始股东在公司占有的股权比例达不到控制优势，只要投票权握在手中，一样可以行使决策权，掌握公司的控制权。

即使投资人等股东不愿意委托投票权给创始人，创始人也应该有信心提出条件，去强势要求投资人、资源人股东和股权激励对象等人，将投票权委托给创始人行使。其中，股权代持是典型的方案，也是公司创始人在早期应优先考虑的股票权委托方案。

温馨提示：一致行动人与委托投票权的主要区别如下。

第一，一致行动人，通俗来讲，大股东与小股东的意见无论是否一致，都得听大股东的。

第二，委托投票权是当作为委托人的股东完全放弃表决权时，交由受托人行使。

因此，一致行动人需要各方都是公司股东，而委托投票权的受托方可以不是公司股东。

【案例分析 14：某公司原始股东通过“委托投票权”策略】

（一）创始股东在公司的股权比例情况

在“新三版”挂牌的成都朋万科技股份有限公司（简称“朋万科技公司”），第一大股东是孟书奇，持股比例为 35.27%，第二大股东为原始创始人刘刚，持股比例为 29.25%。

（二）原始创始人实现公司控制权的“委托投票权”策略

为了掌握公司控制权，孟书奇自愿与原始创始人刘刚签订《表决权委托协议》，将其持有 35.27% 公司股权中的分红权和涉及委托人所持股权的处分事宜之外的其他权利，委托给刘刚代为行使。具体包括：

1. 代为提议召开临时股东会和股东大会。

2. 代为行使股东提案权，提议选举或罢免董事、监事及其他议案。

3. 代为参加股东会或股东大会，行使股东质询权和建议权。

4. 代为行使表决权，并签署相关文件，对股东会和公司股改后股东大会每一审议和表决事项代为投票，但涉及分红、股权转让、股权质押、增资、减资等涉及委托人所持有股权的处分事宜的事项除外。

5. 受托人行使本授权委托书委托权限范围内的事项导致的一起后果由委托人承担。

通过以上委托协议，刘刚虽然只持有公司 29.25% 的股权比例，却掌握了公司共 64.52%（35.27% +29.25%）的投票权，成为公司的实际控制人。

类似的通过“委托投票”策略控制公司的例子很多，典型的例子是：

京东在上市前，施行过一次“投票权委托”，共有 11 家京东的投资人与刘强东签订协议，自愿将其所持有的投票权委托给刘强东行使，刘强东凭借其持有不到 20% 的股权比例，实现了控制京东过半数投票权。

再比如：软银和雅虎是阿里巴巴的两大机构投资者，两家合计将超过 50% 的投票权委托给马云行使。所以马云在占股权仅有 8.7% 的情况下，却拥有阿里巴巴超过 60% 的表决权。

7. 创始股东在企业发展不同阶段掌握公司控制权的持股比例①

第一，公司发展处于初创期时，企业创始股东最好以占有更多公司股份为宜，一般在 67% 以上。

第二，公司在发展期，创始人股东实现相对控股，最好拥有 51% 以上的股份，这主要是为未来上市考虑的。假设公司要走上市路线，创始人的股份必然要经过多次稀释，最少稀释两次，第一次有风险投资进来，一般风投入股会占到 10% 的股份，这时候的创始人的股份要同比稀释 10%。企业上市，要发行公众流通股，发行公众流通股的最低额度不得低于公司总股本的 25%。因此，企业的股份再次稀释 25%。假设创始人以前持有 51% 的股份，经过两次稀释，还有 34.425% 的股份，拥有公司重大事项的一票否决权，还是能掌握公司的控制权。

第三，企业在扩张期，正在迅速扩张。如果继续实行股权激励，吸纳更多优秀人才加盟，创始人可以进一步释放股权。这时期的创始人股权应控制在三分之一以上（占有公司股权 34% 或 33.4%）。

第四，公司在成熟期，创始人不要掌握三分之一以上的股份，但是必须在公司章程中约定保护创始股东核心利益和掌握公司控制权的条款。**比**

① 藏其超．股权战略［M］．广东：广东经济出版社，2016：181－183.

如，该股东为公司创始股东，不论未来他的股权被稀释到何种程度，他对公司的表决权不低于百分之多少（例如52%）。再如，该股东为公司创始股东，公司董事会成员由他提名的人拥有半数以上的席位。

（二）从股东会层面控制公司的公司章程设计

股东会是公司的最高权力机构。《公司法》第三十七条规定，股东会的职权包括：（一）决定公司的经营方针和投资计划……**（十一）公司章程规定的其他职权。基于此规定，**《公司法》规定的股东会职权可以增加，增加无上限；也可以减少，但减少有下限，不可以减少到0。因此，从股东会层面控制公司的公司章程巧妙设计规则概括如下。

1. 决定公司分红所需票数的公司章程设计规则

《公司法》第三十四条规定，股东按照实缴出资比例分取红利，但是，全体股东约定不按照出资比例分取红利的除外。基于此法律规定，可以在公司章程中规定，股东按照认缴的出资比例分红。也可以约定，如果既不按照实缴出资比例分红，也不按照认缴出资比例分红的，则需要获得股东100%的票数通过。这时，只持股67%或51%的股东同意是不可以的。

2. 保护股权融资后的创始股东的股权不被稀释所需票数的公司章程设计规则

《公司法》第三十四条规定，公司新增资本时，股东有权优先按照实缴出资比例认缴出资，但是，全体股东约定不按照出资比例有效认缴出资的除外。基于此法律条款的规定，可以在公司章程中约定：按认缴的出资比例认缴。如果既不按实缴的出资比例优先认缴，也不按认缴的出资比例优先认缴的，就需要100%的股东同意通过，只有67%的股东同意是不可以的。

对有限责任公司而言，可以通过公司章程约定，对其他股东放弃按照实际出资比例优先认缴出资份额的有优先认购权。

3. 通过股权转让引入新股东所需票数的公司章程设计规则

《公司法》第七十一条规定，股东向股东以外的人转让股权，应当经其他股东半数同意。公司章程对股权转让另有规定的，从其规定。基于此法律规定，有限责任公司的《公司章程》能够自由约定对股权转让的限制，这无疑又为创始人稳守控制权提供了便利。在公司章程中可以约定如下条款：

（1）公司股东的股权只能以平价转让给公司内部股东。

（2）“为奖励对公司具有特殊贡献的高管或技术骨干，公司控股股东可将其持有的部分股权进行赠与，但出让股东仅转让相应比例的分红权，受让股东不享受表决权和转让权，以及其他股东权益。”

（3）股权不得向股东以外的人转让；或者在公司成立的 5 年以内，不得向股东以外的人转让股权；股东转让的股权由创始人平价回购。

（4）新引入的战略投资者或者原始创始人对公司股东对外转让股权具有一票否决权。

4. 为股东或实际控制人提供但保所需要票数的公司章程设计规则

《公司法》第十六条规定，公司为公司股东或者实际控制人提供担保的，必须经股东会或者股东大会决议。与此事有关的股东或实际控制人支配的股东不得参加该事项的表决。该项表决由出席会议的其他股东所持表决权的过半数通过。基于此法律规定，可以在公司章程规定：该项表决由出席会议的其他股东所持表决权的 100% 通过。

5. 决定重大事项所需要票数的公司章程设计规则

《公司法》第四十三条规定，股东会会议作出修改公司章程、增加或减少注册资本的决议，以及公司合并、分立、解散或者变更公司形式的决议，必须经代表三分之二以上表决权的股东通过。基于此法律规定，可以在公司章程规定：股东会会议作出修改公司章程、增加或减少注册资本的决议，以及公司合并、分立、解散或者变更公司形式的决议，必须经全体股东一致表决通过。

【案例分析15：持股99%的大股东无任何公司控制权的公司章程设计规则】

（一）基本情况介绍

山东博瑞财鑫公司在2007年成立，注册资本1 000万元，当时的股东是吕氏父女，吕父持股99%，吕女持股1%。2011年3月，父女两股东召开股东会，对公司章程进行多次修改，并将其中一项条款修改为：**股东会对所议事项作出决议，决议应由全体股东一致表决通过。**2019年8月，吕父将其在公司持股的99%股权，以350万元转让给刘某，并进行工商变更登记，刘某正式成为持股99%的大股东。2019年12月，刘某通知持股1%的吕女于2020年1月8日召开临时股东会，提出修改公司章程、增加注册资本等事宜，但吕女表示对全部事项都投反对票。之后，刘某多次通知吕女都没能成功召开股东会，吕女都拒绝参加，导致刘某对公司根本没有控制权。请分析，为什么刘某对公司没有控制权？

（二）刘某对公司没有控制权的法律分析

由于刘某在成为公司的股东之前，吕氏父女已经将公司章程修改为：股东会决议应由全体股东一致表决通过。所以，只要持股1%的小股东吕女不同意，任何事情都无法通过，就算刘某持股99%也无任何控制权。

6. 约定创始人对重大事项拥有一票否决权

针对公司的重大事项，包括合并、分立、解散、上市、年度预算结算、出售重大资产、对外投融资、公司审计、董事会变更、高管任免等，在公司章程中约定，创始人对于这些重大事项的决定，自身拥有一票否决权。

在这种情况下，即使创始人股权低于50%，无法控制股东会和董事会，但至少对公司重大事项的决定持有一票否决权。例如，在国美电器内部矛盾中，虽然黄光裕身陷牢狱，其依然能够保留对公司的控制权。这正是得益于该公司董事会内独特的一票否决制度。当时，由于黄光裕突然被关押，临时将公司交给陈晓负责，但陈晓意图引入贝尔资本，稀释黄光裕家族的持股比例。正是由于黄光裕在公司章程中保留了关于公司重大事项的一票否决权利，否决了陈晓的决议，才保住了自己的控制权。

7. 约定表决权与出资比例不一致（同股不同权的公司章程约定）

《中华人民共和国公司法》第四十二条规定：股东会会议由股东按照出资比例行使表决权，但是，公司章程另有规定的除外。根据此规定，创始人可以进行同股不同权的设计，在公司章程中约定同股不同权的条款，比如持有40%的股权，可以约定有80%的表决权。肖太寿博士说税（公众号：xtstax）温馨提示：时刻牢记，公司控制权比股份更重要，尽可能保证控制权，释放分红权。

例如，甲公司注册资本为100万元，且全部实缴到位，其中，自然人股东A出资20万元，自然人股东B出资30万元，自然人股东C出资50万元，如果按照同股同表决权的话，则三人分别享有20%、30%、50%的表决权。此时，C对甲公司股东会具有控制权。但是，C是财务投资人，不参与公司的经营管理；A全职，负责公司业务开发、日常管理；B全职协助A开展工作。经全体股东协商一致，股东表决权调整如下：A、B、C的表决权比例分别为68%、20%、12%。因此，虽然自然人股东A仅出资20%，但是通过甲公司章程的约定，可以享受68%的表决权。

（三）从董事会层面控制公司的公司章程设计

1. 控制董事会就控制公司的日常经营管理

公司的日常经营事项，主要由公司董事（会）来决定。一般情况下，公司很少需要开股东大会，所以也很少通过股东会的控制权来参与公司日常经营，只是在发生重大事项（例如：修改章程、增资、减资、合并、分立、改变公司形式）的时候才召集一次股东会，或要求股东签署决议文件。因此，控制了董事会，也就控制了公司的日常经营管理。**核心创始人可以**

占有公司董事会的大部分席位，以保障决策效果和决策效力。

2. 有限责任公司的董事会决议的通过规则由公司章程规定

根据《公司法》第一百一十一条的规定，股份有限公司董事会决议必须经全体董事过半数通过。但《公司法》未对有限责任公司董事会决议的通过规则作统一要求，授权公司章程自行决定。

3. 控制董事会不一定控制公司控制权

董事会不是掌握公司控制权的必要条件，也不是充分条件。《公司法》规定的董事会职权没有“必须”的规定，理论上董事会是可以完全被架空的。如果董事会被架空了，就算控制了董事会，也控制不了公司的控制权。因此，控制了董事会未必控制了公司的控制权。

4. 从董事会层面控制公司的公司章程设计规则

股东通常按照股权比例表决，但董事会按董事会成员的人数表决。如果控制的董事席位多，则在董事会的话语权也更强，所以想控制董事会，就需要考虑控制董事的人选。对于有限责任公司而言，《公司法》第三十七条规定，由股东会选举和更换董事。《公司法》第四十四条规定，董事会设董事长一人，可以设副董事长。董事长、副董事长的产生办法由公司章程规定。除此之外，没有更多关于选任董事的规定，可以根据实际情况约定董事的人选规则。因此，从董事会层面控制公司的公司章程设计规则如下。

（1）在公司章程中规定：一是董事会人员的提名和罢免；二是设置董事会成员的比例；三是任命谁担任董事长。

在董事会控制的人数越多，创始人的话语权就越大。董事会成员的选举与任免由股东会决定。董事会成员通常在3—13人，其决议的表决实行一人一票制。

因此，控制董事会的主要法律手段是控制董事会成员的提名与罢免。一般而言，创始团队在公司发展初期，最起码要控制三分之二的董事人数；在公司成熟期，也要控制一半以上的董事人数。在融资过程中，创始人对董事会成员比例的设置应给予重视。在A轮融资时，可以设计7名董事，A轮投资人可以委派1名董事，创始人团队委派6名董事。按照这样的比例，到第3轮融资时，创始团队还能够占据4名董事会席位。

【案例分析16：刘强东如何控制董事会?[①]】

2014年3月，腾讯向京东注资2.15亿美元，获15%股份，而在董事会层面上，腾讯委派刘炽平担任京东的董事。

2014年5月，京东在美国纳斯达克证券交易所正式挂牌上市。京东上市前的公司会构成：京东的董事会为9人，老虎基金、Best Alliance、Strong Desire以及DCM分别有权任命一名董事，而刘强东及管理团队则有权任命5名董事，并且有权任命董事会主席。

从董事会席位来看，刘强东及其管理团队与其他股东在董事会的投票权为5∶4，刘强东在董事会的投票权过半数，在董事会重大问题上，应是刘强东及其管理团队拥有主导权。这样，刘强东及其管理团队在董事会与股东会都有绝对的发言权，从而牢牢地把握公司的控制权。

（2）在公司章程中规定：董事会的表决规则，主要规定某些事项需要多少票数通过。

《公司法》第四十八条规定，董事会的议事方式和表决程序，除该法有规定的外，由公司章程规定。董事会决议的表决，实行一人一票。基于此规定，对于有限责任公司董事会而言，除了实行一人一票的表决规则外，《公司法》并没有对董事会的议事方式有强制性规定，给了股东很大的自由度。现实中，很多公司都规定董事会决议按照过半数通过，也有公司规定三分之二或五分之四以上票数通过等，规定需要多少票数通过，要结合具体情况和目的考虑。

① 郑指梁，吕永丰．合伙人制度［M］．北京：清华大学出版社，2017：140.

(3) 在公司章程中规定：董事长（创始人）对重要事项具有一票否决权；某些事项必须经过全体董事一致通过。

针对公司的重大事项，包括合并、分立、解散、上市、年度预算结算、出售重大资产、对外投融资，公司审计、董事会变更、高管任免等，在公司章程中约定，创始人对于这些重大事项的决定，自身拥有一票否决权。

在这种情况下，即使创始人股权低于50%，无法控制股东会和董事会，但至少对公司重大事项的决定还握有推翻的权力，属于防御性的权利设置。

例如，在国美电器内部矛盾中，虽然黄光裕身陷牢狱，其依然能够保留对公司的控制权。这正是得益于该公司董事会内独特的一票否决制度。当时，由于黄光裕突然被关押，临时将公司交给陈晓负责，但陈晓意图引入贝尔资本，稀释黄光裕家族的持股比例。正是由于黄光裕在公司章程中保留了关于公司重大事项的一票否决权利，否决了陈晓的决议，才保住了自己的控制权。

(4) 在公司章程中规定董事的产生机制，控制董事会①。

在公司融资过程中，达到一定持股比例的投资人会要求占有董事会席位，大股东占有的董事席位比例会越来越少，如果不重视控制董事会，有可能逐渐失去公司的实际控制权。因此，有限责任公司的公司章程可以详细规定董事以及董事长的产生办法。控制了董事的产生，就可以有效地控制董事会。

例如，可以在公司章程中规定董事会的人数，以及董事和董事长的产生机制，实现对董事会和公司的实际控制。具体的产生机制如下：

第一，当大股东控股或通过投票表决权实现控股时，可以规定董事由各股东按持股比例提名，股东会审议表决通过；

① 于胜．股权最重要的事［M］．北京：中国人民出版社，2020年：101.

第二，当大股东不再控股时，可以在公司章程中规定如下约束条款，强化对董事会的控制：董事从高级管理人员中产生；董事由担任公司副总经理及以上级别且服务满一年者提名；董事由创始合伙人或股东提名；新股东持股满一年方有权提名己方的董事；新提名董事须经董事会过半数通过后方能提交股东会审议。

特别提醒：在缺乏有效股权支撑的前提下，控制董事会（决策权）与控制股东会或股东大会（所有权相比）是中策。

（5）在公司章程中规定董事会任期维持控制权。

《公司法》第四十五条规定，董事任期由公司章程规定，但每届任期不得超过3年。董事任期届满，连选可以连任。

董事任期届满未及时改选，或者董事在任期内辞职，导致董事会成员低于法定人数的，在改选出的董事就任前，原董事应当依照法律、行政法规和公司章程的规定，履行董事职务。

基于以上法律规定，利用董事会任期可以延长实际控制权。

（四）从董事长层面、CEO层面和法定代表人层面控制公司的公司章程设计规则

1. 从董事长层面控制公司的公司章程设计规则

《公司法》第四十条规定，有限责任公司设立董事会的，股东会议由董事会召集，董事长主持。《公司法》第四十七条规定，董事会会议由董事长召集和主持。基于以上法律规定，召开股东会和董事会议是通过会议行使表决权而落实公司控制权的主要途径之一。因此，掌控董事长之位才能更方便召集和主持会议，有利于公司控制权的落实。如果想掌握公司控制权，就不可忽略董事长人选和会议主持人的规则设计。

基于以上分析，**从董事长层面控制公司的公司章程设计规则是：在公司章程中规定，董事会设董事长、副董事长各一名，董事长、副董事长由**

董事会选举和罢免。董事会由董事长召集并主持。董事长因特殊原因不能履行职务时，由董事长指定副董事长或其他董事召集和主持。董事会会议实行一人一票表决制度，董事会至少有五分之三董事出席方为有效，董事会议以多数通过的决议为有效，当赞成票和反对票相等时，董事长有最终裁决权。

2. 从 CEO 层面控制公司的公司章程设计规则

《公司法》第四十九条规定，**有限责任公司可以设经理，由董事会决定聘任或者解聘**。经理对董事会负责，行使下列职权：

（1）主持公司的生产经营管理工作，组织实施董事会决议；

（2）组织实施公司年度经营计划和投资方案；

（3）拟订公司内部管理机构设置方案；

（4）拟订公司的基本管理制度；

（5）制定公司的具体规章；

（6）**提请聘任或者解聘公司副经理、财务负责人；**

（7）决定聘任或者解聘除应由董事会决定聘任或者解聘以外的负责管理人员；

（8）董事会授予的其他职权。

公司章程对经理职权另有规定的，从其规定。

经理列席董事会会议。

《公司法》第五十条规定，股东人数较少或者规模较小的有限责任公司，可以设一名执行董事，不设董事会。**执行董事可以兼任公司经理。执行董事的职权由公司章程规定。**

《公司法》第四十六条第（九）项规定，董事会的职权包括决定聘任或者解聘公司经理及其报酬事项，并根据经理的提名决定聘任或者解聘公司副经理、财务负责人及其报酬事项。

基于以上经理的职权规定，《公司法》对于经理的职权并无“必须”之类的强制性规定，可根据需要在股东会、董事会、总经理之间进行职权调整，并在公司章程中作出明确规定。

因此，根据“公司章程对经理职权另有规定的，从其规定”的规定，从 CEO 层面控制公司的公司章程设计规则是：可在公司章程中增加给总经理增加权力的规定。

【案例分析 17：某公司从 CEO 层面控制公司的公司章程设计规则】

（一）基本情况介绍

甲有限责任公司在 2000 年成立，大股东苏某持股 76%，二股东任某持股 14%，还有另外三个股东持股共 10%。公司董事会由 5 人组成，大股东苏某和二股东任某都是董事。由大股东苏某担任董事长、总经理、法定代表人，二股东任某从 2008 年 1 月开始担任公司的副总经理。

（二）通过公司章程增加总经理的职权

甲有限责任公司章程规定：

1. 董事长兼任总经理；

2. 总经理的职权包括聘任和解聘公司管理人员，决定对公司职工的奖惩。

2016 年 3 月，总经理苏某签署文件，罢免任某的总经理职务，这一罢免决定没有经过董事会决议，而是由担任董事长和总经理的苏某直接签字决定。任某不同意被免职，去法院起诉，请求判决免去任某副总经理职务的决定无效。请分析苏某是否有权罢免任某副总经理职务？苏某向法院起诉能胜诉吗？

（三）法律分析

根据《公司法》第四十六条、第四十九条的规定，总经理、副总经理、财务负责人是由董事会聘任和解聘，并决定其报酬的。但根据《公司法》第四十九条“**公司章程对经理职权另有规定的，从其规定**”的规定，在公司章程中“增加总经理的职权”的规定是合法的。

本案例中，甲有限责任公司的公司章程规定：“总经理的职权包括聘任和解聘公司管理人员，决定对公司职工的奖惩。”基于甲有限责任公司的公司章程对总经理职权的规定，将《公司法》中应由董事会聘任和解聘的总经理、副总经理、财务负责人的职权，转移给总经理行使，即在甲有限责任公司的公司章程中增加了总经理的职权。这是属于公司意思自治的范畴。法院并不会干预，即不属于人民法院受诉范围。

因此，基于本案例中的公司章程规定，苏某有权罢免任某副总经理职务，苏某向法院起诉一定是败诉。

（四）案例启示

第一，关于股东会、董事会、CEO的职权，法律规定“必须”的是强制性规定，不可违反；非“必须”的不是强制性规定，可以由公司章程作出调整。

第二，《公司法》第二十二条规定，可以申请撤销或确任无效的是股东会或董事会决议，不包括总经理（CEO）作出的决定，这是CEO与股东会或董事会的不同。

第三，董事会、董事长、总经理谁的权力大。董事会或董事长的权力不一定比总经理的权力大，不可以随便越过总经理作出决定。总经理的职权是公司章程规定的，要改变总经理的职权必须修改公司章程，董事会或董事长都无权修改公司章程，股东会才有权修改公司章程。

3. 从法人代表层面控制公司的公司章程设计规则

《中华人民共和国民事诉讼法》第四十八条规定，法人由其法定代表人进行诉讼。基于此法律规定，法定代表人签字可以代表公司起诉；**如果只有盖章而法定代表人不同意签字，则不能代表公司起诉。**

法定代表人是掌握公司控制权的必要条件，但不是充分条件。法定代表人的作用是法律规定的，主要是对外代表公司，就算内部有限制，对外也可能无效，这职位有其他任何职位都无法起到的特殊作用。

因此，从法人代表层面控制公司的公司章程设计规则来看，一定要在公司章程中设计以下规则：

（1）由董事长或执行董事兼法定代表人；

（2）在公司章程中写上法定代表人的名字；

（3）更换法定代表人及其执行董事属于重大特殊事项，必须经过三分之二以上表决权通过方为有效。具体可以在公司章程中表述为“法定代表人的任免须经代表三分之二以上的股东同意通过”。

第三节　股权布局控税的股权架构主体设计

股权布局的股权结构分为单层股权结构、双层股权结构和多层股权结构。以上三种股权结构涉及“家族公司”“防火墙公司”“钱袋子”、股权持股平台与“主体运营公司（赚钱公司）”的股权布局问题。在股权布局设计实践中，一般设计两种股权结构布局：一是由最上层的“家族公司”控制中层的“防火墙公司”，然后再由中层的“防火墙公司”控制“主体运营公司（赚钱公司）”的三层股权结构；二是由最上层的“家族公司”控制

“主体运营公司（赚钱公司）”的双层股权结构。

股权布局中的股权持股平台一般分为三种：以有限责任公司作为股权持股平台，以有限合伙企业作为股权持股平台，以“股权代持人”作为股权持股平台。股权持股平台的选择问题，其实就是企业**股权布局控税的股权架构主体设计问题**。企业**股权布局控税的股权架构主体设计**分为三种：一是自然人直接作为股权架构主体；二是有限责任公司作为股权架构主体；三是有限合伙企业作为股权架构主体。这三种股权架构主体的股权布局涉及的税负不一样。其中以自然人直接持股主体公司（经营公司）的单层股权结构涉及的税负最重，以有限责任公司作为股权架构主体的双层股权结构或者以有限责任公司和有限合伙企业共同成为股权架构主体的双层股权结构最省税。

一、家族公司、防火墙公司与主体运营公司的股权布局策略

（一）“家族公司”“防火墙公司”“钱袋子”与“主体运营公司”的内涵

1.“家族公司”的内涵

所谓“家族公司”，是指以原始创始人及其三代以内的家庭成员作为自然人股东而设立的有限责任公司。

2.“防火墙公司”的内涵

所谓“防火墙公司”，是指直接持股并控制“主体运营公司（赚钱公司）”的有限责任公司（股权持股平台公司）。

3.“钱袋子”的内涵

所谓“钱袋子”，是指专门成立的解决原始创始人平常短期所需要花钱的个体工商户、个人独资企业、有限合伙企业、小微企业。以上企业从“主体运营公司”外包一些业务，而开具发票给“主体运营公司”，解决一

些无票成本支出的痛点问题。

4. “主体运营公司”的内涵

所谓“主体运营公司”，是指专门用来做业务，发生资金流和开票业务的有限责任公司或股份有限公司。

（二）注册“家族公司”的经营范围、股东要求、经营组织形式和财税处理

1. “家族公司”的经营范围、经营组织形式

“家族公司”的经营范围是企业管理、企业咨询、企业技术服务三大类。主要注册成“有限责任公司”，不能以个体工商户、个人独资企业、有限合伙企业、一人有限责任公司为组织形式。因为，个体工商户、个人独资企业、有限合伙企业在法律上不是法人，必须要承担无限责任，而根据《公司法》第六十三条的规定，一人有限责任公司的股东不能证明公司财产独立于股东自己的财产的，应当对公司债务承担连带责任。因此，“家族公司”必须注册为两人以上的有限责任公司。

2. 注册“家族公司”的股东要求

杜绝两夫妻作为“家族公司”的股东。因为两夫妻作为一个家庭的成员，公司财产是夫妻共有财产，跟一人有限责任公司的一个股东一样，不能证明公司财产独立于股东自己家庭的财产，应当对公司债务承担连带责任。所以，成立“家族公司”最后不应由两夫妻共同担任股东。

另外，“家族公司”成立时，不要让未成年人担任发起人股东。因为未成年人是限制民事行为能力人或完全无民事行为能力人，没有赔偿能力，所以可以让原始创始人的父亲或母亲担任未成年人的“股权代持人”，为了保证“股权代持”的合法性，以及今后让隐名股东（原始创始人的未成年人）恢复其股东资格，操作策略如下：

第一步，隐名股东与显名股东签订股权代持协议书，在协议书上，需要其他股东签字一致认可显名股东（原始创始人父亲或母亲）是隐名股东

(原始创始人的未成年人）委托行使股权权力的代理人。

第二步，必须具备股东名册，在股东名册里注明的股东名字是显名股东的名字。

第三步，需要“家族公司”法定代表人（原始创始人）签字盖公司公章的隐名股东出资证明书，证明隐名股东是“家族公司“的实际出资人。

第四步，显名股东将其代持的股权质押给隐名股东，由于具有股权优先权，将来股权即使被拍卖，隐名股东也是第一受偿人。

3. “家族公司”的报税处理

“家族公司”平常可以对“主体运营公司”内部发生的一些咨询、管理服务业务，开具发票，列支家族成员的工资、社保费用和一些管理费用，进行正常的会计核算和纳税申报。

（三）设立“防火墙公司”的原因、策略

1. 设立“防火墙公司”的四大原因

（1）可以规避“主体运营公司（赚钱公司)”认缴较大的注册资本带来的法律风险。

根据《公司法》的规定，有限责任公司的股东以认缴的注册资本为限，对公司承担债务清偿责任。因此，设立“防火墙公司”（有限责任公司）作为“主体运营公司（赚钱公司)”的绝对或相对控股股东，可以使“防火墙公司”（有限责任公司）的原始创始股东规避“主体运营公司（赚钱公司)”认缴较大的注册资本带来的债务清偿责任。

例如，原始创始股东甲直接持股“主体运营公司（赚钱公司)”100%的股权，认缴注册资本为1亿元，如果“主体运营公司（赚钱公司)”经营亏损，对外欠1.2亿元债务，则原始创始股东甲必须承担1亿元的债务清偿责任。如果原始创始股东甲及其儿子共出资并实际缴足注册资本100万元，设立一家注册资本为100万元的“家族公司”，其中原始创始股东甲及其儿

子在该“家族公司”占有的股权比例分别为90%、10%。同时假设该“家族公司”实际缴足100万元，设立一家认缴注册资本1亿元的“主体运营公司（赚钱公司）”，由于“主体运营公司（赚钱公司）”经营亏损，对外欠1.2亿元债务，则原始创始股东甲对外只承担90万元的债务清偿责任。

（2）可以规避一个自然人持股多家“主体运营公司（赚钱公司）”之间法律风险的相互波及传递。

如果原始创始人持有多家“主体运营公司（赚钱公司）”的绝对或相当控股股权，只要有一家“主体运营公司（赚钱公司）”出现了法律问题，则出了问题的“主体运营公司（赚钱公司）”的风险，会波及其它没有出问题的“主体运营公司（赚钱公司）”，以及原始创始人及其家庭成员。如果每一家“主体运营公司（赚钱公司）”的上层有一家“防火墙公司”持股，然后“防火墙公司”的上层又有一家“家族公司”控股，则可以规避和隔离出问题的“主体运营公司（赚钱公司）”的风险波及原始创始人及其家庭成员。

（3）可以降低企业的税负，增加减税效应。

由于“防火墙公司”（有限责任公司）是法人单位，其从直接投资的“主体运营公司（赚钱公司）”分回的公司未分配利润是免征企业所得税的，同时，将分回的未分配利润用于投资、转增“主体运营公司（赚钱公司）”的注册资本也是免税的。

2. 设立“防火墙公司”的策略

（1）“防火墙公司”一定要注册为有限责任公司。

（2）“防火墙公司”的注册资本一定要实缴而不能认缴。

（3）“防火墙公司”的注册资本一定要小。因为“防火墙公司”从“主体运营公司（赚钱公司）”分回的投资收益，必须按照10%计提法定盈余公积，当计提的法定盈余公积达到注册资本的50%就不计提，而注册资本过大，“防火墙公司”账上滞留过大的盈余公积很难消化。

（四）家族公司、防火墙公司与主体运营公司的两种股权布局策略

1. 三层股权布局策略

由最上层的“家族公司”控制中层的“防火墙公司”，然后再由中层的“防火墙公司”控制“主体运营公司（赚钱公司）”的三层股权结构。该三层股权布局主要适用于“主体运营公司（赚钱公司）”较多，且今后将要发生对外多轮融资和员工持股的股权激励的情况。

2. 双层股权布局策略

由最上层的“家族公司”控制“主体运营公司（赚钱公司）”的双层股权结构。该双层股权布局主要适用于只有一个“主体运营公司（赚钱公司）”，且未来将要发生多轮融资和员工持股的股权激励的情况。

二、股权布局控税的股权架构主体设计

（一）税负最重的股权主体架构：全部由自然人直接持股主体公司（赚钱公司）的单层股权结构

1. 单层股权结构

所谓“单层股权结构”，是指由自然人股东直接持股主体公司（经营公司或赚钱公司）的股权结构。该单层股权结构是大多数中小企业和创业公司普通采用的股权结构（见图1－13）。

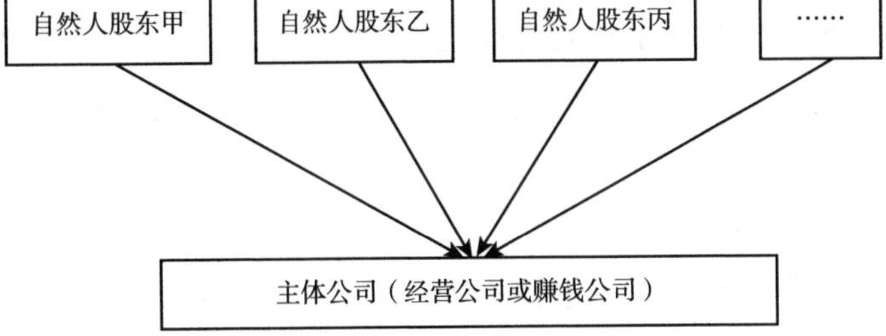

图1－13　单层股权结构

单层股权结构适用于股东人数较少的公司。随着公司发展，股东人数较多时，尤其是重要股东意见不一致时，会增加股东会或股东大会的通知、召集和主持工作的工作量。因此，当公司股东人数较多时，不建议采用单层股权结构。

2. 单层股权结构的税负分析

（1）主体公司（经营或赚钱公司）将依照25%**税率缴纳企业所得税后的税后未分配利润分配给自然人股东时，自然人股东必须依法缴纳20%的股息、红利的个人所得税。**

（2）主体公司（经营或赚钱公司）依照25%税率缴纳企业所得税后的税后未分配利润用于转增主体公司（经营或赚钱公司）的注册资本时，要视同分配再投资处理，自然人股东必须依法缴纳20%的股息、红利的个人所得税。

（3）主体公司（经营或赚钱公司）依照25%税率缴纳企业所得税后的税后未分配利润用于投资设立别的公司，要视同分配再投资处理，自然人股东必须依法缴纳20%的股息、红利的个人所得税。

（4）主体公司（经营或赚钱公司）依照25%税率缴纳企业所得税后的税后未分配利润用于购买房产、车辆，以及生活消费等，自然人股东必须依法缴纳20%的股息、红利的个人所得税。

通过以上分析，全部由自然人直接持股主体公司（赚钱公司）的单层股权结构的税负最重。

（二）股权布局控税的股权主体架构最优设计方案一：全部通过有限责任公司平台（家族企业）直接持股主体公司（赚钱公司）的双层股权结构

1. 双层股权结构

所谓“双层股权结构”，是指主体公司不是全部由自然人股东持股，而是嵌套一层持股平台。双层股权结构的关键是持股平台，作为持股平台的民事主体分两类：一是有限责任公司；二是有限合伙企业。实践中的双层股权结构分为以下两大类：

（1）全部通过持股平台持股。所谓“全部通过持股平台持股”，是指主体公司（经营公司或赚钱公司）没有自然人股东，可分为单个持股平台模式（见图1－14）和多个持股平台模式（见图1－15）。

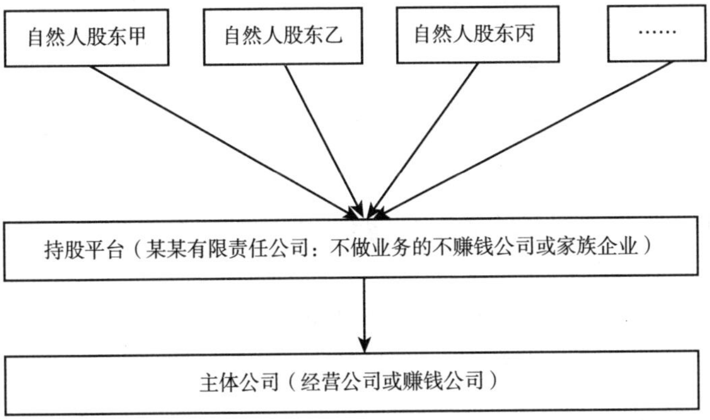

图1－14　双层股权结构：单个持股平台（全部通过持股平台）

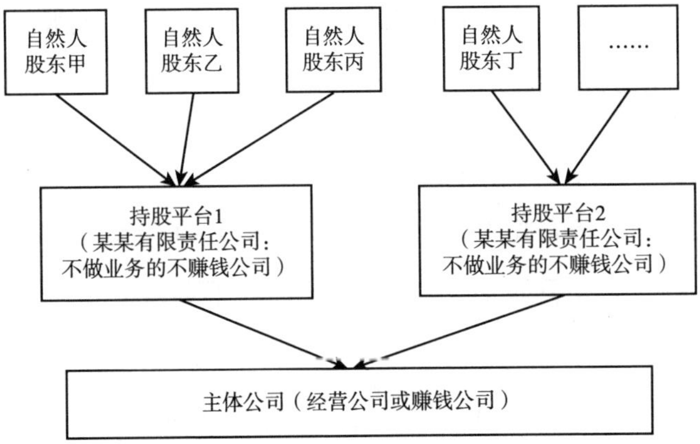

图1－15　双层股权结构：多个持股平台（全部通过持股平台）

（2）**部分通过持股平台持股**。所谓“部分通过持股平台持股”，是指一部分自然人股东的股份，部分通过持股平台持有，主体公司内仍保留部分自然人股东（如图 1－16 所示）。

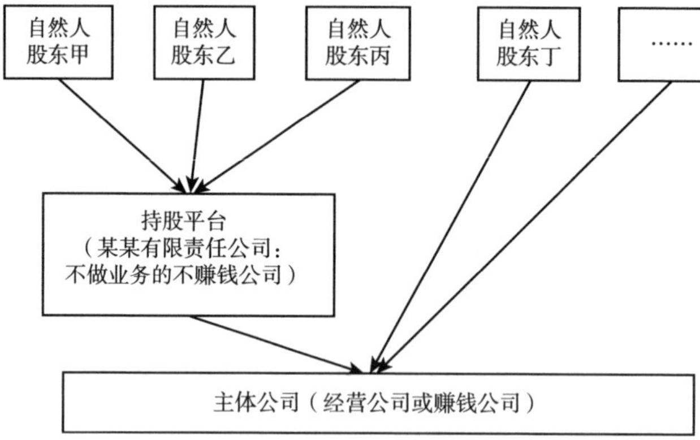

图 1－16　双层股权结构：部分通过持股平台

从以上单层和双层股权结构的股权布局来看，设立有限责任公司作为股权持股平台的双股权结构，比全部以自然人股东直接持股主体公司（赚钱公司）的单层股权结构，更有利于原始股东掌握公司的控制权。现在以一个案例加以说明。

【案例分析 18：不丧失公司控制权的良策——设立有限公司股权持股平台】

（一）基本情况介绍

假设“某某有限责任公司”有三位自然人股东：甲占股 70%，乙占股 10%，丙占股 20%。股权架构如图 1－17 所示。

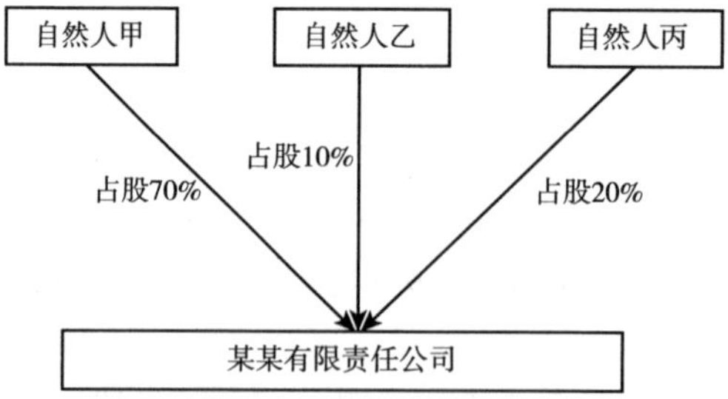

图 1－17　某某有限责任公司股权架构

经过几年的发展，未来扩大规模，加速发展，“某某有限责任公司”准备增资扩股，引进新的投资者丁有限责任公司，丁有限责任公司要在“某某有限责任公司”中占股30%，经过增资扩股后的股权架构如图1－18所示。

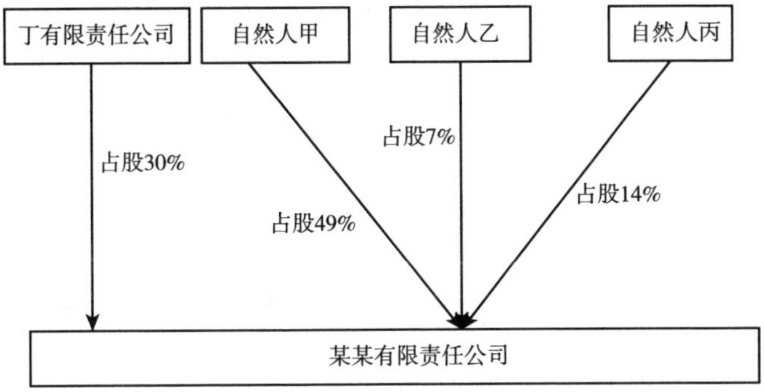

图1－18　经过增资扩股后的股权架构

通过以上增资扩股后，作为在“某某有限责任公司”中拥有绝对控制权（占股70%）的原始股东甲，其股权比例稀释降为49%，在“某某有限责任公司”中丧失了股权控制权（因为49%小于相对控制权的生命线51%和绝对控制权生命线67%）。即通过增资扩股后的原始股东甲，已经丧失了对“某某有限责任公司”的股权控制权。

请问应如何设计股权持股平台，才能使自然人股东甲**不丧失公司控制权？**

（二）股权布局设计方案：设立有限责任公司作为股权持股平台

如果要保持自然人股东甲在“某某有限责任公司”的控制权不丧失，则必须设立有限公司股权架构。即需要自然人股东甲、乙、丙共同投资注册一家不做具体业务，只是做股权投资业务的“某某有限责任公司（不做业务）”，然后以该“某某有限责任公司（不做业务）”100%投资设立“某某有限责任公司”。股权架构如

图 1－19 所示。

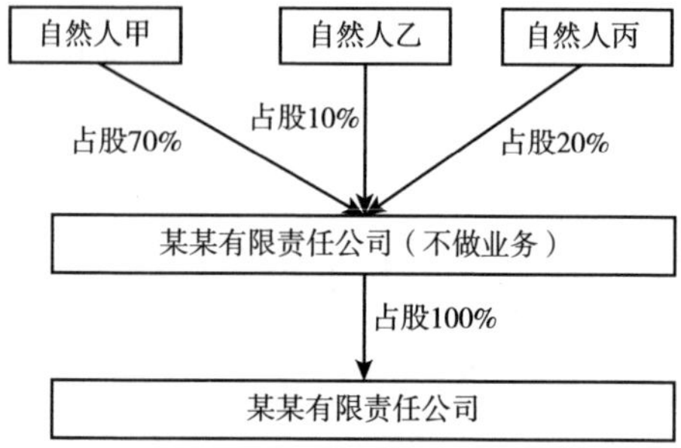

图 1－19　某某有限责任公司股权架构

（三）设立有限责任公司作为股权持股平台后的公司控制权分析

经过增资扩股，引进新的投资者丁有限责任公司，丁有限责任公司在“某某有限责任公司”占 30% 的股权。经过股权稀释后，“某某有限责任公司（不做业务）”占有“某某有限责任公司”70% 的股权，拥有“某某有限责任公司”的绝对控制权（70% 股权比例大于绝对控制权生命线 67%）。而原始股东甲占“某某有限责任公司（不做业务）”70% 的股权比例没有变，拥有“某某有限责任公司（不做业务）”的绝对控制权，从而拥有“某某有限责任公司”的股权绝对控制权。股权架构如图 1－20 所示。

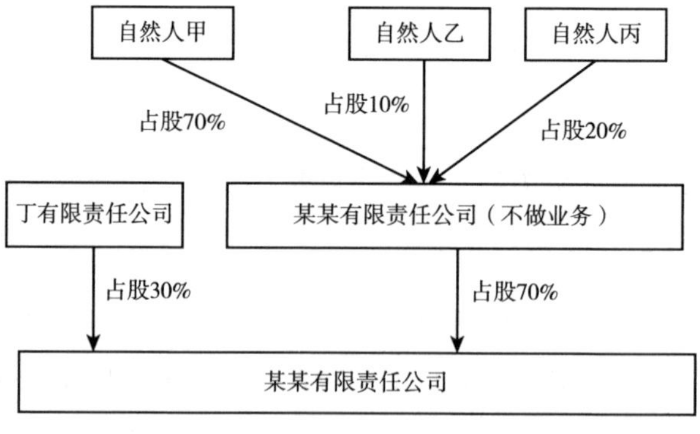

图 1－20　某某有限责任公司股权架构

因此，通过以上股权架构分析，自然人股东通过“有限公司的股权持股平台”，间接持有实体公司（赚钱公司）的股权，在今后的增资扩股过程中，虽然新的投资者的进入会稀释原始股东的股权比例，但是原始股东不会丧失公司的股权控制权。

2. 全部通过有限责任公司平台（家族企业）直接持股主体公司（赚钱公司）的双层股权结构的控税分析

全部通过有限责任公司平台（家族企业）直接持股主体公司（赚钱公司）的双层股权结构（见图1－14，**双层股权结构：单个持股平台**）的控税分析如下：

（1）主体公司（经营公司或赚钱公司）按照25%缴纳企业所得税后的税后未分配利润，分回给持股平台（某某有限责任公司：不做业务的不赚钱公司或家族企业），免征企业所得税。

（2）持股平台（某某有限责任公司：不做业务的不赚钱公司或家族企业）从主体公司（经营公司或赚钱公司）分回的税后未分配利润，用于投资设立别的公司，用于转增主体公司（经营公司或赚钱公司）的注册资本，用于购买车辆、房产，产权登记在持股平台（某某有限责任公司：不做业务的不赚钱公司或家族企业）名下等，都是免税的。

（3）持股平台（某某有限责任公司：不做业务的不赚钱公司或家族企业）从主体公司（经营公司或赚钱公司）分回的税后未分配利润，再分回给持股平台（某某有限责任公司：不做业务的不赚钱公司或家族企业）的自然人股东，必须依法按照“股息红利”税目申报缴纳20%的个人所得税。

（4）持股平台（某某有限责任公司：不做业务的不赚钱公司或家族企业）是其自然人股东的“钱袋子”。可以给自然股东的家族成员发放工资、缴纳社保费用（家族成员与持股平台签订劳动合同），也可以报销自然人股东发生的各项管理费用，例如业务招待费用、水电费、车辆油费、保险费用、过路费用、折旧费用，也可以报销各种办公费用。

（三）股权布局控税的股权架构主体最优设计方案二：通过有限责任公司平台+有限合伙企业平台+部分自然人直接持股主体公司（赚钱公司）的双层股权结构

1. 股权结构图

通过有限责任公司平台+有限合伙企业平台+部分自然人直接持股主体公司（赚钱公司）的双层股权结构如图1－21所示。

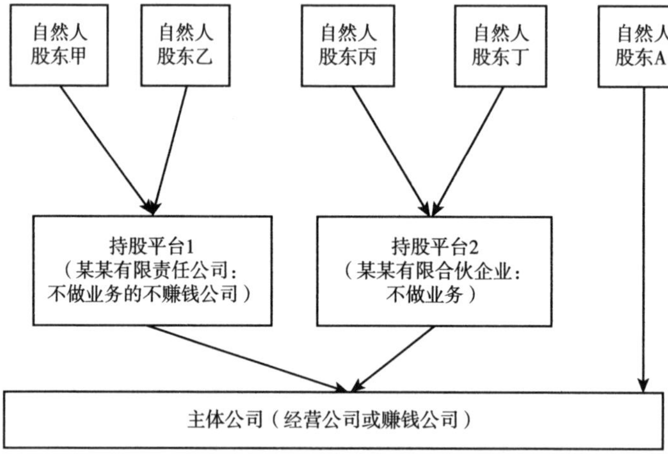

图1－21　双层股权结构：部分通过持股平台

2. 通过有限责任公司平台+有限合伙企业平台+部分自然人直接持股主体公司（赚钱公司）的双层股权结构的涉税分析

（1）主体公司（经营公司或赚钱公司）按照25%缴纳企业所得税后的税后未分配利润，分回给持股平台1（某某有限责任公司：不做业务的不赚钱公司）的涉税处理，与上文中“**合法节税的股权主体架构最优设计方案一：全部通过有限责任公司平台（家族企业）直接持股主体公司（赚钱公司）的双层股权结构**”的“有限责任公司平台（家族企业）”的涉税分析一样。

（2）主体公司（经营公司或赚钱公司）按照25%缴纳企业所得税后的税后未分配利润，分回给持股平台2（某某有限合伙企业：不做业务）的涉税处理如下：有限合伙企业本身不缴纳税，由持股平台2（某某有限合伙企业：不做业务）的合伙人缴纳税，如果合伙人为自然人，则根据财税〔2008〕159号文件的规定，必须按照“股息红利”税目缴纳20%的个人所得税；如果合伙人是法人单位，则必须依法按照25%税率缴纳企业所得税。

（3）主体公司（经营公司或赚钱公司）按照25%缴纳企业所得税后的税后未分配利润，分回给自然人股东A，则按照“股息红利”税目缴纳20%的个人所得税。

【案例分析19：出资10%得到一家公司51%股权的股权架构设计策略】

（一）基本情况介绍

假设有限公司的股权分为资金股和人力股，其中资金股占60%，人力股占40%。自然人甲想按照注册资金的10%进行出资，并参与公司的经营管理。甲如何在一家注册资金为1 000万元的有限公司乙中占有51%的股权，控制乙有限公司呢？请设计出最优的股权架构方案。

（二）股权架构设计落地方案

1. 方案一：自然人股权架构模式

第一步：自然人甲出资100万元（1 000万元×10%），在乙有限公司中占10%的出资比例。

第二步：自然人甲在乙有限公司占有的资金股比例为10%×60%＝6%。

第三步：如果甲要在乙有限公司中占有51%的股权比例（资金股比例＋人力股比例），则甲在乙有限公司人力股中占有的比例为112.5%［（51%－6%）÷40%］。

由于不能按照出资比例配置股权比例，且甲在乙有限公司人力股中占有的人力股比例充其量是100%，而第三步计算的甲在乙有限公司人力股中占有的比例为112.5%，大于100%，根本不现实。

另外，假设按照出资比例等于股权比例配置股权的情况下，自然人要出资510万元，才能达到占有乙有限公司51%股权的目标，超过了甲的投资预算，即按照乙有限公司注册资本10%进行出资。

因此，采用自然人股权架构模式实现目标“自然人股东甲按照注册资金的10%进行出资，并参与公司的经营管理，具体为在一家注册资金为1 000万元的有限公司乙中占有51%的股权，控制乙有限公司”是不现实的，即方案一不可行，不现实。

2. 方案二：有限公司股权架构模式

第一步：自然人甲出资100万元，找到愿意投资的合作伙伴出资410万元，共同成立一家投资有限公司丙。甲在丙中占有股权比例20%，合作伙伴在丙中占有股权比例80%。

第二步：自然人甲与合作伙伴签订《投票权委托协议》，合作伙伴全权委托自然人甲行使投资有限公司丙的各项重大和重要事项的决议。具体包括：

（1）代为提议召开临时股东会和股东大会。

（2）代为行使股东提案权，提议选举或罢免董事、监事及其他议案。

（3）代为参加股东会或股东大会，行使股东质询权和建议权。

（4）代为行使表决权，并签署相关文件，对股东会和公司股改后股东大会的每一审议和表决事项代为投票，但涉及分红、股权转让、股权质押、增资、减资等涉及委托人所持有股权的处分事宜的事项除外。

（5）受托人行使本授权委托书委托权限范围内的事项导致的后果由委托人承担。

第三步：投资有限公司丙，按照有限公司乙 1 000 万元注册资金的 51% 出资，并由自然人甲参与有限公司乙的经营管理。

第四步：有限公司丙在有限公司乙的人力股中占有的人力股比例为 51%。

第五步：有限公司乙给投资有限公司丙配置股权比例（资金股比例 + 人力股比例）为 51%（51% ×60% +51% ×40%）。

第六步：自然人甲通过与合作伙伴签订《投票权委托协议》，从而控制了有限公司丙，最后控制了有限公司乙。股权架构如图 1 – 22 所示。

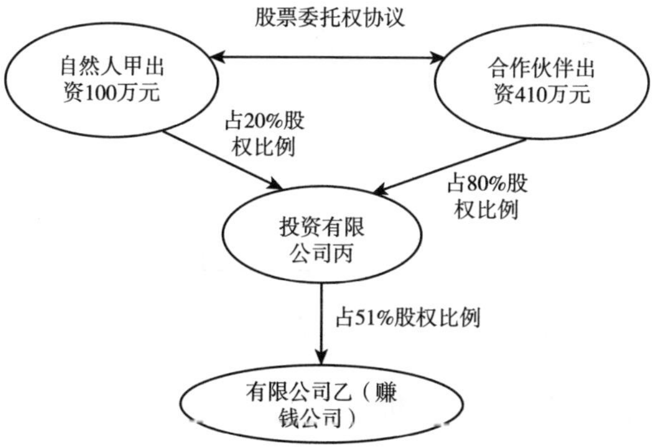

图 1 – 22　股权架构

3. 方案三：有限合伙企业股权架构模式

第一步：自然人甲出资 100 万元，找到愿意投资的合作伙伴出资 410 万元，共同成立一家注册资本为 510 万元的投资有限合伙企业丙，自然人甲作为普通合伙人（GP），占 19.6%，合作伙伴作为有限合伙人（LP），占 80.4%。

第二步：投资有限合伙企业丙按照有限公司乙 1 000 万元注册资金的 51% 出资，并由自然人甲参与有限公司乙的经营管理。

第三步：有限合伙企业丙在有限公司乙的人力股中占有的人力股比例为 51%。

第四步：有限公司乙给投资有限合伙企业丙配置股权比例（资金股比例 + 人力股比例）为 51%（51% ×60% +51% ×40%）。

第五步：由于自然人甲在有限合伙企业丙中是普通合伙人身份，从而控制了有限合伙企业丙，最后控制了有限公司乙。股权架构如图 1 –23 所示。

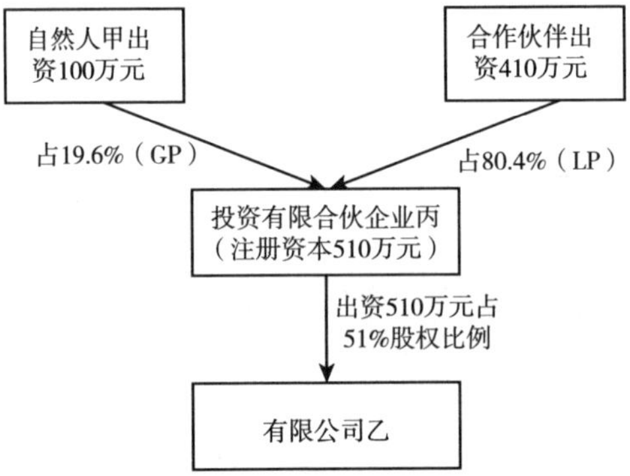

图 1 –23　股权架构

（三）最优股权架构方案评析

在前述三种方案的设计中，第一种自然人股权架构方案，在实践中根本不存在，不现实；第三种方案，虽然可以达到自然人甲出资 10%，能控制一家注册资本为 1 000 万元的有限公司乙的控制权的目标，但是，由于自然人甲是有限合伙企业丙的普通合伙人，根据《中华人民共和国合伙企业法》的规定，自然人甲对有限合伙企业丙的债务必须承担无限法律责任。而第二种股权设计方案中的自然人甲以其出资100万元为限，对有限公司丙承担有限法律责任。因此，以上三种股权设计方案中，第二种股权设计方案最优。

第二章　股权布局控税的法律保障：公司法、公司章程、股东协议与税法相融合

股权布局控税必须实现原始股东掌握公司控制权，同时合法节约税收的目标。在实现以上目标的过程中，必须将公司法、**公司章程、股东协议与税法相融合**，必须依照公司法的规定，在公司章程中巧妙设计规则，以使原始股东掌握公司控制权。同时依照国家税法的规定，充分运用税法，设计股权布局，为节约税收夯实基础。由于公司成立后，各股东签署的公司章程（市场监督管理通用版本的公司章程）必须在市场监督管理局进行备案，对外进行公布。可是基于原始股东增强公司控制权和决策权的考虑，市场监督管理局提供的通用版本的公司章程，很难满足各股东为加强公司内部治理的需要，所以，公司各股东除了一致签署在市场监督管理局备案的公司章程之外，还会共同签署股东协议、股东出资协议、一致行动人协议、股东分红协议、委托投票权协议，以上协议与公司章程之间存在一定的联系，对签字的各股东都有法律约束力。而且公司章程、股东协议、股东出资协议、股权转让协议、增资扩股协议签订的前提条件是不得违背《公司法》的相关规定。

第一节　公司法与公司章程的关系

一、公司章程规定不得违反《公司法》规定

公司章程是公司依据《公司法》制定的，规定公司名称、地址、经营范围、经营管理制度等重大事项的基本文件，是公司必备的规定公司组织及其活动基本规则的书面文件，也是股东共同一致的以上表示，载明公司组织和活动的基本准则，是公司的宪章。公司章程中涉及股东会职权、董事会职权及其议事程序、规则，以及出资方式、出资时间、股权转让、增资扩股、股息红利分配、表决权的分配等公司章程条款，必须依据《公司法》的相关规定进行制定，否则，违反《公司法》规定的公司章程条款视为无效。

二、公司章程优于《公司法》（公司章程是《公司法》的补充）

在不违反《公司法》规定的前提下，公司章程优于《公司法》，或者公司章程是对《公司法》的补充，主要体现为以下条款方面的规定：

（一）引入新股东（股东转让）表决权比例规定的设计规则

《公司法》第七十一条规定，股东向股东以外的人转让股权，应当经其他股东半数同意。公司章程对股权转让另有规定的，从其规定。基于此规定，如果不希望按人数过半表决，则公司章程可以设计以下规则："股东对外转让股权，应当经其他股东 100% 一致同意"，或者"股东不可以向股东以外的人转让股权，只能以平价转让给公司内部股东"。

（二）重大事项表决权比例规定的设计规则

《公司法》第四十三条规定，股东会会议作出修改公司章程、增加或减少注册资本的决议，以及公司合并、分立、解散或者变更公司形式的决议，必须经代表三分之二以上表决权的股东通过。基于此法律规定，在公司章程中设计的“重大事项表决权比例低于67%”的规则违反了《公司法》的规定，是违法的。因此，在公司章程中，只能设计“重大事项表决权比例高于67%”的规则才是合法的。例如，可以在公司章程中规定，“修改公司章程、增加或减少注册资本的决议，以及公司合并、分立、解散或者变更公司形式的决议等重大事项须经全体股东表决通过”。

（三）股东获得表决权方式的设计规则

《公司法》第四十二条规定：“股东会议由股东按照出资比例行使表决权；但是，公司章程另有规定的除外。”

《公司法》第四十三条规定：“股东会的议事方式和表决程序，除本法有规定的外，由公司章程规定。”

“公司章程另有规定的除外”和“由公司章程规定”为公司控制权在公司章程中的设计留下很大的法律空间，可以通过公司章程约定，不按照出资比例行使表决权，按照股权比例行使表决权。或者可以约定其他同股不同权的形式。

（四）股东资格继承的设计规则

《公司法》第七十五条规定：“自然人死亡后，其合法继承人可以继承股东资格；但是，公司章程另有规定的除外。”

“公司章程另有规定的除外”为公司章程设计股东资格继承的规则，留下了一定法律空间。可以通过公司章程约定，自然人死亡后，其股东资格不可以在合法继承人中继承，只能由公司的原始股东按照对应股权比例的净资产收购其股权（公司盈利的情况下），或者按照平价收购其股权（公司亏损的情况下）。

（五）扩大或减少董事会职权的设计规则

《公司法》第四十六条规定，董事会对股东会负责，行使下列职权：

1. 召集股东会会议，并向股东会报告工作；

2. 执行股东会的决议；

3. 决定公司的经营计划和投资方案；

4. 制定公司的年度财务预算方案、决算方案；

5. 制定公司的利润分配方案和弥补亏损方案；

6. 制定公司增加或者减少注册资本以及发行公司债券的方案；

7. 制定公司合并、分立、解散或者变更公司形式的方案；

8. 决定公司内部管理机构的设置；

9. 决定聘任或者解聘公司经理及其报酬事项，并根据经理的提名决定聘任或者解聘公司副经理、财务负责人及其报酬事项；

10. 制定公司的基本管理制度；

11. 公司章程规定的其他职权。

基于“**11. 公司章程规定的其他职权**”的规定，在不违反国家强制性、禁止性的法律规定的前提下，可以在公司章程中设计“扩大或减少董事会职权”的规则。但《公司法》规定的董事会职权没有“必须”的规定，理论上董事会是可以完全被架空的。如果董事会被架空了，则即使控制了董事会，也没有意义，无法掌握公司控制权。

例如，除了以下三项必须由股东会行使的法定职权外：

1. 对公司增加或减少注册资本作出决议；

2. 修改公司章程；

3. 对公司合并、分立、变更、解散和清算等事项作出决议。

在公司章程中约定，将股东会行使的其他职权交由董事会行使。

肖太寿博士特别提醒：由于《公司法》第四十三条规定，股东会会议作出修改公司章程、增加或减少注册资本的决议，以及公司合并、分立、解散或者变更公司形式的决议，必须经代表三分之二以上表决权的股东通过。从“必须”可以看出，修改公司章程、增加或减少注册资本的决议，以及公司合并、分立、解散或者变更公司形式的决议，只有股东会才有决定权，这是股东会的法定职权。如果将以上股东会行使的法定职权交由董事会行使，则违反了强制性的法律规定，应属无效。

（六）扩大或减少股东会职权的设计规则

《公司法》第三十七条规定，股东会的职权包括：（一）决定公司的经营方针和投资计划……**（十一）公司章程规定的其他职权。基于此规定，**《公司法》规定的股东会职权可以增加，增加无上限；也可以减少，但减少有下限，不可以减少到0。

基于“**（十一）公司章程规定的其他职权**”的规定，在不违反国家强制性、禁止性的法律规定的前提下，可以在公司章程中设计“扩大股东会职权”的规则。

例如，在公司章程中约定，将《公司法》第四十六条应由董事会行使的第（九）项职权“决定聘任或者解聘公司经理及其报酬事项，并根据经理的提名决定聘任或者解聘公司副经理、财务负责人及其报酬事项”增加到股东会行使。

（七）公司章程可以详细规定股东会议的议事方式

《公司法》第四十三条规定：“股东会的议事方式和表决程序，除本法有规定的外，由公司章程规定。”基于“由公司章程规定”的规定，可以在公司章程中约定股东会议的议事方式，包括何时开会、如何召集、如何代理、如何表决、如何记录等。例如，可以约定通过视频、微信、QQ 群开会。

第二节　公司章程、股东协议和股东出资协议的联系与区别

公司章程依据《公司法》制定，是股东共同一致的意思表示。公司章程具有法定性、真实性、自治性和公开性的基本特征。股东出资协议是股东为了出资达成的一种运营契约，是股东就未来的投资、运营和分红而达成的一种约定。创始股东设立公司时，不仅会依法制定公司章程，还会签署股东协议，这是在公司成立过程中的两份基础性文件，两者的内容往往有很多重合之处。对公司和股东而言，公司章程、股东协议和股东出资协议都是重要的法律文件。然而公司设立时只须向市场监督管理局提交公司章程，于是股东协议与公司章程之间的法律效力关系就成了有争议的问题。**公司章程、股东协议和股东出资协议的联系与区别如下。**

一、公司章程与股东协议之间的联系与区别

（一）公司章程与股东协议之间的联系

1. 约定内容的依据

公司章程与股东协议都依据《公司法》而制定，凡是涉及《公司法》没有明确规定且公司章程有权处理的事项，可以在公司章程里进行宽泛性的明确安排，具体规定通过股东协议安排。这样保证了公司章程依法被披露时，仍有涉及公司组织结构和经营管理的关键内容不被外界所知。

2. 两者约定的内容保持一致

公司章程与股东协议在涉及大的内容方面应保持一致。如果先签署股东协议，应在法律许可的范围内，将其落实到公司章程中去。

（二）公司章程与股东协议的区别

1. 公开程度不同

股东协议是股东之间签署的协议，可以保密，不需要到有关部门备案。公司的第一份公司章程应到市场监督管理局备案，具有一定的公开性，后面修改的有关公司章程没有在市场监督管理局备案，不影响其效力。但股东协议并不需要对外披露。因此，股东不愿意对外透露的内容可以放在股东协议里。

2. 签署对象不同

签署股东协议的可能是部分股东，也可能是全部股东。而公司成立的第一份公司章程必须是全体股东签署，后面变更的公司章程不一定需要全体股东签署。

3. 作用对象不同

股东协议跟股东，股东变了，协议就随着股东飘走了。股东协议只对签约的股东有效，谁签约就约束谁，没有签署股东协议的人不受约束。

公司章程跟公司，不管股东如何变，公司章程都不会随着股东飘走，股东变化不会影响公司章程的效力。而且，公司章程对公司、全体股东、董事、监事、高管等均有约束力，无论有没有在上面签名，都要受约束。

4. 适用的法律不同

股东协议是合同的一种，主要适用《民法典》的合同编；而公司章程主要适用《公司法》。

5. 效果不同

在股东协议中，每个签署股东都代表自己的独立意志，不存在少数服从多数的问题。在股东协议生效后，意味着股东协议已经获得所有签字股东 100% 同意。如果要修改股东协议，仍需要获得签约各方 100% 同意才可以修改。

公司章程不一定能代表每个股东的独立意志，公司章程是通过表决的方式，按照少数服从多数的原则，将部分股东的个人意志上升为公司的集体意志，反对的股东也需要遵守已经通过的公司章程。修改公司章程不一定需要 100% 的股东同意，需要多少股东同意遵从公司章程规定。

肖太寿博士特别提醒：股东协议只能作为公司控制权涉及的辅助工具，而不是主要工具，股东协议并不必然能起到公司章程的作用。

二、公司章程与股东出资协议的关系

（一）不同点

公司章程中的约定可能没有股东出资协议中那么详细，一些细节问题涉及不到，在这种情况下，极易发生股东出资协议与公司章程不一致导致的股东间的纠纷。

（二）效力范围

股东出资协议是约束签订协议的股东，公司章程约束公司所有人员。

（三）相同点

股东出资协议与公司章程在公司名称、注册资本、经营范围、股东出资比例等诸多方面有相同之处，但并不表示两者具有相同功能。因此，不能简单认为设立公司章程后，出资协议就退出历史舞台了。

（四）法律性质

设立公司时，股东出资协议在法律上不要求必须设立，而公司章程在法律上必须设立。

【案例分析20：某公司“股权布局控税”涉及的法律依据及其股权架构设计】

（一）基本情况

自然人甲需要2 000万元启动一个好项目，可只有700万元，自然人乙愿意投1 300万元，但要该项目65%的股份，请问如何设计股权架构，以使自然人甲既能掌握未来项目公司的控制权，又能合理合法实现节税的目标？

（二）股权设计方案及其法律依据

第一步：自然人甲出资700万元、自然人乙出资300万元注册成立一家有限责任公司A（注册资本为1 000万元），其中按出资比例分配股权，甲占70%，乙占30%（该比例符合两个合伙人开办公司分配股权最合理的股权比例结构：70%、30%）。

该步骤必须依据《中华人民共和国公司法》关于公司绝对控制权的股权比例（原始股东占有公司67%的股权比例）设计规定。两个股东的最佳股权比例是70%、30%。

第二步：乙自然人出资1 000万元，有限责任公司A出资1 000万元，注册成立一家有限合伙企业B（注册资本为2 000万元），其中乙占50%的财产份额，有限公司A占50%的财产份额，而且有限责任公司A为普通合伙人（GP），自然人乙为有限合伙人（LP）。

该步骤必须依据《中华人民共和国合伙企业法》中关于有限合伙企业合伙人的规定而设计合伙人占有的财产份额比例。基于原始创始人（自然人股东甲）掌握项目法人C的公司控制权的需要，将《中华人民共和国公司法》与《中华人民共和国合伙企业法》相互融合，设置第一步成立的有限责任公司A作为有限合伙企业B的普通合伙人（GP），自然人乙为有限合伙人（LP）。

第三步：有限合伙企业 B 出资 2 000 万元，100% 持股成立一家项目公司 C（法人单位）。

该步骤依据《中华人民共和国公司法》规定，按照注册资本实缴制，设立项目公司法人单位，依据《中华人民共和国公司法》规定，制定公司章程，不设立股东会，也不设立董事会，由自然人股东甲担任执行董事，并兼任总经理。

第四步：有限合伙企业 B 与项目公司法人单位 C，既开展项目上的业务往来，也从项目公司法人单位 C 分回股息、投资收益。

该步骤将《财政部 国家税务总局关于合伙企业合伙人所得税问题的通知》（财税〔2008〕159 号）、《国家税务总局关于〈关于个人独资企业和合伙企业投资者征收个人所得税的规定〉执行口径的通知》（国税函〔2001〕84 号）、《中华人民共和国企业所得税法》的规定、《中华人民共和国公司法》和《中华人民共和国合伙企业法》的规定相互融合，设计股息、红利分配之间的税收缴纳申报处理。

（三）股权架构设计图

通过以上四步法设计的股权架构如图 2－1 所示。

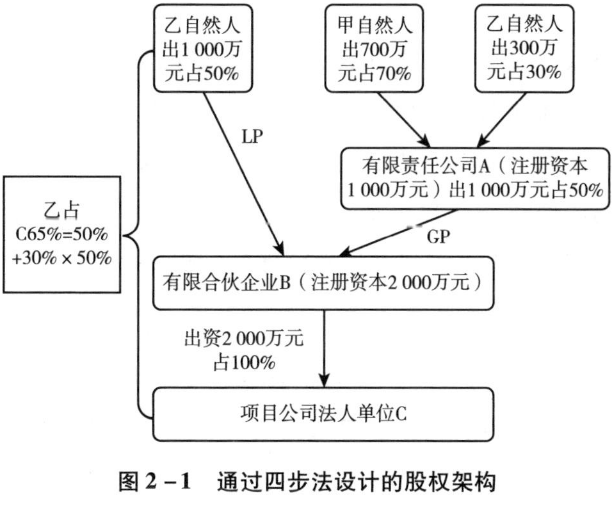

图 2－1　通过四步法设计的股权架构

（四）甲拥有项目公司控制权及乙在项目公司占有的股份比例的分析

1. 由于自然甲在有限公司 A 占 70% 的股权比例，拥有有限公司 A 的绝对控制权；

2. 有限公司 A 是有限合伙企业 B 的普通合伙人（GP），拥有有限合伙企业 B 的绝对控制权；

3. 有限合伙企业 B 全资出资 100% 持股项目法人公司 C，因此，有限合伙企业 B 拥有项目法人公司 C 的绝对控制权。

4. 从图中的按出资比例分配的股权比例来看，乙自然人在项目公司法人单位 C 占有的股份比例为：65%（直接持股比例 50% + 间接持股比例 30% ×50%）。

（五）节税分析

1. 有限合伙企业 B 从项目公司法人单位 C 分回的股息、红利权益性投资收益，根据《财政部 国家税务总局关于合伙企业合伙人所得税问题的通知》（财税〔2008〕159 号）第一条和《国家税务总局关于〈关于个人独资企业和合伙企业投资者征收个人所得税的规定〉执行口径的通知》（国税函〔2001〕84 号）第二条的规定，合伙企业合伙人是自然人的，缴纳个人所得税；合伙人是法人和其他组织的，缴纳企业所得税。个人独资企业和合伙企业对外投资分回的利息或者股息、红利，不并入企业的收入，而应单独作为投资者个人取得的利息、股息、红利所得，按“利息、股息、红利所得”应税项目计算缴纳个人所得税。

因此，本案例中的自然人乙通过有限合伙企业 B 从项目公司法人单位 C 分回的股息、红利权益性投资收益，依法缴纳 20% 的个人所得税。但是有限公司 A 作为 GP 通过有限合伙企业 B 从项目公司法人单位 C 分回的股息、红利权益性投资收益，依法缴纳企业所得税。最后，有限责任公司A将缴纳企业所得税后的税后利润分回自然人甲，必须依法缴纳20%的个人所得税。税负较重！

实践中的有限公司A没有实际经营业务，只有一些费用成本列支，肯定是小微企业，因此，可以考虑依据《财政部 税务总局关于实施小微企业普惠性税收减免政策的通知》（财税〔2019〕13号）和财政部、税务总局公告2021年第12号第一条的规定。目前，年应纳税所得额100万元以下的小微企业适用的所得税税率仅为2.5%，年应纳税所得额100万元以上300万元以下的小微企业适用的企业所得税税率仅为5%，年利润300万元以上的小微企业适用的所得税税率为25%。

2. 合伙企业的所得税计算必须遵循“先分后税”的原则

根据《财政部 国家税务总局关于合伙企业合伙人所得税问题的通知》（财税〔2008〕159号）第三条的规定，合伙企业生产经营所得和其他所得采取“先分后税”的原则。所谓的“生产经营所得和其他所得”，包括合伙企业分配给所有合伙人的所得和企业当年留存的所得（利润）。

基于以上税收政策规定，有限合伙企业B与项目公司法人单位发生的“生产经营所得”遵循“先分后税”的原则，如果合伙人是自然人，则自然人合伙人按照5%—35%的五档税率计算“经营所得”的个人所得税；如果合伙人是法人或其他组织，则缴纳企业所得税。

因此，本案例中的自然人乙从有限合伙企业B取得的生产经营所得，按照5%—35%的五档税率计算“经营所得”的个人所得税；有限责任公司A从有限合伙企业B取得的生产经营所得，缴纳企业所得税。

第三节　商事组织法与税法的相互融合

所谓“商事组织法”，是指调整各类商事组织活动的法律规范的总称。商事组织是指能以自己的名义从事营利性活动，并具有一定规模的组织，商事组织的法律形式包括：个人独资企业、合伙企业、有限责任公司、股份有限公司。因此，商事组织法包括：《中华人民共和国公司法》《中华人民共和国个人独资企业法》《中华人民共和国合伙企业法》。在进行股权布局设计时，必须将以上商事组织法与《中华人民共和国企业所得税法》《中华人共和国个人所得税法》和个人独资合伙企业相关的税法政策相互融合，才能设计出既能掌握公司控制权，又能节约税收的股权布局方案。

一、《民法典》《个人独资企业法》《合伙企业法》与税法的融合

（一）《企业所得税法》《民法典》规定个人独资企业与合伙企业不缴纳企业所得税

根据《中华人民共和国企业所得税法》《中华人民共和国民法典》第一百零二条和第一百零四条的规定，非法人组织是不具有法人资格，但是能够依法以自己的名义从事民事活动的组织。非法人组织包括个人独资企业、合伙企业、不具有法人资格的专业服务机构等。非法人组织的财产不足清偿债务的，其出资人或设立人承担无限责任。法律另有规定的，依照其规定。而根据《中华人民共和国企业所得税法》第一条的规定，个人独资企业和合伙企业不缴纳企业所得税。由于《中华人民共和国企业所得税法》自 2008 年 1 月 1 日开始实行法人所得税制，即只有法人单位才是企业所得税的纳税义务人，而个人独资企业和合伙企业不是法人单位，理应不缴纳

企业所得税，所以，个人独资企业和合伙企业不缴纳企业所得税。

（二）《个人所得税法》规定个人独资企业与合伙企业按照“经营所得”税目缴纳个人所得税

根据《中华人民共和国个人所得税法实施条例》第六条第（五）项第一款的规定，个人独资企业投资人、合伙企业的个人合伙人来源于境内注册的个人独资企业、合伙企业生产、经营的所得，按照“经营所得”税目，依法按照5%—35%的五档累进税率缴纳个人所得税。

（三）相关税法规定个人独资企业与合伙企业缴纳“经营所得”个人所得税的5个关键点

根据《中华人民共和国公司法》的规定，在中国境内设立的有限责任公司和股份有限公司是企业法人，拥有独立的法人财产，享有法人财产权，以其全部财产对公司的债务承担责任。有限责任公司的股东以其认缴的出资额为限对公司承担责任；股份有限公司的股东以其认购的股份为限对公司承担责任。而根据《中华人民共和国个人独资企业法》《中华人民共和国合伙企业法》和《中华人民共和国民法通则》的规定，个人独资企业是在中国境内设立，由一个自然人投资，财产为投资人个人所有，投资人以其个人财产对企业债务承担无限责任的经营实体。合伙企业，是指自然人、法人和其他组织在中国境内设立的普通合伙企业和有限合伙企业。普通合伙企业由普通合伙人组成，合伙人对合伙企业债务承担无限连带责任。该法对普通合伙人承担责任的形式有特别规定的，从其规定。有限合伙企业由普通合伙人和有限合伙人组成，普通合伙人对合伙企业债务承担无限连带责任，有限合伙人以其认缴的出资额为限对合伙企业债务承担责任。根据《中华人民共和国企业所得税法》（中华人民共和国主席令第63号）第一条的规定，个人独资企业和合伙企业不缴纳企业所得税，只按照个体工商户的承包经营所得缴纳个人所得税。基于以上法律规定，个人独资企业和合伙企业应如何缴纳所得税呢？参照改编小陈税务的博客传载《南京税务》上的文章《非常实务：看一看个人独资、合伙企业如何缴纳所得税》，提出个人独资企业和合伙企业在缴纳所得税时，务必把握的5个关键点。

关键点1：合伙企业的所得税计算必须遵循“先分后税”的原则。

《财政部 国家税务总局关于合伙企业合伙人所得税问题的通知》（财税〔2008〕159号）第二条规定：“合伙企业以每一个合伙人为纳税义务人。合伙企业合伙人是自然人的，缴纳个人所得税；合伙人是法人和其他组织的，缴纳企业所得税。”第三条规定：“合伙企业生产经营所得和其他所得采取‘先分后税’的原则。”也就是合伙企业的合伙人以合伙企业的生产经营所得和其他所得，按照合伙协议约定的分配比例确定应纳税所得额。根据《财政部 国家税务总局关于印发〈关于个人独资企业和合伙企业投资者征收个人所得税的规定〉的通知》（财税〔2000〕91号）的规定，合伙企业以每一个合伙人为纳税人。个人独资企业和合伙企业每一纳税年度的收入总额减除成本、费用以及损失后的余额，作为投资者个人的生产经营所得，比照个人所得税法的“个体工商户的生产经营所得”应税项目，适用5%—35%的五级超额累进税率，计算征收个人所得税。

例如，某合伙企业在成立时有三个合伙人，其中一个为法人公司，另外两个合伙人分别是张先生和李先生。2019年期间，该合伙企业取得合伙经营所得，总计为600万元。合伙协议规定，每个合伙人权益相同，也就是说，各个投资者均能取得200万元的所得。作为法人投资者公司和两位自然人合伙人就合伙所得应当如何缴税呢？根据财税〔2008〕159号和财税〔2000〕91号的规定，合伙企业生产经营所得和其他所得采取“先分后税”的原则。该合伙企业法人公司缴纳企业所得税50（200×25%）万元，张先生和王先生各自应缴纳个人所得税63.45（200×35%−6.55）万元。

关键点2：个人独资和合伙企业的投资者取得投资分红应单独计税。

《国家税务总局关于〈关于个人独资企业和合伙企业投资者征收个人所得税的规定〉执行口径的通知》（国税函〔2001〕84号）第二条“关于个

人独资企业和合伙企业对外投资分回利息、股息、红利的征税问题”规定如下：个人独资企业和合伙企业对外投资分回的利息或者股息、红利，不并入企业的收入，而应单独作为投资者个人取得的利息、股息、红利所得，按“利息、股息、红利所得”应税项目计算缴纳个人所得税。以合伙企业名义对外投资分回利息或者股息、红利的，应按《通知》所附规定的第五条精神，确定各个投资者的利息、股息、红利所得，分别按“利息、股息、红利所得”应税项目计算缴纳个人所得税。

例如，某家个人独资企业年终对外投资分回红利30万元，根据国税函〔2001〕84号第二条的规定，该企业对外投资分回的红利30万元不应该计入企业的收入，而应该单独作为投资者个人取得的所得，按“利息、股息、红利所得”应税项目计算缴纳个人所得税6（30×20%）万元。

关键点3：个人投资两个以上个人独资企业的所得，年终须合并汇总计算所得税，再按照各自生产经营所得的比例分配每个独资企业的所得税。

《国家税务总局关于〈关于个人独资企业和合伙企业投资者征收个人所得税的规定〉执行口径的通知》（国税函〔2001〕第84号）第一条规定，“投资者兴办两个或两个以上企业，并且企业性质全部是独资的，年度终了后汇算清缴时，应纳税款的计算按以下方法进行：汇总其投资兴办的所有企业的经营所得作为应纳税所得额，以此确定适用税率，计算出全年经营所得的应纳税额，再根据每个企业的经营所得占所有企业经营所得的比例，分别计算出每个企业的应纳税额和应补缴税额。计算公式如下：

应纳税所得额 = Σ 各个企业的经营所得

应纳税额 = 应纳税所得额 × 税率 − 速算扣除数

本企业应纳税额 = 应纳税额 × 本企业的经营所得 ÷ Σ 各个企业的经营所得

本企业应补缴的税额 = 本企业应纳税额 − 本企业预缴的税额

例如，李先生投资经营了一家生产性个人独资企业。2019年生产经营所得是 10 万元，已累计预缴个人所得税 1.5 万元；2019 年年初，李先生又投资了一家水果超市（个人独资企业），2019 年经营所得是 15 万元，已累计预缴个人所得税 2 万元。则林先生在年度终汇算清缴时，应纳税所得额 = 10 + 15 = 25 万元，以此确定税率及速算扣除数计算应纳税额 = 250 000 × 20% − 10 500 = 39 500 元。生产性企业应纳税额 = 39 500 × 100 000 ÷ 250 000 = 15 800 元；应补缴税款 = 15 800 − 15 000 = 800 元；水果超市应纳税额 = 39 500 × 150 000 ÷ 250 000 = 23 700 元；应补缴税款 = 23 700 − 20 000 = 3 700 元。

关键点 4：个人独资企业汇算后提取经营所得不再缴个税。

《财政部 国家税务总局关于印发〈关于个人独资企业和合伙企业投资者征收个人所得税的规定〉的通知》（财税〔2000〕91 号）附件 1《关于个人独资企业和合伙企业投资者征收个人所得税的规定》第四条规定：个人独资企业和合伙企业（以下简称“企业”）每一纳税年度的收入总额减除成本、费用以及损失后的余额，作为投资者个人的生产经营所得，比照个人所得税法的“个体工商户的生产经营所得”应税项目，适用 5%—35% 的五级超额累进税率，计算征收个人所得税。前款所称收入总额，是指企业从事生产经营以及与生产经营有关的活动所取得的各项收入，包括商品（产品）销售收入、营运收入、劳务服务收入、工程价款收入、财产出租或转让收入、利息收入、其他业务收入和营业外收入。第五条规定：个人独资企业的投资者以全部生产经营所得为应纳税所得额；合伙企业的投资者按照合伙企业的全部生产经营所得和合伙协议约定的分配比例确定应纳税所得额，合伙协议没有约定分配比例的，以全部生产经营所得和合伙人数量平均计算每个投资者的应纳税所得额。前款所称生产经营所得，包括企业分配给投资者个人的所得和企业当年留存的所得（利润）。

例如，张先生是一家个人独资企业的投资者，其个人独资企业个人所得税实行查账征收，完成 2019 年度汇算清缴后，取得税后所得 25 万元。近期，张先生打算从中领取一笔款项用于个人消费，那领取税后利润是否还需要申报缴纳“利息、股息、红利所得”项目的个人所得税呢？根据财税〔2000〕91号文件的规定，由于个人独资企业投资者生产经营所得的个人所得税已经按照“个体工商户生产经营所得”项目计征了投资者的个人所得税，因此，个人独资企业分配税后利润不需要再缴纳个人所得税。

关键点5：个人独资企业和合伙企业投资者取得的“四业”所得暂不征收个人所得税

《财政部 国家税务总局关于个人独资企业和合伙企业投资者取得种植业、养殖业、饲养业、捕捞业所得有关个人所得税问题的批复》（财税〔2010〕96号）规定：对个人独资企业和合伙企业从事种植业、养殖业、饲养业和捕捞业（简称“四业”），其投资者取得的“四业”所得暂不征收个人所得税。

基于此规定，从事种植业、养殖业、饲养业和捕捞业的个人独资企业和合伙企业的投资者取得的所得暂不征收个人所得税。

二、《公司法》与税法的相互融合

（一）定向分配股息、红利的《公司法》与税法的相互融合

根据《公司法》第三十四条的规定，股东按照实缴的出资比例分取红利，但全体股东约定不按照出资比例分取红利的除外。因此，在股东协议中可以约定：股东可按照股权比例分取红利。或者为了体现股东在公司的贡献值，让股东的管理能力、渠道资源参与分配，在股东协议中约定：向特定股东定向分配利润，或部分股东放弃分红，或不按照股权比例分配红利。

根据《中华人民共和国企业所得税法》（中华人民共和国主席令第63号）第二十六条第（二）项的规定，符合条件的居民企业之间的股息、红利等权益性投资收益为免税收入，即免征企业所得税。

《中华人民共和国企业所得税法实施条例》第八十三条规定，企业所得税法第二十六条第（二）项所称符合条件的居民企业之间的股息、红利等权益性投资收益，是指居民企业直接投资于其他居民企业取得的投资收益。企业所得税法第二十六条第（二）项和第（三）项所称股息、红利等权益性投资收益，不包括连续持有居民企业公开发行并上市流通的股票不足12个月取得的投资收益。

基于以上税法政策规定，如果将控股公司作为创业公司或核心法人公司的控股股东，则控股公司从创业公司或核心公司分配回来的股息、红利等权益性投资收益免征企业所得税。

基于以上《企业所得税法》与《公司法》关于“股东分配股息红利”规定的相互融合，为设计“定向分配股息、红利”的股权布局提供了重要的法律支撑。

（二）公司内部转让股权的《公司法》与税法的相互融合

1.《公司章程》可以限制股权转让

根据《公司法》第七十一条的规定，有限责任公司的内部股东之间可以自由转让其部分或全部股份，有限责任公司的股东若向股东以外的人转让股权，必须经过其他股东半数的通过。公司章程另有约定的除外。

基于此法律规定，各股东以书面形式一致同意，可以不召开股东会会议，在“修改公司章程”决定性文件上签名、盖章。“修改公司章程”决定性文件约定：公司各股东的股权不可以对外进行转让，如果要转让，则由公司其他股东平价或折价收购股权。

2. 公司员工持股低价内部转让视为股权转让收入明显偏低且有正当理由

《国家税务总局关于发布〈股权转让所得个人所得税管理办法（试行）〉的公告》（国家税务总局公告2014年第67号）第十三条第（三）项，“有关法律、政府文件或企业章程规定，并有相关资料充分证明转让价格合理且真实的本企业员工持有的不能对外转让股权的内部转让”，视为股权转让收入明显偏低，且有正当理由。特别提醒：所谓“本企业员工”，是指与本公司签订劳动合同，依法每月支付工资薪金和缴纳社保费用的企业职工，包括公司的股东。

基于以上《公司法》关于“限制股权转让”与国家税务总局公告2014年第67号第十三条第（三）项关于“职工内部低价转让股权”的规定的相互融合，为设计公司内部职工股权低价转让给内部股东的股权布局提供了重要的法律支持和保障。

第三章　三种公司股权架构主体的涉税处理

股权架构是公司治理结构的基础，不同的股权架构将最终影响公司的行为和绩效。核心公司的股权布局体现为三种常用的股权架构主体形式：自然人直接架构、控股公司架构和有限合伙企业架构。这三种股权架构主体涉及投资者的税负完全不一样。本章主要分析三种常用的股权架构主体的税负，从税负的角度分析公司创始人、财务投资者应如何选择公司主体股权架构。

第一节　公司股权架构主体——自然人直接架构的涉税处理

所谓“自然人直接架构”，是指自然人股东均直接持有核心公司股权的一种公司股权主体架构形式。相关的涉税处理分析如下。

一、公司股权架构主体——自然人直接架构形式

自然人直接架构的公司股权主体架构形式如图 3－1 和图 3－2 所示。

查阅中国 A 股上市公司的招股说明书，发现很多公司的自然人股东在上市前都直接持股核心公司（拟上市公司）。例如，查阅广州明家科技股份

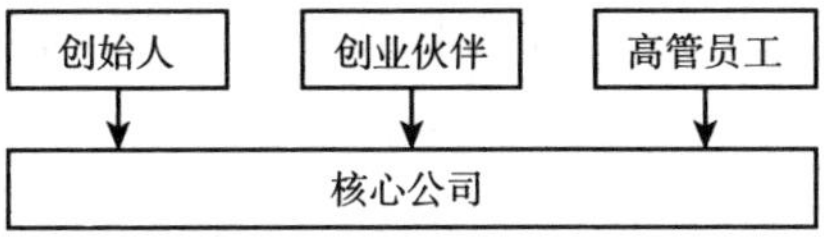

图 3－1　自然人直接架构

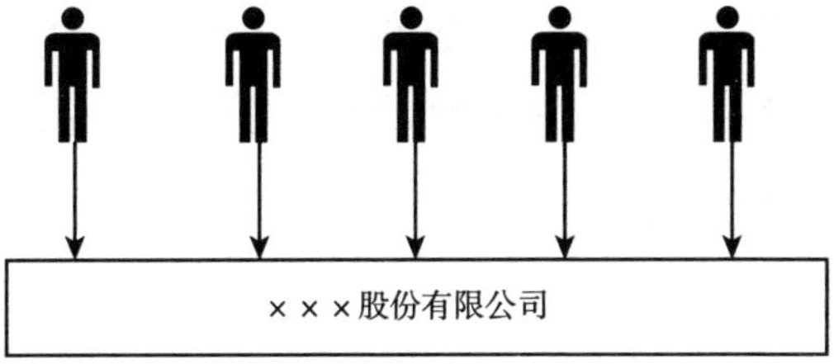

图 3－2　自然人直接架构

有限公司首次公开发行股票招股说明书第 41 页，广州明家科技股份有限公司上市前的股权结构如图 3－3 所示。

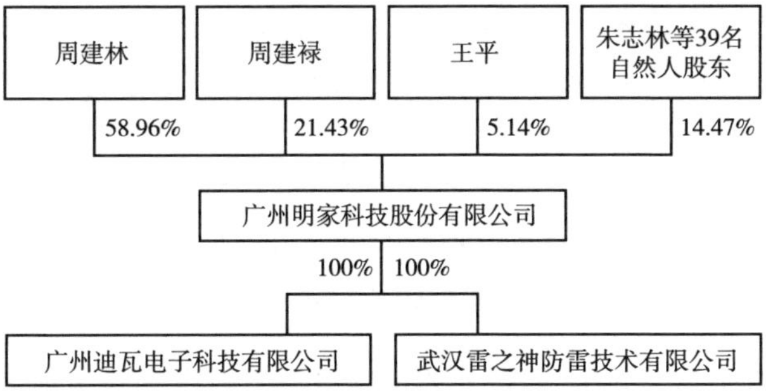

图 3－3　明家科技上市前的股权架构

一、自然人直接架构下的自然人股东的税务处理

（一）自然人股东的个人所得税处理

1. 自然人股东从持股的核心公司（被投资法人公司）分回的股息、红利等权益性投资收益必须依法按照 20%的比例税率征收个人所得税。

根据《中华人民共和国个人所得税法》第二条第（六）项和第三条的

规定，利息、股息红利所得应当缴纳个人所得税，适用比例税率为20%。因此，如果自然人或个人作为创业公司或实业公司的股东，则自然人股东从创业公司或实业公司分配回来的股息、红利，必须依法按照20%的比例税率征收个人所得税。

2. 自然人股东作为核心公司（被投资法人公司）股东，核心公司（被投资法人公司）的未分配利润转增资本或用于投资，必须依法按照20%的比例税率征收个人所得税。

根据《国家税务总局关于进一步加强高收入者个人所得税征收管理的通知》（国税发〔2010〕54号）第二条第（二）项第一款的规定，加强企业转增注册资本和股本管理，对以未分配利润、盈余公积和除股票溢价发行外的其他资本公积转增注册资本和股本的，要按照“利息、股息、红利所得”项目，依据现行政策规定计征个人所得税。

因此，自然人股东以核心公司（被投资法人公司）的未分配利润转增资本或投资必须依法按照20%的比例税率计征个人所得税。

3. 自然人股东作为核心公司（被投资法人公司）股东，从核心公司（被投资法人公司）借钱消费，自借款发生后12个月内未归还，必须依法按照20%的比例税率计征个人所得税。

根据《财政部 国家税务总局关于规范个人投资者个人所得税征收管理的通知》（财税〔2003〕158号）第二条的规定，纳税年度内个人投资者从其投资企业（个人独资企业、合伙企业除外）借款，在该纳税年度终了后既不归还，又未用于企业生产经营的，其未归还的借款可视为企业对个人投资者的红利分配，依照“利息、股息、红利所得”项目计征个人所得税。

根据《国家税务总局关于印发〈个人所得税管理办法〉的通知》（国税发〔2005〕120号）第三十五条第（四）项的规定，加强个人投资者从其投资企业借款的管理，对期限超过一年又未用于企业生产经营的借款，严格按照有关规定征税。基于此文件规定，并按照新法优于旧法的原则，对老板或股东借款自借款之日起超过一年，且又未用于企业生产经营的，必须依法按照20%的比例税率计征个人所得税。

根据《财政部 国家税务总局关于企业为个人购买房屋或其他财产征收个人所得税问题的批复》（财税〔2008〕83号）的规定，符合以下情形的房屋或其他财产，不论所有权人是否将财产无偿或有偿交付企业使用，其实质均为企业对个人进行了实物性质的分配，应依法计征个人所得税：

（1）企业出资购买房屋及其他财产，将所有权登记为投资者个人、投资者家庭成员或企业其他人员的；

（2）企业投资者个人、投资者家庭成员或企业其他人员向企业借款用于购买房屋及其他财产，将所有权登记为投资者、投资者家庭成员或企业其他人员，且借款年度终了后未归还借款的。

因此，根据以上税法的规定，得出以下两点结论：

第一，自然人股东从核心公司（被投资法人公司）借入资金用于消费，自借款发生后12个月内未归还，且又未用于企业生产经营的，其未归还的借款可视为企业对个人投资者的红利分配，依照“利息、股息、红利所得”项目计征个人所得税。

第二，从核心公司（被投资法人公司）借入资金用于购买房屋及其他财产，将所有权登记在自然人股东名下，且自借款发生后12个月内未归还的，视为企业对个人投资者的红利分配，依照“利息、股息、红利所得”项目计征个人所得税。

4. 自然人股东转让核心公司（被投资法人公司）股权或限售股必须依照20%税率计征个人所得税。

根据《股权转让所得个人所得税管理办法（试行）》（国家税务总局2014年公告第67号），自然人股东转让核心公司（被投资法人公司）股权，如果是溢价转让股权，则自然人股东必须对股权转让所得依照20%计征个人所得税。而且不可以随便进行折价或平价转让股权，必须依法符合国家税务总局2014年公告第67号规定的折价和评价转让的规定。

《财政部 国家税务总局 证监会关于个人转让上市公司限售股所得征收个人所得税有关问题的通知》（财税〔2009〕167号）第三条的规定，个人转让限售股，以每次限售股转让收入，减除股票原值和合理税费后的余额，为应纳税所得额。依照20%计征个人所得税。即：应纳税所得额＝限售股转让收入－（限售股原值＋合理税费）×20%。

5. 自然人股东转让上市的核心公司（被投资法人公司）的股票免个人所得税。

《财政部 国家税务总局 证监会关于个人转让上市公司限售股所得征收个人所得税有关问题的通知》（财税〔2009〕167号）第八条：对个人在上海证券交易所、深圳证券交易所转让从上市公司公开发行和转让市场取得的上市公司股票所得，继续免征个人所得税。

（二）自然人股东转让非上市的核心公司（被投资法人公司）的股权和上市公司限售股的增值税处理：免征增值税

财税〔2016〕36号附件3《营业税改征增值税试点过渡政策的规定》第一条规定："自然人转让金融商品，免征增值税。"

三、自然人直接架构下自然人股东的税负分析

通过以上自然人直接架构下自然人股东的税务处理分析，可以得出以下结论：

在自然人直接架构下的自然人股东除了转让上市的核心公司（被投资法人公司）的股票免个人所得税，转让非上市的核心公司（被投资法人公司）的股权和转让上市公司的限售股免征增值税之外，自然人股东从持股的非上市的核心公司（被投资法人公司）分回利润、股息或将未分配利润用于扩大投资、转增资本的个人所得税适用税率为20%。自然人股东转让

持股的上市核心公司（被投资法人公司）的限售股或转让持股的非上市核心公司（被投资法人公司）的股权的个人所得税适用税率为20%。

四、自然人直接架构的涉税优缺点评析

（一）优点

1. 上市公司的自然人股东转让限售股的个税可预期。

根据《财政部 国家税务总局 证监会关于个人转让上市公司限售股所得征收个人所得税有关问题的通知》（财税〔2009〕167号）第三条的规定，个人转让限售股，以每次限售股转让收入，减除股票原值和合理税费后的余额，为应纳税所得额。依照20%计征个人所得税，即应纳税所得额 = 限售股转让收入 -（限售股原值 + 合理税费）×20%。

2. 上市公司的自然人股东转让限售股免增值税。

3. 上市公司的自然人股东转让限售股可选择纳税地点。

实务中，很多地方政府为了招商引资，而对税款的地方留成部分实施财政返还政策。根据《财政部 国家税务总局 证监会关于个人转让上市公司限售股所得征收个人所得税有关问题的通知》（财税〔2009〕167号）第四条的规定，自然人股东转让持股的上市公司的限售股，个税纳税地点为个人股东资金账户开户的证券机构所在地的税务局。因此，上市公司的自然人股东可以比较全国各地政府对股票交易的个税返还力度，来决定资金账户开户的证券机构营业厅，进而选择其转让限售股的个税纳税地点。

（二）缺点

1. 对于长期持股股东而言，税负较高。

根据《国家税务总局关于股权奖励和转增股本个人所得税征管问题的公告》（国家税务总局公告2015年第80号）的规定，以未分配利润、盈余

公积、资本公积向个人股东转增股本的均须缴纳个人所得税，但符合条件的，可以享受分期纳税的税收优惠。

根据《中华人民共和国个人所得税法》第二条第（六）项和第三条的规定，自然人从被投资公司取得利息、股息、红利所得应当缴纳个人所得税，适用比例税率为20%，即使用于再投资，也需要适用20%比例税率缴纳个人所得税。

根据《国家税务总局关于进一步加强高收入者个人所得税征收管理的通知》（国税发〔2010〕54号）第二条第（二）项第一款的规定，加强企业转增注册资本和股本管理，对以未分配利润、盈余公积和除股票溢价发行外的其他资本公积转增注册资本和股本的，要按照“利息、股息、红利所得”项目，依据现行政策规定计征个人所得税。

2. 不利于控制权集中，缺乏利用股权杠杆的空间，将导致未来公司扩张和上市所面临的重组涉及的各种税收负担。

所谓“股权杠杆”，是指实际控制人通过一系列公司的股权安排，用较小的资金达到控制巨额资金的目的。实施自然人架构的公司股权架构主体，将会导致未来公司上市所面临的资产重组涉及的各种税收成本。

因此，通过以上涉税优缺点分析，可以发现，自然人直接架构的公司股权架构主体适用于规划上市后售股套现的财务投资人和创业期的创始人股东。

第二节　公司股权架构主体——控股公司股权架构的涉税处理

一、公司股权架构主体——控股公司股权架构的形式

（一）控股公司股权架构形式一

在公司股权架构主体——控股公司架构的形式下，自然人不直接持有

核心公司的股权，而是利用中间几层架构对目标公司或核心公司进行控制，如图 3－4 所示。

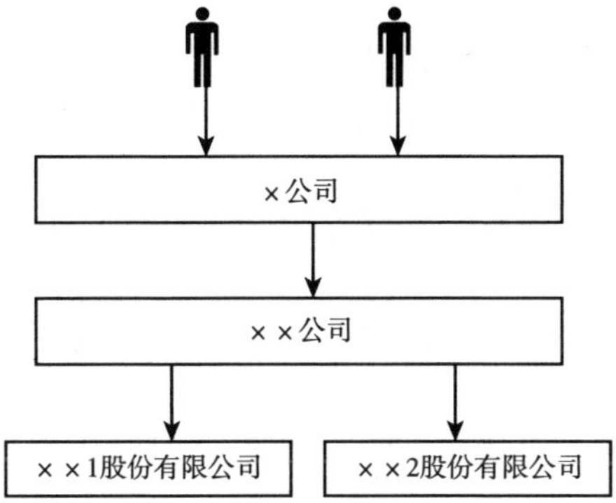

图 3－4　控股公司股权架构

如图 3－4 所示，自然人持有×公司 51% 股权，×公司持有××公司 51% 股权，××公司持有××1 公司 51% 股权，相当于自然人只持有××1 公司 13.26%（51%×51%×51%）的股权，实现对××1 公司的控制。通过中间几层架构，可以利用股权杠杆提升对公司的控制力。

（二）控股公司股权架构形式二

创始人及其创业伙伴设立控股公司，控股公司旗下有多个业务板块管理公司，每个业务板块管理公司下设 N 家实体公司，如图 3－5 所示。

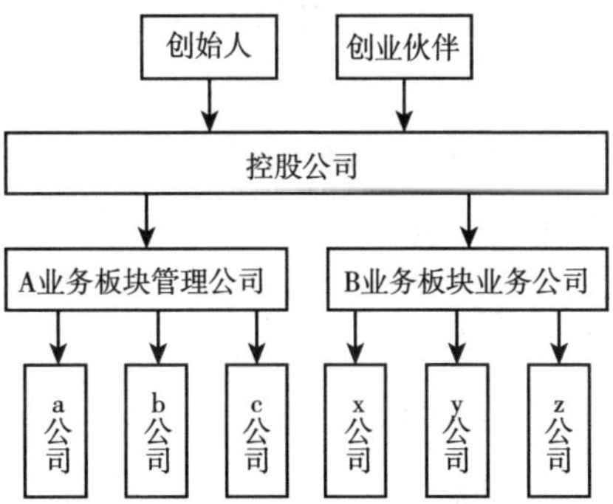

图 3－5　控股公司股权架构

（三）控股公司股权架构形式一和控股公司股权架构形式二的优点

1. 多个业务板块（控股公司股权架构形式一中的××1 股份有限公司、××2 股份有限公司或控股公司股权架构形式二中的 A 业务板块、B 业务板块）可以分别独立运作，方便后续的上市资本运作。

2. 对于长线投资者来说，控股公司股权架构形式二中的持股公司（控股公司股权架构形式一中的××公司）享受被投资企业的分红无须缴纳“股息、红利所得”，可以将该部分收益进行再次投资。

3. 可以将部分板块业务（例如，控股公司股权架构形式一中的××2 等，控股公司股权架构形式二中的 B 业务板块）进行打包出售，不影响整体架构。

（四）控股公司股权架构形式一和控股公司股权架构形式二的缺点

1. 该架构缺少灵活性，无法设计员工的股权激励持股平台等。

2. 该架构过于稳定，适合有多个业务板块的打算长期持股发展的家族式企业。

3. 该架构适合已进入成熟期，但没有上市规划，打算家族传承的实业家。

二、公司股权架构主体——控股公司股权架构的涉税处理

（一）控股公司作为控股股东从被投资的核心公司（法人公司）分回的权益性投资收益免征企业所得税

根据《中华人民共和国企业所得税法》（中华人民共和国主席令第 63 号）第二十六条第（二）项的规定，符合条件的居民企业之间的股息、红利等权益性投资收益为免税收入，即免征企业所得税。

《中华人民共和国企业所得税法实施条例》第八十三条规定，企业所得税法第二十六条第（二）项所称符合条件的居民企业之间的股息、红利等权益性投资收益，是指居民企业直接投资于其他居民企业取得的投资收益。企业所得税法第二十六条第（二）项和第（三）项所称股息、红利等权益性投资收益，不包括连续持有居民企业公开发行并上市流通的股票不足12个月取得的投资收益。

基于以上税法政策规定，如果将控股公司作为创业公司或核心法人公司的控股股东，则控股公司从创业公司或核心公司分配回来的股息、红利等权益性投资收益免征企业所得税。

（二）控股公司作为控股股东从被投资的核心公司（法人公司）分回的权益性投资收益用于再投资免征企业所得税

根据我国现有的税法规定，对于控股公司作为控股股东从被投资的核心公司（法人公司）分回的权益性投资收益，免征企业所得税。因此，控股公司将从被投资企业分回的股息和红利等权益性投资收益用于扩大投资是免征企业所得税的。

（三）控股公司股权架构下，自然人股东套现的个税处理

1. 控股公司转让持股的非上市的核心公司（被投资的法人公司）股权的个税处理。

首先，控股公司转让持股的核心公司股权的转让所得要承担25%的企业所得税；其次，控股公司将股权转让所得的税后利润向控股公司的自然人股东分配，自然人股东必须承担“股息、红利”的个人所得税，税负为$(1-25\%)\times20\%=15\%$；最后，控股公司转让持股的非上市的核心公司（被投资的法人公司）股权，自然人股东套现的总税负为$25\%+(1-25\%)\times20\%=40\%$。

2. 控股公司转让持股的上市的核心公司（被投资的法人公司）限售股

和非限售股的个税处理。

首先，控股公司转让持股的上市的核心公司（被投资的法人公司）限售股和非限售股的转让所得要承担25%的企业所得税；其次，控股公司将限售股和非限售股转让所得的税后利润向控股公司的自然人股东分配，自然人股东必须承担“股息、红利”的个人所得税，税负为（1－25%）×20%＝15%；最后，控股公司转让持股的上市的核心公司（被投资的法人公司）限售股和非限售股，自然人股东套现的总税负为25%＋(1－25%)×20%＝40%。

（四）控股公司股权架构下，自然人股东套现的增值税处理：征收增值税

财税〔2016〕36号附件2《营业税改征增值税试点有关事项的规定》第一条第三款规定：“金融商品转让，按照卖出价扣除买入价后的余额为销售额。”

《国家税务总局纳税服务司关于下发营改增热点问题答复口径和营改增培训参考材料的函》（税总纳便函〔2016〕71号）：“营改增后，企业买卖股票应如何纳税？答：应按金融服务——金融商品转让缴纳增值税，以卖出价扣除买入价后的余额为销售额。”

根据《国家税务总局关于国内旅客运输服务进项税抵扣等增值税征管问题的公告》（国家税务总局公告2019年第31号）第十条第（一）的规定，纳税人转让因同时实施股权分置改革和重大资产重组而首次公开发行股票并上市形成的限售股，以及上市首日至解禁日期间由上述股份孳生的送、转股，以该上市公司股票上市首日开盘价为买入价，按照“金融商品转让”缴纳增值税。

三、公司股权架构主体——控股公司股权架构的税负分析

在公司股权主体架构——控股公司股权架构下，控股公司从持股的核心公司分回的股息、红利权益性投资收益免征企业所得税，将分回的权益

性投资收益用与投资免征企业所得税，比自然人直接架构下的自然人股东从持股的核心公司分回的权益性投资收益节约20%的个人所得税。控股公司从持股的核心公司分回的权益性投资收益再分配给控股公司的自然股东时，必须承担20%的个人所得税税负。但是控股公司转让持股的核心公司股权，或转让持股的上市的核心公司的限售股和非限售股，然后将税后利润分配给控股公司的自然人股东，总的所得税负为40%，同时还要承担转让“金融产品”的增值税。

四、公司股权构主体架——控股公司股权架构涉税优缺点评析

（一）优点

通过以上涉税处理分析，对于长线投资者来说，控股公司从持股的核心公司分回的权益性投资收益免征企业所得税，可以将该部分权益性投资收益进行再次投资，节约投资资金成本。

（二）缺点

自然人股东退出时税负非常高，控股公司转让持股的核心公司标的股权，缴纳企业所得税后，还要代扣代缴“股息、红利所得”个人所得税，才能将收益分配到自然人股东。

第三节　公司股权架构主体——有限合伙企业股权架构的涉税处理

股权里包含两种权利：财产权（钱）和话语权（权）。钱与权可以合二为一，也可以分而治之。对于企业家而言，拥有股权中的话语权往往重于

拥有股权中的财产权。有限合伙企业可以实现企业家心中理想的“钱权分离”。与《中华人民共和国公司法》相比，《中华人民共和国合伙企业法》赋予了合伙人设计机制极大的灵活性，无论是利益分配机制，还是合伙人的权力分配机制，都可以在合伙协议中自由约定。合伙企业分为有限合伙人和普通合伙人。普通合伙人可以为创始人大股东，承担合伙企业的无限连带责任，享有合伙企业决议的全部表决权，但不分配财产权，即只要“权”，不要“钱”；有限合伙人为高管员工，不享有合伙企业的表决权，但未来可以享受合伙企业对外投资的财产收益权，即只要“钱”，不要“权”。因此，以有限合伙企业作为股权持股平台，可以很好地实现财务投资者和战略投资者的“钱权分离”。下面基于有限合伙企业股权架构形式及其涉税处理，进一步分析有限合伙企业股权架构的优缺点。

一、有限合伙企业股权架构的形式

根据《中华人民共和国合伙企业法》的规定，在合伙企业中，普通合伙人（GP）对合伙企业债务承担无限连带责任，有限合伙人（LP）则对合伙企业之债务承担有限责任。在有限合伙企业中，股东不是直接持股拟设立的核心公司①，而是先由股东搭建有限合伙企业作为持股平台，再由持股平台间接持有核心公司。典型的有限合伙企业股权架构的形式如图 3－6、图 3－7 和图 3－8 所示。

图 3－6 的有限合伙企业的股权架构搭建过程为：控制人成立有限公司 ×，× 作为普通合伙人（GP），其他高管、核心员工、战略投资者等作为有限合伙人（LP），普通合伙人和有限合伙人共同成立持股平台 × ×1、× ×2 等有限合伙企业，有限合伙持股平台 × ×1、× ×2 公司控股 × × 核心公司。

① 所谓“核心公司”，是指拟作为上市主体的公司或者从事集团主营业务或核心业务的公司。

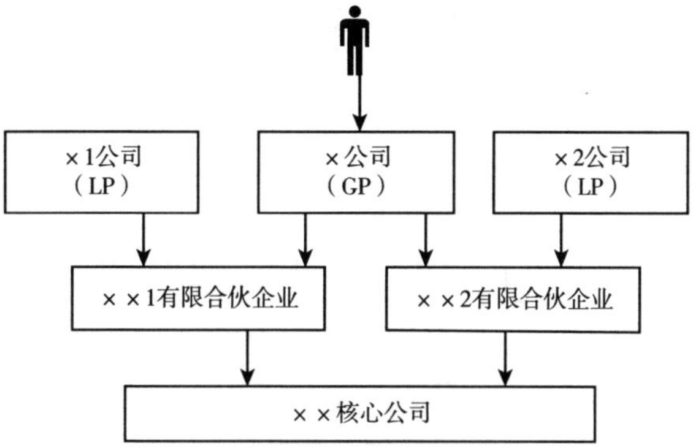

图 3－6 有限合伙企业的股权架构

现实中与图 3－6 相对应的有限合伙企业股权架构如图 3－7 所示。

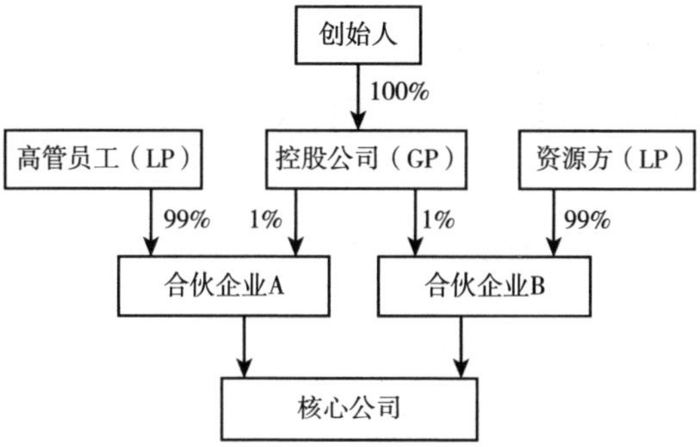

图 3－7 有限合伙企业的股权架构

图 3－7 的有限合伙企业股权架构的搭建过程如下：

第一，创始人（实际控制人）设立一人有限公司。

第二，一人有限公司作为普通合伙人（GP），高管员工和资源方等作为有限合伙人（LP）共同设立有限合伙企业。

第三，有限合伙企业持股设立核心公司。

图 3－8 的有限合伙企业股权架构的搭建过程如下：

第一，原始创始人、高管员工、核心员工、战略投资者成立有限合伙企业，原始创始人作为普通合伙人，高管员工、核心员工、战略投资者作为有限合伙人。

第二，有限合伙企业持股设立核心公司。

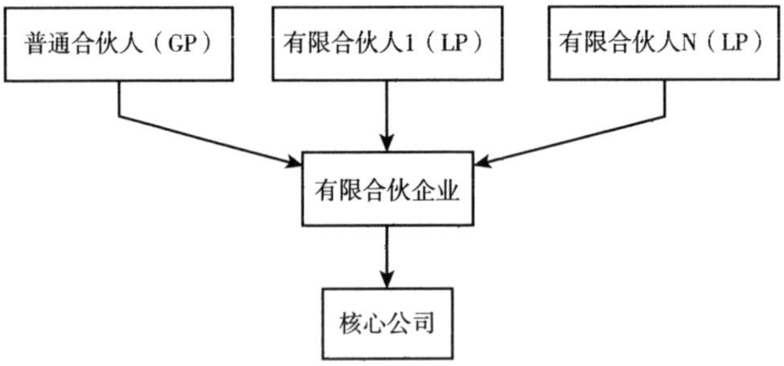

图3－8　有限合伙企业的股权架构

二、公司股权主体架构——有限合伙企业股权架构的涉税处理

（一）有限合伙企业的股东从持股的核心公司分回的股息、红利必须缴税

1. 有限合伙企业从持股的核心公司分回的权益性投资收益的税务处理：有限合伙企业不征税，以有限合伙企业的合伙人为所得税的纳税义务人，有限合伙企业的合伙人是自然人，则缴纳个人所得税，有限合伙企业的合伙人是法人，则缴纳企业所得税。

根据《财政部 国家税务总局关于合伙企业合伙人所得税问题的通知》（财税〔2008〕159号）第一条和《国家税务总局关于〈关于个人独资企业和合伙企业投资者征收个人所得税的规定〉执行口径的通知》（国税函〔2001〕84号）第二条的规定，合伙企业合伙人是自然人的，缴纳个人所得税；合伙人是法人和其他组织的，缴纳企业所得税。个人独资企业和合伙企业对外投资分回的利息或者股息、红利，不并入企业的收入，而应单独作为投资者个人取得的利息、股息、红利所得，按“利息、股息、红利所得”应税项目计算缴纳个人所得税。

2. 合伙企业的所得税计算必须遵循“先分后税”的原则。

根据《财政部 国家税务总局关于合伙企业合伙人所得税问题的通知》（财税〔2008〕159 号）第三条的规定，合伙企业生产经营所得和其他所得采取“先分后税”的原则。所谓的“生产经营所得和其他所得”，包括合伙企业分配给所有合伙人的所得和企业当年留存的所得（利润）。

（二）有限合伙企业的股东不享受个人税收优惠

根据财税〔2014〕48 号、财税〔2012〕85 号、财税〔2015〕101 号的规定，个人持有新三板或上市公司的股票，其取得的股息、红利可以根据持有期限享受优惠税率，但是如果个人通过合伙企业间接持股，则无法享受上述税收优惠。另外，根据国家税务总局公告 2015 年第 80 号、财税〔2015〕116 号文件的规定，中小高新技术企业利用资本公积、盈余公积、未分配利润转增股本时，个人股东可以申请递延纳税的税收优惠，但如果个人通过合伙企业间接持股中小高新技术企业，则无法享受上述税收优惠。

（三）有限合伙制创业投资企业（合伙创投企业）的税收优惠政策

根据财税〔2018〕55 号文件的规定，有限合伙制创业投资企业（合伙创投企业）采取股权投资方式直接投资于初创科技型企业满 2 年，该合伙创投企业的合伙人享受以下税收优惠政策：

第一，法人合伙人可以按照对初创科技型企业投资额的 70%，抵扣法人合伙人从合伙创投企业分得的所得；当年不足抵扣的，可以在以后纳税年度结转抵扣。

第二，个人合伙人可以按照对初创科技型企业投资额的 70%，抵扣个人合伙人从合伙创投企业分得的经营所得；当年不足抵扣的，可以在以后纳税年度结转抵扣。

第三，天使投资个人采取股权投资方式直接投资于初创科技型企业满 2 年的，可以按照投资额的 70% 抵扣转让该初创科技型企业股权取得的应纳税所得额；当期不足抵扣的，可以在以后取得转让该初创科技型企业股权的应纳税所得额时结转抵扣。

【案例分析21：投资公司A需要缴多少税?[①]】

（一）基本情况介绍

某有限合伙创投企业C成立于2017年2月，其中投资公司A及自然人B占股权份额均为50%，同时约定五五分红。2017年3月，企业C投资1 000万元到××有限公司D（初创期科技型企业），占股30%，如图3－9所示。

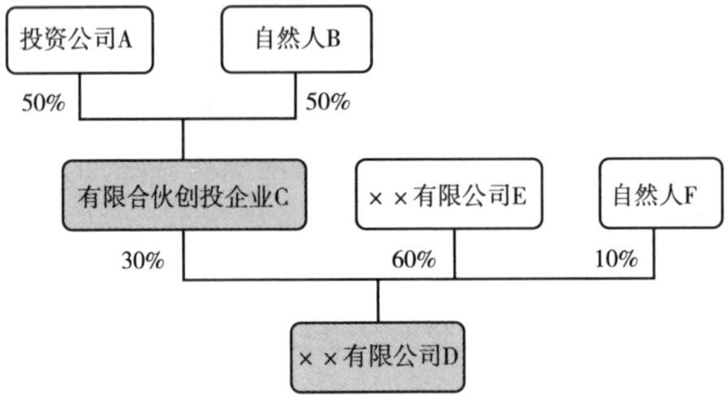

图3－9　××有限公司D（初创期科技型企业）的股权架构

2019年5月，有限合伙创投企业C从××有限公司D（初创期科技型企业）分回收益800万元，按照合伙企业“先分后税”的规定，投资公司A可分得400万元。另外，投资公司A利润总额为850万元，企业所得税为25%。要求核算投资公司A应缴纳的企业所得税。

（二）投资公司A应纳企业所得税计算

1. 投资公司A投资满2年，符合财税〔2018〕55号文件的规定；

① 郑指梁．合伙人制度［M］．北京：清华大学出版社，2020：178.

2. 投资公司A对应的能抵扣的金额＝1 000 ×50%（合伙人出资比例）×70% ＝350 万元，余下的50 万元（400 万元－350 万元）并入利润，计算企业所得税＝（850＋50）×25% ＝225 万元。

3. 假如投资公司A分回200 万元，因为能抵扣350 万元，余下的150 万元，可以在以后的年度再从有限合伙创投企业C分回的收益里结转抵扣，而不能在当年的850 万元利润结转抵扣。

4. 假如2017 年3 月，自然人F是天使投资人，投资300 万元到××有限公司D（初创期科技型企业），2019 年5 月，以600 万元转让其持有的全部股份，自然人F的投资收益是多少？计算如下：

自然人F投资满2 年，符合财税〔2018〕55 号文件的规定，自然人F的应纳税额＝（600－300－300 × 70%）×20% ＝18 万元，自然人F的投资收益＝600－300－18＝282 万元。

【案例分析22：有限合伙企业收到分红与份额转让应如何纳税?】

（一）基本情况介绍

法人合伙人A公司和自然人李四以1∶1 的比例投资设立了B有限合伙企业，成立后的B有限合伙企业投资几个项目，现在分别收到几个项目公司的分红款1 000 万元。另外，B有限合伙企业投资C公司成本约1 000 万元，以股权转让方式退出，收到2 000 万元转让款，现该B有限合伙企业拟将1 000 万元分红款，以及2 000 万元转让款一并分配给两个合伙人。假设法人公司企业所得税均为25%。请问：

1. B有限合伙企业分得分红款1 000 万元，股权转让所得1 000 万元由谁来缴税?

2. 纳税地点在哪里?

3. 项目公司已按25%的税率缴纳了企业所得税，法人合伙人A公司按照比例分回的税后股息500万元，是否可以作为免税收入，不用再缴纳25%的企业所得税?

4. 基于合伙企业实行“先分后税”的规定，A公司和李四需要分红到手才缴税，可否采取不分红方式，就不用缴税了? 也就是说缴税的时间是如何规定的?

5. 股息分红500万元如何缴税?

6. 合伙企业的股权转让所得1 000万元如何缴税?

(二) 缴税计算分析

1. B有限合伙企业的纳税义务人

根据《财政部 国家税务总局关于合伙企业合伙人所得税问题的通知》(财税〔2008〕159号) 第二条的规定，合伙企业以每一个合伙人为纳税义务人，合伙企业合伙人是自然人的，缴纳个人所得税；合伙人是法人和其他组织的，缴纳企业所得税。

即B有限合伙企业是税收透明体，既不是个人所得税纳税义务人，也不是企业所得税纳税义务人。合伙人李四是自然人，缴纳个人所得税；法人合伙人A公司是法人，缴纳企业所得税。

2. 纳税地点的判断

根据国家税务总局2014年公告第67号文件第十九条的规定，个人股权转让所得缴纳个人所得税，以被投资企业所在地税务机关为主管税务机关。若转让方为自然人，应在被投资企业所在地税务机关办理相关事宜；若转让方为法人和其他组织，应在机构所在地税务机关办理相关事宜。

因此，李四所得须在B有限合伙企业所在地税务机关办理缴纳个人所得税。法人合伙人 A 公司为法人，在 A 公司机构所在地税务机构办理企业所得税缴纳业务。

3. 项目公司已按 25% 的税率缴纳了企业所得税，法人合伙人 A 公司按照比例分回的税后股息 500 万元，是否可以作为免税收入，不用再缴纳 25% 的企业所得税？

答：不可以。

根据《企业所得税法》第二十六条的规定，符合条件的居民企业之间的股息、红利等权益性投资收益为免税收入。对应法人合伙人 A 公司，不是直接投资给居民企业，而是通过 B 有限合伙企业，间接投资给居民企业项目公司，不属于免税收入。因此，项目公司已按 25% 的税率缴纳了企业所得税，法人合伙人 A 公司按照比例分回的税后股息 500 万元，不可以作为免税收入，必须再缴纳 25% 的企业所得税。

4. 基于合伙企业实行“先分后税”的规定，A 公司和李四需要分红到手才缴税，可否采取不分红方式，就不用缴税了？也就是说缴税的时间是如何规定的？

答：理解错误。

根据财税〔2008〕159 号文件第三条的规定，合伙企业生产经营所得和其他所得采取“先分后税”的原则。具体应纳税所得额的计算按照《财政部 国家税务总局关于个人独资企业和合伙企业投资者征收个人所得税的规定》（财税〔2000〕91 号）及《财政部 国家税务总局关于调整个体工商户个人独资企业和合伙企业个人所得税税前扣除标准有关问题的通知》（财税〔2008〕65 号）的有关规定执行。

前款所称生产经营所得和其他所得，包括合伙企业分配给所有合伙人的所得和企业当年留存的所得（利润），且合伙人按照

“协议约定、协商决定、出资比例、合伙人数”4个原则依序分配，并确定应纳税所得额。

根据上述规定，作为合伙企业的合伙人，不论合伙企业是否分利润，只要其有留存利润，该部分留存利润也应先按规定的比例分配，也就是“先分后税”的意思，并不是先到手才有纳税义务，即不管到不到手，先把所得分了，再按各自适用税率计算缴税。

5. 股息分红500万元如何缴税？

根据《国家税务总局关于〈关于个人独资企业和合伙企业投资者征收个人所得税的规定〉执行口径的通知》（国税函〔2001〕84号）第二条的规定，个人独资企业和合伙企业对外投资分回的利息或者股息、红利，不并入企业的收入，而应单独作为投资者个人取得的利息、股息、红利所得，按“利息、股息、红利所得”应税项目计算缴纳个人所得税。

因此，根据以上税法规定，合伙企业收到1 000万元分红款，不并入合伙企业的收入中，而是直接按比例分给李四500万元，由李四按照20%税率缴纳个人所得税。另外500万元分给A公司，并入应纳税所得额，缴纳25%的企业所得税。

6. 合伙企业的股权转让所得1 000万元如何缴税？

根据财税〔2000〕91号文件第四条规定，个人独资企业和合伙企业（以下简称“企业”）每一纳税年度的收入总额减除成本、费用以及损失后的余额，作为投资者个人的生产经营所得，比照个人所得税法的“个体工商户的生产经营所得”应税项目，适用5%—35%的五级超额累进税率，计算征收个人所得税。

前款所称收入总额，是指企业从事生产经营以及与生产经营有关的活动所取得的各项收入，包括商品（产品）销售收入、营运收入、劳务服务收入、工程价款收入、财产出租或转让收入、利息收入、其他业务收入和营业外收入。

按照上述规定，B合伙企业的股权转让所得1 000万元，属于合伙企业的生产经营所得，依据合伙企业生产经营所得采取“先分后税”的原则，先分所得后，对于个人投资人，比照个人所得税法的“个体工商户的生产经营所得”应税项目，适用5%—35%的五级超额累进税率，计算征收个人所得税；对于法人企业投资者，应当按适用税率缴纳企业所得税。

（三）有限合伙企业股权架构的财税优缺点评析

1. 优点

(1) 隔离债务承担风险

例如，图3－6中的×公司对××1、××2等承担无限连带责任，自然人股东（实际控制人）通过有限公司×公司控股，仅须以出资额对×承担有限责任。两个有限合伙公司××1、××2的债务均由有限公司×公司承担无限连带责任，好似一道防火墙，隔离了自然人股东（实际控制人）对××1、××2有限合伙企业的无限连带责任。

(2) 调整灵活

体现在三方面：第一方面，如果原始创始人作为有限合伙企业的普通合伙人（GP），则不能再作为有限合伙企业的有限合伙人（LP）。因此，原始创始人成立有限公司成为有限合伙公司的GP的同时，原始创始人还可以成为有限合伙公司的LP；第二方面，如果需要调整普通合伙人，只需要更换图3－6中的有限公司×公司的股东即可；第三方面，有限合伙企业的自治权比有限公司大，可以将不同类型的股东（战略投资者、高管、核心员工、亲朋好友等）分类装入不同的合伙企业，根据章程，约定不同的进入和退出机制，便于管理。

(3) 具有绝对的控制权

例如图3-6中的自然人股东只须通过有限公司×公司（GP）持有核心公司××公司1%的股权，就足以控制整个××公司。

(4) 具有纳税上的节税效应

根据《中华人民共和国合伙企业法》的规定，合伙企业属于税收透明体，该合伙企业层面并不征收所得税，经营收益直接穿透合伙企业，流入合伙人账户，仅由合伙人缴纳一次税。个人独资企业和合伙企业按照“经营所得”缴纳投资者或合伙人个人所得税后，提取经营所得不再缴个税。

2. 缺点

(1) 在合伙企业转让股权时候，退出的税率具有不确定性

部分地区认为按照“生产经营所得”适用5%—35%税率，有部分地区认为属于“财产转让所得”，适用20%税率，有部分地区认为GP和LP应该分别适用不同税率，财税〔2019〕8号文规定，“创投企业选择按单一投资基金核算的，其个人合伙人从该基金应分得的股权转让所得和股息、红利所得，按照20%税率计算缴纳个人所得税”，未明确其他情形。

(2) 持有期的分红收益需要纳税

企业家通过合伙企业取得被投资公司分配的股息、红利，必须要缴纳“股息、红利所得”的个人所得税。

因此，通过以上分析，有限合伙企业架构往往适用以下情形：钱权分离度极高的创始人股东；有短期套现意图的财务投资人；员工持股平台（以合伙企业作为员工持股平台，不仅方便对股权进行管理，还有利于大股东活动更多的控制权）。

三、三种股权架构主体下的股权转让和股息分红税负比较分析

通过以上对三种股权架构主体的涉税处理分析，三种股权架构主体持有核心公司的股权转让，和从核心公司分回的股息分红收入的涉税处理总结见表3－1和表3－2。

表3－1　　三种股权架构主体发生的股权转让收入的税负比较

持股方式	股东最终税率	备注
个人直接持股	20%	按“财产转让所得”应税项目计税
通过有限公司间接持股	双重征税，综合税率40%	持股公司企业所得税25%，股东个人所得税20%，综合税率＝25%＋(1－25%)×20%＝40%
通过合伙企业间接持股	5%—35%超额累进税率，可享受一定的税收优惠政策	合伙企业以每个合伙人为纳税义务人，合伙人为自然人的，征收个人所得税

表3－2　　三种股权架构主体从核心公司分回的股息、红利收入的税负比较

持股方式	股东最终税率	备注
个人直接持股	20%	按“利息、股息、红利所得”应税项目计税
通过有限公司间接持股	20%	居民企业直接投资于其他居民企业取得的股息、红利等权益性投资收益为免税收入，但公司持股平台将得到的股息、红利分配给个人股东时，需要按20%税率计个人所得税
通过合伙企业间接持股	20%	合伙企业对外投资分回的股息、红利，不并入合伙企业的收入，而是单独作为有限合伙企业个人所得的利息、股息、红利所得应税项目计税

第四章 “九大”股权布局控税策略及其案例剖析

本章以“股权布局控税的新思维”为指导，以股权布局控税的法律保障为基础，通过举例法，重点论证“九大”股权布局的控税策略：一是设计控股公司股权架构比自然人股权架构使股权转让更控税；二是建筑企业挂靠利润合法提取的股权布局设计；三是设计定向分红免税的股权布局；四是提取企业未分配利润的股权布局；五是设计“有限合伙企业+家族公司（有限公司）”作为股权架构主体的混合股权架构；六是建构用20万元控制5 000万元的公司且既能控税又只承担20万元责任的股权布局；七是企业生命周期的股权布局控税设计；八是对外增资扩股后的股权布局控税设计；九是建筑劳务公司老板提取劳务利润的股权布局控税设计。每一种控税策略的设计步骤、公司控制分析和涉税分析如下。

第一节 股权布局控税策略一：设计控股公司股权架构比自然人股权架构使股权转让更控税

自然人股权架构的核心经营公司（经营业务公司）的自然人股东溢价转让自然人股权，必须依据20%税率缴纳个人所得税！如果将自然人股权架构转换成控股公司股权架构，则将大大降低核心经营公司溢价股权转让的税负！具体分析如下。

一、股权布局控税的法律依据分析

根据2018年新修改的《中华人民共和国个人所得税法》《中华人民共和国个人所得税法实施条例》《中华人民共和国企业所得税法》和《财政部税务总局关于实施小微企业普惠性税收减免政策的通知》（财税〔2019〕13号）的规定，个人转让股权适用的税率是20%，目前，利润100万元以下的小微企业适用的所得税税率仅为2.5%。

根据《个人所得税法》的规定，个人取得股息需要缴纳20%的个人所得税。同时根据《中华人民共和国企业所得税法》的规定，公司从公司取得股息属于免税所得，不缴纳企业所得税。很多被转让股权的企业中都有较大数额的未分配利润。

二、股权转让合法节税的股权布局设计方案

（一）股权布局设计方案一：设立小微企业的股权架构主体

在最初投资时设立双层公司，即设立一家控股公司（小微企业），然后由该控股公司（小微企业）投资成立另一家核心经营公司，由上层控股公司（小微企业）作为转让核心经营公司股权的主体，利用小微企业低税率优惠，就可以最大限度地降低股权转让所得的所得税。

【案例分析23：设立控股公司股权架构比自然人股权架构转让股权更节税】

（一）案情介绍

肖先生若干年前投资100万元，获得甲公司10%的股权，股权架构如图4－1所示。

现肖先生准备以200万元的价格转让该10%的股权。请问怎么进行股权架构设计，让肖先生转让股权更省个税？

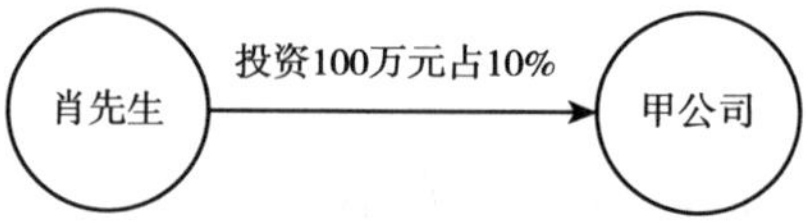

图4-1　股权架构

（二）自然人股权架构下，肖先生转让股权的税负

肖先生应当缴纳个人所得税计算如下：

(200-100)×20%=20（万元）

（三）股权布局设计方案

肖先生投资设立乙控股公司（小微企业），然后由乙控股公司再投资100万元增资甲公司，获得甲公司10%的股权，最后乙控股公司以200万元的价格转让其在甲公司的10%的股权。股权架构如图4-2所示。

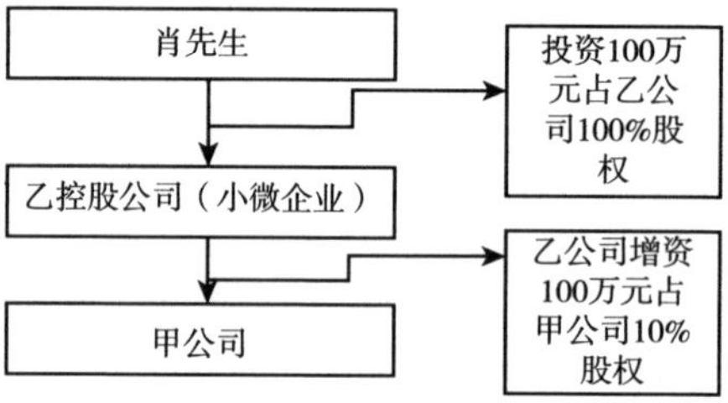

图4-2　股权架构

（四）控股公司乙转让股权的所得税

乙公司应当缴纳企业所得税计算如下：

(200-100)×2.5%=2.5（万元）

（五）股权架构控税结论

通过以上股权架构设计，乙公司转让甲公司10%的股权节约17.5（20-2.5）万元的所得税。

（二）股权布局设计方案二：设立控股公司的股权架构主体

首先，以自然人股东投资设立一家控股公司；其次，将控股公司投资成立一家核心经营公司；最后，当控股公司在核心经营公司的股权转让之前，将核心经营公司的未分配利润分配至上一层公司（控股公司），就可以降低股权转让的价格，从而降低股权转让的所得税。

【案例分析24：某控股公司股权架构主体下的股权转让更节税】

（一）案情介绍

肖先生于10年前投资100万元创办了甲公司，股权架构如图4－3所示。

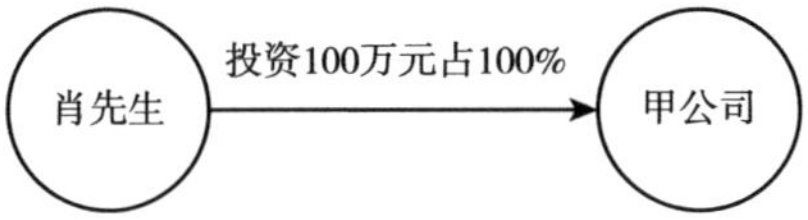

图4－3 股权架构

为减轻税收负担，甲公司10年的利润均未分配，目前已经累计达到1 000万元。现肖先生准备将甲公司的股权转让给他人，转让价为1 200万元。请问怎么进行股权架构设计，才能节约肖先生在甲公司的股权转让的所得税？

（二）自然人股权架构下的股权转让的所得税

在自然人股权架构下，肖先生转让其在甲公司的股权需要缴纳的个人所得税计算如下：

（1 200－100）×20%＝220（万元）

（三）股权架构节税方案

肖先生在10年前已经创办双层公司，即肖先生投资110万元创办乙公司（小微企业），乙公司再投资100万元设立甲公司。股权架构如图4－4所示。

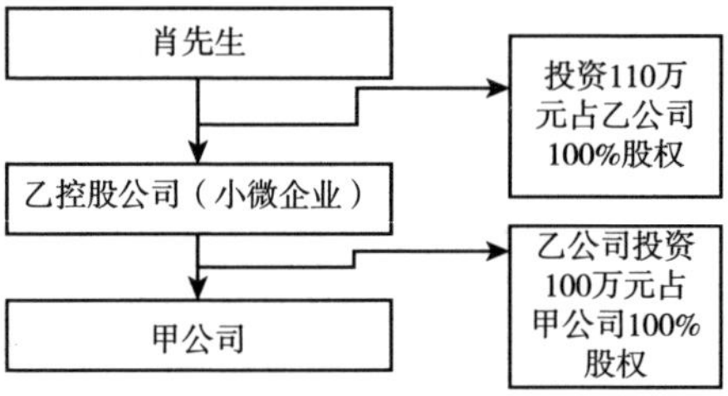

图4－4　股权架构

乙公司在转让甲公司的股权之前，可以将甲公司账上的1 000万元未分配利润分配至乙公司。由此，甲公司的股权转让价可以降低至200万元。

（四）控股公司股权架构下的乙公司转让其在甲公司股权，需要缴纳的企业所得税计算如下：

(200－100)×2.5%＝2.5（万元）

除甲公司外，肖先生投资其他公司也通过乙公司进行，这样就可以将所有投资利润均留在乙公司层面。

（五）股权布局控税结论

通过以上纳税筹划分析，节税数额＝220－2.5＝217.5万元。

第二节　股权布局控税策略二：建筑企业挂靠利润合法提取的股权布局设计

在建筑行业的挂靠业务模式中，如何从被挂靠的建筑企业账上提取利润，既要实现节税目的又要合法，是被挂靠方和挂靠方共同面临的棘手问题。为解决这个问题，肖太寿博士团队经过全国建筑企业的内训、咨询实践，结合国家税收政策和相关法律政策的理论研究，得出结论：必须从企业股权架构设计上进行股权布局，建立长久性、稳定性、合法性的提取挂靠利润的合法节税渠道。具体操作如下。

一、股权布局必须遵循的两大原则

（一）原则一：不要设立一人有限责任公司，而应设立至少两个自然人直接持股的有限责任公司

根据《中华人民共和国公司法》第六十三条的规定，一人有限责任公司的股东不能证明公司财产独立于股东自己的财产的，应当对公司债务承担连带责任。因此，出于法律风险规避的需要，自然人不要作为有限责任公司（赚钱公司）的直接持股股东，但可以作为企业管理咨询有限责任公司或技术服务有限责任公司（家族公司：不发生经济业务，不对外开具发票，只是持股平台）的直接持股股东。

（二）原则二：单位负责人为同一人或者存在控股、管理关系的不同单位不可以同时参与同一工程项目不同标段的投标

《中华人民共和国招标投标法实施条例》第三十四条明确规定，单位负责人为同一人或者存在控股、管理关系的不同单位，不得参加同一标段投标或者未划分标段的同一招标项目投标。违反相关规定的，相关投标均无效。《工程建设项目货物招标投标办法》第三十二条明确规定，法定代表人为同一个人的两个及两个以上法人，母公司、全资子公司及其控股公司，都不得在同一货物招标中同时投标。

【案例分析25：董事为同一人的两个公司能投标同一项目吗?】

（一）基本情况介绍

投标人A、B、C同时参加了××市医院液氧政府采购公开招

标项目。在中标候选人公示阶段，投标人 C 提出了质疑。质疑内容为投标人 A 公司以企业法定代表人身份持有投标人 B 公司 20% 的股份；两家公司的主要人员存在相互交叉任职。A 公司的董事长徐某在 B 公司担任监事会主席，A 公司的董事陈某同时也在 B 公司担任董事。据调查，投标人 A 公司虽持有 B 公司 20% 股份，但不是 B 公司的最大持股人。B 公司最大持股人占股 30%。质疑人 C 公司认为 A、B 两家公司存在关联关系，有串通投标的嫌疑，不能同时参加一个项目的投标。请问投标人 C 的质疑正确吗？法律法规是如何规定直接控股的？

（二）相关法律分析

1. A、B 两家公司的单位负责人非同一人。

单位负责人为同一人，或者存在控股或管理关系的不同单位参与同一合同项下的采购活动，容易发生事先沟通、私下串通等情况，不利于采购活动的公平竞争，容易损害他人的合法权益。因此，按照相关规定，有上述关系的单位，不得参加同一合同项下的政府采购项目。

单位负责人主要有两类。一是单位的法定代表人，指依法代表法人单位行使职权的负责人；二是按照法律、行政法规的规定，代表单位行使职权的负责人，具体指代表法人单位行使职权的负责人。《公司法》第十三条规定，公司法定代表人依照公司章程的规定，由董事长、执行董事或者经理担任，并依法登记。

在本案例中，投标人 A、B 两家公司的法定代表人为不同的两个人，不属于单位负责人为同一人的情形。

2. A、B 两家公司不存在控股、管理关系的上下级关系。

《公司法》第二百一十六条规定，控股股东是指出资额占有限责任公司资本总额 50% 以上，或者其持有的股份占股份有限公司股本总额50%以上的股东；出资额或者持有股份的比例虽然不足50%，但依其出资额或者持有的股份所享有的表决权已足以对股东会、股东大会的决议产生重大影响的股东。本案例中，投标人A公司占有B公司20%股份，并不是B公司的最大股东，所以A公司不是控股股东。A、B两家公司也不存在上下级管理关系。因此，C公司的质疑不成立。

3. 单位负责人为同一人或者存在直接控股、管理关系的不同供应商，不得参加同一合同项下的政府采购活动。

根据《政府采购法实施条例》第十八条的规定，单位负责人为同一人或者存在直接控股、管理关系的不同供应商，不得参加同一合同项下的政府采购活动。

二、资质低挂靠资质高的建筑企业从被挂靠方提取挂靠利润的基本思路

（一）第一步：签订专业分包合同

资质低的建筑企业与资质高的建筑企业签订一份专业分包合同（特别提醒：专业分包合同是指包工包料的建筑分包合同），且专业分包的合同金额必须控制在资质高的建筑企业与发包方签订的建筑总承包合同金额的50%（不含50%）以下。

根据《中华人民共和国建筑法》第二十九条的规定，建筑工程总承包单位可以将承包工程中的部分工程发包给具有相应资质条件的分包单位；但是，除总承包合同中约定的分包外，必须经建设单位认可。施工总承包的，建筑工程主体结构的施工必须由总承包单位自行完成。基于此规定，专业分包的合同金额必须控制在资质高的建筑企业与发包方签订的建筑总承包合同金额的50%（不含50%）以下。

（二）第二步：设立三家有限责任公司

资质低的建筑企业的老板或负责人必须设立三家公司：材料贸易公司、建筑设备机械租赁公司和建筑劳务公司。这三家公司必须设立为具有一般纳税人资格的有限责任公司，这三家有限责任公司的股权如何架构，详见下文“三、股权架构控税设计之策：从被挂靠方提取材料、设备、劳务利润”的介绍。

（三）第三步：签订三份交易合同，提取材料、设备、劳务的利润

第二步成立的材料贸易公司、设备租赁公司和劳务公司与资质高的建筑企业分包签订材料销售合同、机械设备租赁合同（分为“湿租”和“干租”两种合同）和劳务分包合同，在满足“四流一致”的情况下，分别向资质高的建筑企业开具材料销售发票、设备租赁发票（签订“干租”合同情况下），按照“建筑服务”开具设备租赁发票（签订“湿租”合同情况下）。将材料、设备、劳务的利润从被挂靠方账上提取到材料公司、设备租赁公司和劳务公司账上。

三、股权架构控税设计之策：从被挂靠方提取材料、设备、劳务利润

（一）第一步：设立一家不做业务的“家族企业1”

挂靠方老板及其家庭成员中的一员共同投资设立一家“某某企业管理咨询有限责任公司”（家族企业1），注册资本在50万—100万元之间。两个自然人最优的股权比例是80%、20%，或者是70%、30%。但绝对不要出现两夫妻共同出资成立一家有限责任公司的情况。

（二）第二步：以家族企业投资设立做业务的三家有限责任公司

以“某某企业管理咨询有限责任公司”（家族企业1）投资设立建筑材

料贸易有限责任公司、设备租赁有限责任公司、建筑劳务有限责任公司。其中建筑材料贸易有限责任公司、设备租赁有限责任公司、建筑劳务有限责任公司的注册资本可以采用认缴制。

以上公司的股权架构如图 4－5 所示。

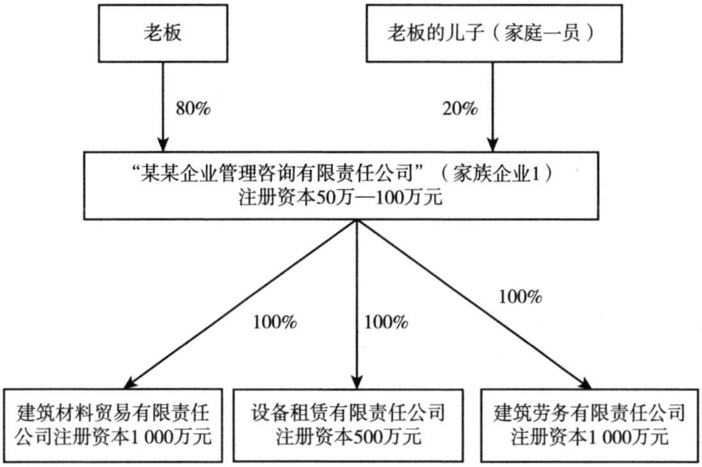

图 4－5 材料公司、租赁公司和劳务公司的股权架构

（三）第三步：三家有限责任公司向家族企业分配股息、红利（免征企业所得税）

将以上三家有限责任公司税后的未分配利润（股息或红利），全部分回“某某企业管理咨询有限责任公司”（家族企业 1）。根据《中华人民共和国企业所得税法》及其实施条例的规定，从直接投资的居民企业分回的股息和红利免征企业所得税。

（四）第四步：家族企业不向自然人股东分配股息、红利

“某某企业管理咨询有限责任公司”（家族企业 1）从赚钱的三家公司分回的股息和红利，不要分回给老板及其儿子或家庭一员，否则要征收 20% 的个人所得税。

（五）第五步：家族公司从三家有限责任公司分回的股息、红利的用途

“某某企业管理咨询有限责任公司”（家族企业 1）从赚钱的三家公司分回的股息和红利，用于以下用途：

1. 用于家族成员发工资、缴纳社保费用（家庭成员与“家族企业 1”签订劳动合同）。

2. “家族企业 1”用于投资注册另外的公司免税。

3. “家族企业 1”用于缴纳未缴足的认缴的注册资本免税。

4. “家族企业 1”用于偿还家族企业 1 向老板的借款（该借款是用于缴足认缴的注册资本）免税。

5. “家族企业 1”用于报销家庭成员发生的开具“家族企业 1”为抬头发票的费用。

6. “家族企业 1”用于购买家族成员使用的车辆、房产（产权登记在家族企业 1 的名下），并用于车辆发生的油费、过桥费、保险费、维修费用。

7. “家族企业 1”用于购买股票、债券投资产品免税。

四、股权架构控税设计之策：从被挂靠方提取专业分包利润

（一）第一步：设立一家“家族企业 2”

老板的两位家庭成员（例如老板的妻子、女儿）共同出资设立一家“某某企业技术服务公司”（家庭企业 2），注册资本为 100 万—1 000 万元。

（二）第二步：“家庭企业 2”与“股权代持人”共同设立一家有限合伙企业的股权持股平台

以老板的某一位家庭成员为“股权代持人”，或者选一位资质低的建筑企业（挂靠方）的高管或技术骨干作为股权激励人员，与第一步设立的

“某某企业技术服务公司”（家庭企业2）共同投资设立一家“某某有限合伙企业”，其中以“某某企业技术服务公司”（家庭企业2）作为“GP”（普通合伙人或事务执行合伙人），占合伙企业的1%份额，以老板的某一家庭成员或者建筑企业（挂靠方）的高管或技术骨干（股权激励人员）作为“LP”（有限合伙人），占合伙企业的99%份额。

（三）第三步：建筑企业（挂靠方）的股权架构设计策略

假设该建筑企业（挂靠方或资质低的建筑企业）是自然人股东（老板及其家庭人员）直接持股的已经存在的建筑企业，而且账上可能有未分配利润，也有可能是亏损状态。基于以上假设条件，建筑企业（挂靠方）的股权架构设计策略如下：

必须将自然人股东（老板及其家庭人员）直接持有该建筑企业（挂靠方）的股权转让给第一步设立的“某某企业技术服务公司”（家庭企业2），和第二步设立的“某某有限合伙企业”。出于掌握公司控制权的需要，“某某企业技术服务公司”（家庭企业2）和“某某有限合伙企业”在建筑企业（挂靠方）最优的股权比例为80%、20%。

（四）第四步：建筑企业向“家庭企业2”和有限合伙企业分配股息、红利

建筑企业（挂靠方）将账上的未分配利润或股息红利，分回到第一步设立的“某某企业技术服务公司”（家庭企业2）和第二步设立的“某某有限合伙企业”。其中分回到第一步设立的“某某企业技术服务公司”（家庭企业2）的股息、红利免征企业所得税，分回到第二步设立的“某某有限合伙企业”的投资收益，根据财税〔2008〕159号文件第二条的规定，合伙企业本身不缴税，纳税义务人是合伙企业的合伙人，如果合伙人是个人，则按照“股息、红利”税目依照20%的税率征收个人所得税；如果合伙人是企业法人，则缴纳企业所得税。

（五）第五步：“家庭企业2”从建筑企业（挂靠方）分回的股息、红利的用途

第一步设立的“某某企业技术服务公司”（家庭企业2），从建筑企业（挂靠方）分回的股息、红利的用途与上文“三、股权架构控税设计之策：从被挂靠方提取材料、设备、劳务利润”中的“某某企业管理咨询有限责任公司”（家族企业1）的用途一样。

以上公司的股权架构如图4－6所示。

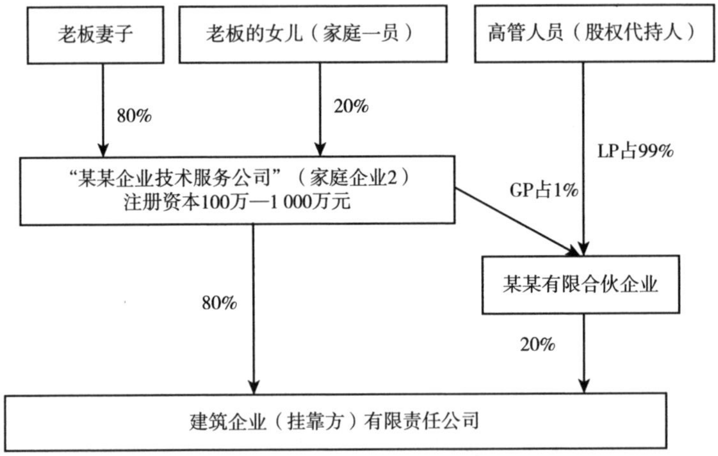

图4－6　建筑企业的股权架构

第三节　股权布局控税策略三：设计定向分红免税的股权布局

所谓“定向分红”，是指根据《中华人民共和国公司法》的规定，有限责任公司的股东之间签订股东协议或股东出资协议或公司章程，约定“在

一定的时间内，公司的未分配利润只向特定的某一股东进行分配，其他股东不参与未分配利润的分配"的一种契约。这是在股权融资或增资扩股过程中，为了吸引新的投资者进入、实现融资目的而经常采用的一种股权融资的激励措施。

一、定向分红免税的法律依据分析

（一）《中华人民共和国公司法》关于"分配红利"的规定及其分析

《中华人民共和国公司法》第三十四条规定，股东按照实缴的出资比例分取红利；公司新增资本时，股东有权优先按照实缴的出资比例认缴出资。但是，全体股东约定不按照出资比例分取红利或者不按照出资比例优先认缴出资的除外。

基于以上税收法律政策规定，有限责任公司在分配股息、红利时，允许将公司的未分配利润只分配给某些股东，而另外一些股东可以放弃分红。即存在"同股不同酬"现象，但是必须满足两个前提条件：一是有限责任公司有未分配利润可分配；二是在《股东投资协议》或《公司章程》或全体股东一致签字同意的《股东分红协议》中约定，"全体股东不按照出资比例分取红利，只将公司可分配的未分配利润分配给一部分股东，其他股东放弃分红"。

另外，如果有限责任公司要增资时，股东之间可以按照实缴的出资比例同比例增加出资，也可以通过《公司章程》或《股东投资协议》约定"某些股东增资，另外一些股东不增资"。

（二）《中华人民共和国企业所得税法》及其实施条例关于"分配红利免税"的规定及其分析

根据《中华人民共和国公司法》第一百六十六条第四款、第五款的规定，公司弥补亏损和提取公积金后所余税后利润，有限责任公司依照该法

第三十四条的规定分配；股份有限公司按照股东持有的股份比例分配，但股份有限公司章程规定不按持股比例分配的除外。股东会、股东大会或者董事会违反前款规定，在公司弥补亏损和提取法定公积金之前向股东分配利润的，股东必须将违反规定分配的利润退还公司。基于此法律规定，公司没有未分配利润时不可以向股东进行分配利润。

《中华人民共和国企业所得税法》第二十六条第（二）项规定，符合条件的居民企业之间的股息、红利等权益性投资收益为免征企业所得税收入。《中华人民共和国企业所得税法实施条例》第八十三条规定，企业所得税法第二十六条第（二）项所称符合条件的居民企业之间的股息、红利等权益性投资收益，是指居民企业直接投资于其他居民企业取得的投资收益。企业所得税法第二十六条第（二）项和第（三）项所称股息、红利等权益性投资收益，不包括连续持有居民企业公开发行并上市流通的股票不足12个月取得的投资收益。基于此税法规定，对于被投资的有限责任公司而言，只要有限责任公司（被投资的居民企业）的法人股东，通过投资形式成为被投资居民企业的法人股东，与其自投资之日起多久时间没有任何关系，都可以享受被投资居民企业的分红所得。

基于以上税法政策规定，必须明确以下分配股息、红利的涉税处理：

第一，公司没有弥补亏损和提取法定公积金之前，或者说公司没在有弥补亏损和提取法定公积金之后，没有未分配利润之前不可以向股东分配利润。

第二，如果有限责任公司的股东是自然人，则自然人股东从直接投资的被投资企业（有限责任公司）分回的股息、红利，必须依法缴纳20%的个人所得税。

第三，如果有限责任公司的股东是法人股东，则法人股东从直接投资的被投资企业（有限责任公司）分回的股息、红利等权益性投资收益免征企业所得税。

第四，居民企业自成为被投资居民企业的股东之日起，只要被投资居民企业账上有未分配利润，就可以向其分配股息和红利。

（三）《中华人民共和国公司法》关于“注册一人有限责任公司”的法律风险分析

《中华人民共和国公司法》第六十三条规定：“一人有限责任公司的股东不能证明公司财产独立于股东自己的财产的，应当对公司债务承担连带责任。”根据此法律政策规定，一人有限责任公司除了和普通有限责任公司一样，不得滥用公司法人独立地位和股东有限责任，不得逃避债务，不得有损害公司债权人利益的行为以外，一人有限责任公司还要额外承担一个举证上的倒置责任，股东自证个人财产没有与公司财产混同。当公司对外出现债务时，债权人有权要求股东个人提供证据，证明公司财产独立于股东个人财产，该股东有义务提供证据证明。如果股东个人无法提供证据证明公司财产独立于个人财产的，那么股东个人需要对公司的债务承担连带偿还责任。

基于以上分析，笔者建议原始创始人在注册家族公司时，或以有限责任公司作为有限合伙企业的普通合伙人（GP）时，最好不要注册一个自然人股东的一人有限责任公司，必须要注册有两个自然人股东的有限责任公司。

二、定向分红免税的股权布局设计方案

基于以上政策法律分析，定向分红免税的股权布局设计方案如下：

（一）第一步：注册一家不做业务的“家族公司”

创业股东或原始创始人与其家族成员共同注册一家有两个自然人股东的不做业务的有限责任公司（家族公司）。其中，创业股东或原始创始人占

股70%，家族成员占股30%。

（二）第二步：创业股东与“家族公司”共同投资注册一家核心“赚钱公司”

创业股东或原始创始人和第一步中注册成立的有限责任公司共同出资注册成立一家专门做业务的有限责任公司（该有限责任公司称为“赚钱公司”）。创业股东或原始创始人占股33%，第一步中注册成立的有限责任公司占股67%。

（三）第三步：公司章程约定“定向分红”条款

创业股东或原始创始人和第一步中注册成立的有限责任公司共同成立的核心赚钱公司的《公司章程》，或签订的《股东分红协议》或者《股东投资协议》中约定“公司分红”条款，该条款约定：核心赚钱公司在符合利润分配的条件下，创业股东或原始创始人放弃分红，公司只给第一步中注册成立的有限责任公司法人股东分红。

根据以上设计方案的股权布局如图4－7所示。

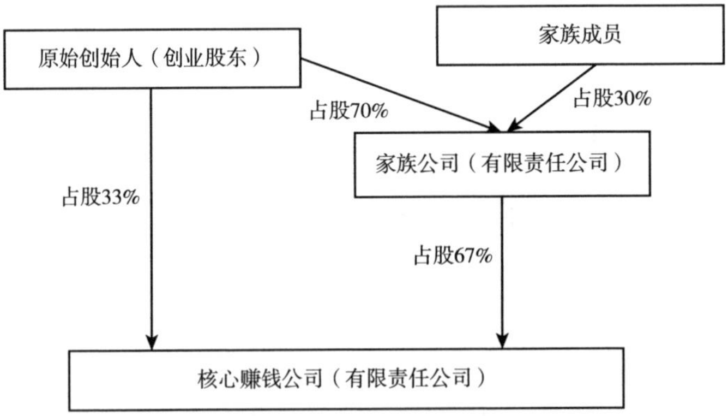

图4－7　股权布局

三、定向分红免税分析

（一）原始股东放弃分红，只向家族公司定向分红

作为自然人的原始创始人（创业股东）放弃核心赚钱公司（有限责任公司）的分红所得，只向家族公司定向分红。

（二）家族公司收到核心赚钱公司定向分红所得征企业所得税

由于家族公司（有限责任公司）与核心赚钱公司（有限责任公司）都是法人单位，根据《中华人共和国企业所得税法》第二十六条第（二）项的规定，家族公司（有限责任公司）收到核心赚钱公司（有限责任公司）定向分红所得是免征企业所得税的。

（三）家族公司从核心赚钱公司获得的定向分红所得用于投资和转增资本免征企业所得税

家族公司（有限责任公司）从核心赚钱公司（有限责任公司）获得的定向分红所得，用于投资设立别的公司，或者用于核心赚钱公司（有限责任公司）转增资本都是免征企业所得税的。

（四）家族公司从核心赚钱公司获得的定向分红所得的用途

家族公司（有限责任公司）从核心赚钱公司（有限责任公司）获得的定向分红所得，如果再分配给家族成员、原始创始人（创业股东），则必须缴纳20%的个人所得税。因此，家族公司（有限责任公司）不要给家族成员、原始创始人（创业股东）分红，应作为家族成员、原始创始人（创业股东）的“钱袋子”，用于家族成员、原始创始人（创业股东）发放工资、开销一些费用（业务招待费用、教育经费、职工福利费用、社保费用），购买汽车、承担汽车本身发生的所有费用（报销费用、油费、过桥费用、修

理费用）。

通过以上分析，控税的股权架构图如图4－8所示。

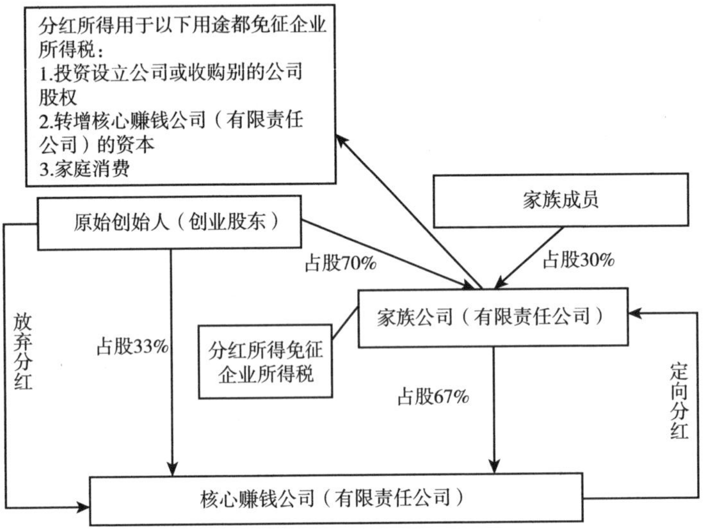

图4－8　股权布局

【案例分析26：某企业定向分红节税的股权布局分析】

（一）基本情况介绍

甲有限责任公司由自然人股东李某占股65%、有限责任公司A（家族公司）占股35%共同注册设立，而有限责任公司A（家族公司）由自然人股东李某及其儿子共同注册设立，其中自然人股东李某占股70%，儿子占股30%。股权布局如图4－9所示。有限责任公司A准备收购乙有限责任公司的100%的股份，需要5 000万元，这5 000万元全部来自有限责任公司A（家族公司）从甲有限责任公司分回的红利所得。假设收购前，甲有限责任公司账上只有未分配利润5 000万元，请问有限责任公司A（家族公司）从甲有限责任公司分回的红利所得5 000万元怎样操作才能免征企业所得税?

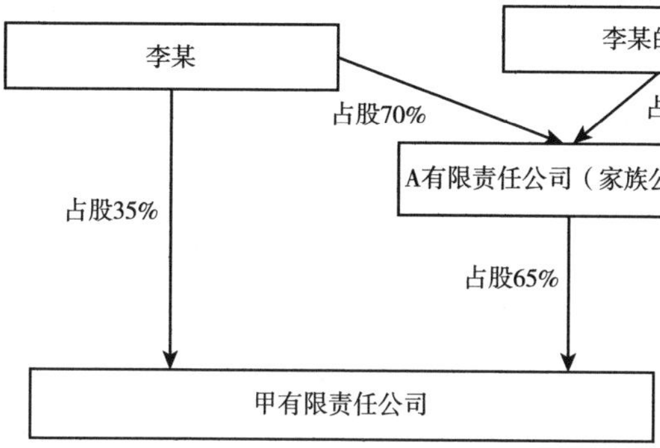

图 4－9 股权布局

（二）操作方案：定向分红免税的股权布局

李某和有限责任公司 A（家族公司）共同成立的甲有限责任公司的《公司章程》，或签订的《股东分红协议》或者《股东投资协议》中约定“公司分红”条款，该条款约定：甲有限责任公司在符合利润分配的条件下，自然人股东李某放弃分红，公司只给 A 有限责任公司（家族企业）法人股东分红。

（三）定向分红免税分析

1. 作为自然人股东，李某放弃拥有甲有限责任公司的分红所得，只向有限责任公司 A（家族公司）定向分红。

2. 有限责任公司 A（家族公司）与甲有限责任公司都是法人单位，根据《中华人共和国企业所得税法》第二十六条第（二）项的规定，有限责任公司 A（家族公司）收到甲有限责任公司定向分红所得免征企业所得税。

3. 有限责任公司 A（家族公司）从甲有限责任公司获得的定向分红所得 5 000 万元用于收购乙有限责任公司 100% 的股权免征企业所得税。

4. 有限责任公司A（家族公司）从甲有限责任公司获得的定向分红所得，如果再分配给家族成员、原始创始人（创业股东），则必须缴纳20%的个人所得税。因此，有限责任公司A（家族公司）从甲有限责任公司获得的定向分红所得不要给李某及其儿子分红，应作为李某及其儿子的“钱袋子”，用于李某及其儿子和其他家庭成员发放工资、开销一些费用（业务招待费用、教育经费、职工福利费用、社保费用），购买汽车、承担汽车本身发生的所有费用（报销费用、油费、过桥费用、修理费用）。

通过以上分析，节税的股权架构如图4－10所示。

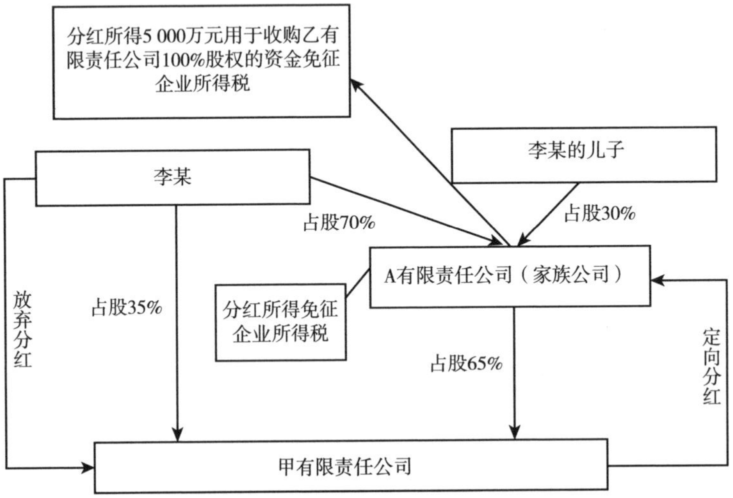

图4－10　股权架构

第四节　股权布局控税策略四：提取企业未分配利润的股权布局

根据《中华人民共和国企业所得税法》和《中华人民共和国个人所得

税法》的规定，居民企业从直接投资的居民企业中分回的股息和红利免征企业所得税，但是自然人股东从其直接投资的居民企业中分回的股息和红利必须依法缴纳20%的个人所得税。因此，在自然人股东持股的股权架构中，被投资的居民企业存在多年未分配利润的情况下，如何提取账上的未分配利润，才能合法地节约20%的个人所得税呢？最优的良策是设计合法节税的企业股权架构形式。

一、股权布局控税的法律依据分析

（一）定向分红的法律依据分析

1.《中华人民共和国公司法》关于“分配红利”的规定及其分析

《中华人民共和国公司法》第三十四条规定，股东按照实缴的出资比例分取红利；公司新增资本时，股东有权优先按照实缴的出资比例认缴出资。但是，全体股东约定不按照出资比例分取红利，或者不按照出资比例优先认缴出资的除外。

基于以上税收法律政策规定，有限责任公司在分配股息红利时，允许将公司的未分配利润分配给某些股东，而另外一些股东可以放弃分红。即存在“同股不同酬”现象，但是必须满足两个前提条件：一是有限责任公司有未分配利润可分配；二是在《股东投资协议》或《公司章程》，或全体股东一致签字同意的《股东分红协议》中约定，“全体股东不按照出资比例分取红利，只将公司可分配的未分配利润分配给一部分股东，其他股东放弃分红”。

另外，如果有限责任公司要增资时，股东之间可以按照实缴的出资比例同比例增加出资，也可以通过《公司章程》或《股东投资协议》约定“某些股东增资，另外一些股东不增资”。

2.《中华人民共和国企业所得税法》及其实施条例关于“分配红利免税”的规定及其分析

《中华人民共和国公司法》第一百六十六条第四款、第五款规定，公司弥补亏损和提取公积金后所余税后利润，有限责任公司依照该法第三十四条的规定分配；股份有限公司按照股东持有的股份比例分配，但股份有限公司章程规定不按持股比例分配的除外。股东会、股东大会或者董事会违反前款规定，在公司弥补亏损和提取法定公积金之前向股东分配利润的，股东必须将违反规定分配的利润退还公司。基于此法律规定，公司没有未分配利润是不可以向股东分配利润的。

《中华人民共和国企业所得税法》第二十六条第（二）项规定，符合条件的居民企业之间的股息、红利等权益性投资收益为免征企业所得税收入。《中华人民共和国企业所得税法实施条例》第八十三条规定，企业所得税法第二十六条第（二）项所称符合条件的居民企业之间的股息、红利等权益性投资收益，是指居民企业直接投资于其他居民企业取得的投资收益。企业所得税法第二十六条第（二）项和第（三）项所称股息、红利等权益性投资收益，不包括连续持有居民企业公开发行并上市流通的股票不足12个月取得的投资收益。基于此税法规定，对于被投资的有限责任公司而言，只要有限责任公司（被投资的居民企业）的法人股东，通过投资形式成为被投资居民企业的法人股东，与其自投资之日起多久时间没有任何关系，都可以享受被投资居民企业的分红所得。

基于以上税法政策规定，必须明确以下分配股息、红利的涉税处理：

第一，公司没有弥补亏损和提取法定公积金之前，或者说公司没在有弥补亏损和提取法定公积金之后，没有未分配利润之前不可以向股东分配利润。

第二，如果有限责任公司的股东是自然人，则自然人股东从直接投资的被投资企业（有限责任公司）分回的股息、红利，必须依法缴纳20%的个人所得税。

第三，如果有限责任公司的股东是法人股东，则法人股东从直接投资的被投资企业（有限责任公司）分回的股息红利等权益性投资收益免征企业所得税。

第四，居民企业自成为被投资居民企业的股东之日起，只要被投资居民企业账上有未分配利润，就可以向其分配股息和红利。

（二）公司股权转让的法律依据分析

1.《公司章程》可以限制股权转让

《中华人民共和国公司法》第七十一条规定，有限责任公司的股东之间可以相互转让其全部或者部分股权。

股东向股东以外的人转让股权，应当经其他股东过半数同意。股东应就其股权转让事项书面通知其他股东征求同意，其他股东自接到书面通知之日起满三十日未答复的，视为同意转让。其他股东半数以上不同意转让的，不同意的股东应当购买该转让的股权；不购买的，视为同意转让。

经股东同意转让的股权，在同等条件下，其他股东有优先购买权。两个以上股东主张行使优先购买权的，协商确定各自的购买比例；协商不成的，按照转让时各自的出资比例行使优先购买权。

公司章程对股权转让另有规定的，从其规定。

基于此法律规定，各股东以书面形式一致同意，可以不召开股东会，在“修改公司章程”决定性文件上签名、盖章。“修改公司章程”决定性文件约定：公司各股东的股权不可以对外进行转让，如果要转让，则由公司其他股东平价或折价收购股权。

2. 公司员工持股低价内部转让视为股权转让收入明显偏低且有正当理由

《国家税务总局关于发布〈股权转让所得个人所得税管理办法（试行）〉的公告》（国家税务总局公告2014年第67号）第十三条第（三）项，“相关法律、政府文件或企业章程规定，并有相关资料充分证明转让价格合理且真实的本企业员工持有的，不能对外转让股权的内部转让”视为股权转让收入明显偏低且有正当理由。特别提醒：所谓“本企业员工”，是指与本公司签订劳动合同，依法每月支付工资薪金和缴纳社保费用的企业职工，包括公司的股东。

二、提取企业未分配利润的“两种”股权布局控税设计方案

根据以上法律依据，从公司提取未分配利润实现合法节税的目标，必须从股权布局上进行顶层设计，设计一套既能掌握公司控制权，又能合法节税的股权架构方案。下面以一个经典案例，结合相关的涉税法律依据，详细论证“提取企业未分配利润的股权布局控税”的具体操作步骤。

（一）股权布局控税的设计方案一：增资扩股 + 内部转让股权 + 分配利润

【案例分析27：从自然人股东持股企业提取未分配利润控税的“股权布局1”】

（一）案情基本情况

甲、乙两夫妻实缴出资1 000万元设立的宝能有限责任公司，甲出资800万元，乙出资200万元，出资比例分别是80%、20%，宝能有限责任公司的股权架构如图4－11所示。

经过多年的经营积累，账上有未分配利润9 000万元，请问应如何操作，使得甲、乙从账上提取9 000万元的未分配利润时，规避20%的个人所得税呢?

（二）“增资扩股 + 内部转让股权 + 分配利润”的实操要点

第一步：甲和乙实际出资共50万元，注册成立一家“某某企业管理咨询有限责任公司（家族企业）”，该家族公司不发生任何

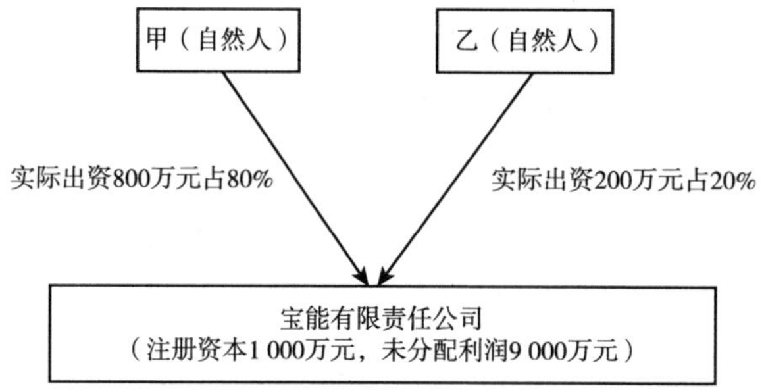

图4－11 宝能有限责任公司的股权架构

业务。即该管理咨询有限公司不安装税控机，不对外开具发票。甲和乙在“某某企业管理咨询有限责任公司（家族企业）”占有的股权比例分别为80%、20%。

第二步：宝能有限责任公司向“某某企业管理咨询有限责任公司（家族企业）”实行平价增资扩股，给予“某某企业管理咨询有限责任公司（家族企业）”2%的股份比例。甲、乙在宝能有限责任公司的股权比例同比稀释2%后的股权比例分别为：78.4%（80%×98%）、19.6%（20%×98%）。下面计算“某某企业管理咨询有限责任公司（家族企业）”应投资多少钱。

假设宝能有限责任公司的公允价值（市值）评估为1亿元，并假设“某某企业管理咨询有限责任公司（家族企业）”投资A元，则结算投资后的宝能有限责任公司的市值为1亿元＋A元。“某某企业管理咨询有限责任公司（家族企业）”的投资额A元具体计算如下：

A元÷（1亿元＋A元）＝2%

A元＝0.02亿元＋0.02 A元

0.98 A元＝0.02亿元

A＝2 040 816≈204万

由于“某某企业管理咨询有限责任公司（家族企业）”只有注册资本50万元，不可能将2 040 816元增资到宝能有限责任公司。因此，为了解决增资的资金需要，“某某企业管理咨询有限责任公司（家族企业）”分别向甲和乙共借入资金1 540 816元，在财务上体现为：其他应付款——甲和乙，1 540 816元。

假设“某某企业管理咨询有限责任公司（家族企业）”投资后，在宝能有限责任公司有的实收资本为B元，则B元÷（10 000 000元+B元）=2%，解出B。

B=204 082

因此，接受增资后的宝能有限责任公司的账务处理如下（单位：元）：

借：银行存款　　2 040 816

贷：实收资本——某某企业管理咨询有限责任公司（家族企业）　　204 082

资本公积　　1 836 734

第三步：修改公司章程。增资后的宝能有限责任公司有三个股东，自然人股东（甲和乙）和法人股东“某某企业管理咨询有限责任公司（家族企业）”。三个股权一致同意在“修改公司章程”决定性文件中签字、盖章。该“修改公司章程”决定性文件中约定：公司股东不能对外转让股权，如果要转让股权，则由其他股东平价收回股权。

第四步：宝能有限责任公司向“某某企业管理咨询有限责任公司（家族企业）”签发股东出资证明，并添加到股东花名册，修改公司章程，最后在宝能有限责任公司所在地管辖的市场监督管理局办理工商变更手续。经过以上四步的操作，宝能有限责任公司的股权架构如图4-12所示。

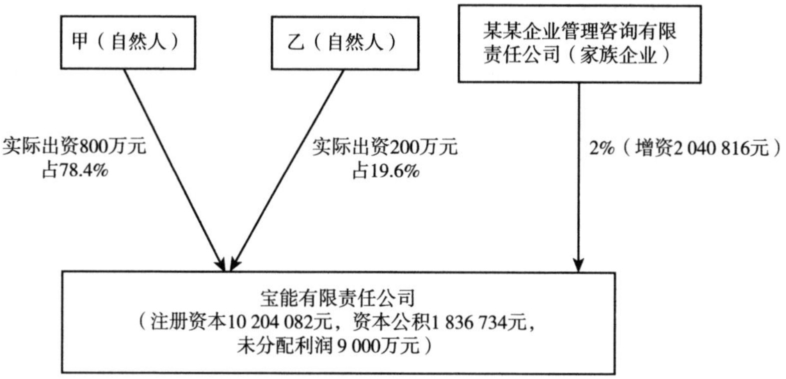

图4－12 宝能有限责任公司的股权架构

第五步：股权转让：自然人股东甲、乙在宝能有限责任公司的股权比例（增资稀释后分别为78.4%、19.6%）全部以平价（股权转让价格1 000万元）转让给“某某企业管理咨询有限责任公司（家族企业）”。符合《国家税务总局关于发布〈股权转让所得个人所得税管理办法（试行）〉的公告》（国家税务总局公告2014年第67号）第十三条第（三）项“股权转让价格偏低是正当理由”的规定，不缴纳个人所得税。在财务上体现为“某某企业管理咨询有限责任公司（家族企业）”欠甲、乙自然人股东共1 000万元。

第六步：凭借税务部门出的不缴纳税的证明单，到宝能有限责任公司管辖的市场监督管理部门办理股东变更登记手续。这时，宝能有限责任公司的股东只有一家法人股东，即“某某企业管理咨询有限责任公司（家族企业）”。

第七步：宝能有限责任公司股东会作出“税后未分配利润分配”决议，将账上的未分配利润9 000万元全部分配到“某某企业管理咨询有限责任公司（家族企业）”的账上。

第八步：“某某企业管理咨询有限责任公司（家族企业）”将分回的9 000万元未分配利润偿还第二步和第五步产生的应付甲、

乙的欠款 11 540 816（1 540 816 + 10 000 000）元。

经过以上第五步到第八步的操作，宝能有限责任公司的股权架构如图 4－13 所示。

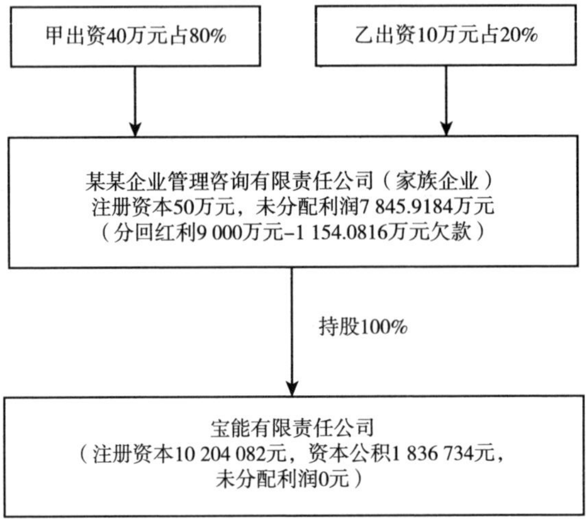

图 4－13　宝能有限责任公司股权架构

第九步："某某企业管理咨询有限责任公司（家族企业）"不要向甲、乙分利润，否则要缴纳 20% 的个人所得税。该家族公司从**宝能有限责任公司（赚钱公司）分回的股息和红利主要用于以下支出是免税的：**

（1）用于家族成员发工资、缴纳社保费用，作为家族公司的费用列支。

（2）用于投资设立别的公司的投资款。

（3）用于购买家族成员的车辆，车辆产权在家族公司名下，车辆的保险费用、油费、修理费用、停车费用，都可以在家族公司作成本费用报销。

（4）将现金资产委托给信托公司进行运营，信托收益给予指定的家族成员免个人所得税。

(5) 将现金资产用于购买不动产，产权登记在家族公司名下，然后交给信托公司运营，信托收益给予指定的家族成员免个人所得税。

(6) 由于给宝能有限责任公司转增资本，增加宝能有限责任公司的注册资本免税。

(二) 股权布局控税的设计方案二：部分股权对外转让 + 分配利润 + 内部股权转让

【案例分析 28：从自然人股东持股企业提取未分配利润控税的“股权布局 2”】

(一) 案情基本情况

甲、乙两夫妻实缴出资 1 000 万元设立的宝能有限责任公司，甲出资 800 万元，乙出资 200 万元，出资比例分别是 80%、20%，宝能有限责任公司的股权架构如图 4 – 14 所示。

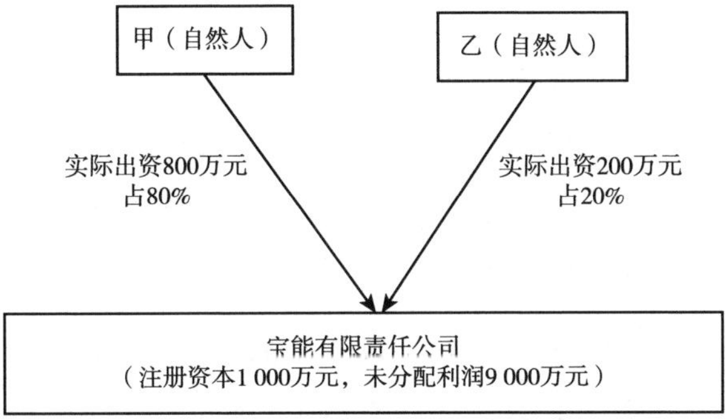

图 4 – 14 宝能有限责任公司的股权架构

经过多年的经营积累，账上有未分配利润 9 000 万元，请问应如何操作，使得甲、乙从账上提取 9 000 万元的未分配利润，才能规避 20% 的个人所得税呢?

（二）“部分股权对外转让＋分配利润＋内部股权转让”的实操要点

第一步：甲和乙实际出资共100万元注册成立一家“某某企业管理咨询有限责任公司（家族企业）”，该家族公司不发生任何业务。即该管理咨询有限公司不安装税控机，不对外开具发票。甲和乙在“某某企业管理咨询有限责任公司（家族企业）”占有的股权比例分别为80%、20%。

第二步：宝能有限责任公司的自然人股东甲、乙分别向“某某企业管理咨询有限责任公司（家族企业）”转让0.5%，共1%的股权。根据国家税务总局2014年公告第67号文件的规定，按照净资产进行定价，转让价格为100万元［（1 000万元＋9 000万元）×1%］。“某某企业管理咨询有限责任公司（家族企业）”作为甲、乙转让自然人股权的个税扣缴义务人，代扣代缴自然人股权转让的个人所得税为18万元［（100万元－1 000万元×1%）×20%］。

第三步：修改公司章程。甲、乙自然人股东各转让0.5%股权后的宝能有限责任公司有三个股东：自然人股东（甲和乙）和法人股东“某某企业管理咨询有限责任公司（家族企业）”。三个股东一致同意在“修改公司章程”决定性文件中签字、盖章。该“修改公司章程”决定性文件中约定：公司股东不能对外转让股权，如果要转让股权，则由其他股东平价收回股权。

第四步：宝能有限责任公司有三个股东：自然人股东（甲和乙）和法人股东“某某企业管理咨询有限责任公司（家族企业）”签订《股东投资协议》或《股东分红协议》，约定：自“某某企业管理咨询有限责任公司（家族企业）”正式成为宝能有限责任公司股东的两年内，宝能有限责任公司账上的未分配利润全分配给宝能有限责任公司，甲、乙不参与未分配利润的分配，两年后，各股东按照实际出资比例进行分配。

第五步：宝能有限责任公司将“某某企业管理咨询有限责任公司（家族企业）”添加到股东花名册，修改公司章程，最后在宝能有限责任公司所在地管辖的市场监督管理局办理工商变更手续。

经过以上五步的操作，宝能有限责任公司的股权架构如图4－15所示。

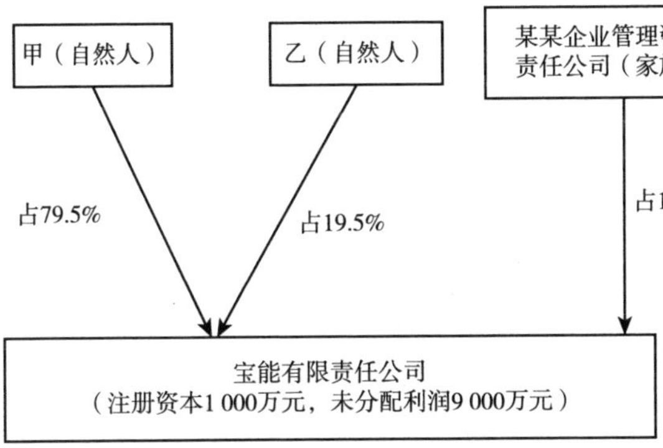

图4－15 宝能有限责任公司的股权架构

第六步：宝能有限责任公司三个股东可以不召开股东会议，直接作出决定，并由三个股东在“利润分配决定”文件上签名、盖章。一致同意决议：将宝能有限责任公司账上的未分配利润9 000 万元，全部分给“某某企业管理咨询有限责任公司（家族企业）”。“某某企业管理咨询有限责任公司（家族企业）”从宝能有限责任公司分回的股息和红利免征企业所得税。

第七步：股权转让。自然人股东甲、乙在宝能有限责任公司的股权比例（经过第一轮股权转让后的股权比例分别为79.5%、19.5%）全部以平价（股权转让价格990 万元）转让给“某某企业管理咨询有限责任公司（家族企业）”。

第八步：凭借税务部门出具的不缴纳税的证明单，到宝能有限责任公司管辖的市场监督管理部门办理股东变更登记手续。这时宝能有限责任公司的股东只有一家法人股东："某某企业管理咨询有限责任公司（家族企业）"。

经过以上第六步到第八步的操作，宝能有限责任公司的股权架构如图4-16所示。

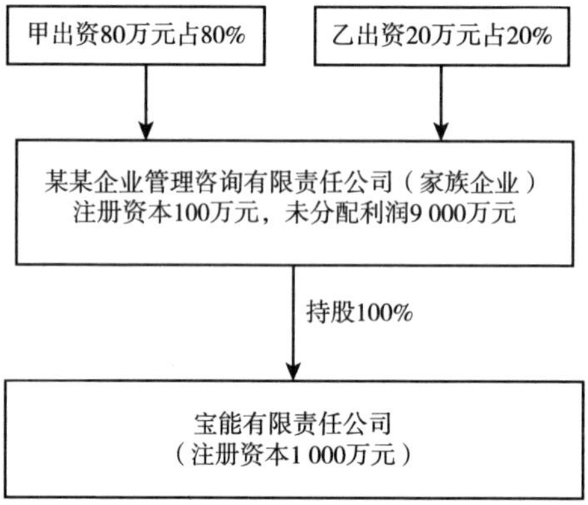

图4-16 宝能有限责任公司的股权架构

第九步："某某企业管理咨询有限责任公司（家族企业）"不要向甲、乙分利润，否则要缴纳20%的个人所得税。该家族公司从宝能有限责任公司（赚钱公司）分回的股息和红利主要用于以下支出是免税的：

（1）用于家族成员发工资、缴纳社保费用，作为家族公司的费用列支。

（2）用于投资设立别的公司的投资款。

（3）用于购买家族成员的车辆，车辆产权在家族公司名下，车辆的保险费用、油费、修理费用、停车费用，都可以在家族公司作成本费用报销。

（4）将现金资产委托给信托公司进行运营，信托收益给予指定的家族成员免个人所得税。

(5) 将现金资产用于购买不动产，产权登记在家族公司名下，然后交给信托公司运营，信托收益给予指定的家族成员免个人所得税。

(6) 由于给宝能有限责任公司转增资本，增加宝能有限责任公司的注册资本免税。

第五节 股权布局控税策略五：设计“有限合伙企业+家族公司（有限公司）”作为股权架构主体的混合股权架构

所谓“混合股权架构”，是指由自然人股东、有限合伙企业股东、有限公司股东交叉持股，实现对核心公司（赚钱公司）的股权控制的一种股权主体架构形式。“混合股权架构”既可以集有限合伙企业股权架构、控股公司股权架构和自然人股权架构的涉税优点于一身，又可以实现原始创始人对公司的控制权。混合股权架构一般适用于有明确境内上市规划的公司。本节采用举例法论证**“有限合伙企业+家族公司（有限公司）”作为股权架构主体的混合股权架构，既能掌握核心公司的控制权，又能合法节税。**

一、股权布局设计方案的设计目标及实操要点

（一）股权布局的设计目标

1. 解决老板家庭日常开销使之有钱花；

2. 实现老板（原始创始人）对核心经营公司的控制权；

3. 实现家族公司从核心经营公司分回的红利、股息免征企业所得税，构建“钱生钱”的资金池；

4. 解决给高管、骨干人员的股权激励以及向社会融资问题。

（二）股权布局设计方案的实操要点

第一步：老板注册成立一家注册资本为20万元、100%持股的有限责任公司（家族企业）。

第二步：家族企业出资10万元，社会投资者、高管、骨干员工共出资990万元，共同注册一家注册资本为1 000万元的有限合伙企业（股权持股平台），家族企业作为普通合伙人，占有限合伙企业的股权比例为1%，其他投资者、高管、骨干员工占有限合伙企业的股权比例为99%。

第三步：有限合伙企业（股权持股平台）出资1 000万元，家族企业出资10万元，共同注册成立一家核心实体公司（做业务），其中家族企业占实体公司33%的股权比例，有限合伙企业占实体公司67%的股权比例。

第四步：老板在税收洼地注册一家核定征收个税的个人独资企业，核心实体公司将业务外包给个人独资企业，在满足“四流一致”的情况下，个人独资企业向核心实体公司开具增值税发票计入成本。

肖太寿博士特别提醒：根据财政部、国家税务总局2021年公告第41号文件第二条的规定，持有股权、股票、合伙企业财产份额等权益性投资的个人独资企业、合伙企业一律适用查账征收方式计征个人所得税，基于此税法条款的规定，自然人投资者或自然人合伙人投资注册的个人独资企业或合伙企业，只从事生产、经营活动，而不再去投资设立别的有限责任公司，成为该有限责任公司的权益性股东，则该个人独资企业或合伙企业（特别在税收洼地注册）就可以采用核定征收方式计征个人所得税。

通过以上步骤设立的公司股权布局如图4－17所示。

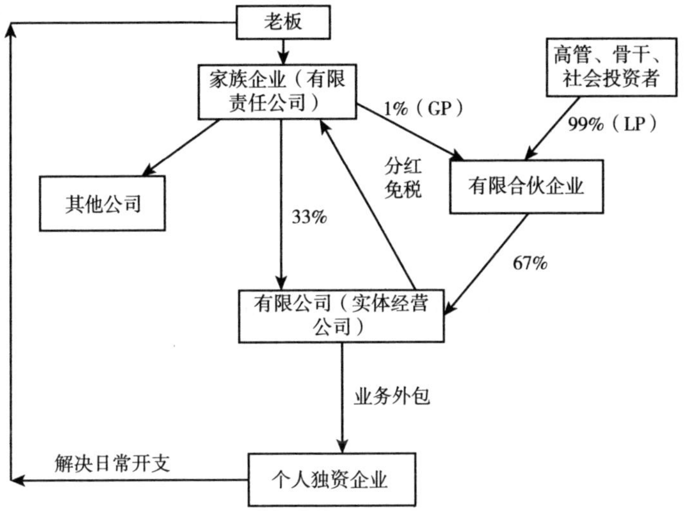

图 4-17 公司股权布局

二、股权布局设计方案的涉税和公司控制权分析

（一）涉税分析

第一，核心实体公司将业务外包给个人独资企业。该个人独资企业依法给核心实体公司开具发票结算，符合真实交易下的“四流合一”条件，个人独资企业按照“经营所得”税目核定申报缴纳个人所得税后，将税后利润从个人独资企业的公账号划转到个人独资企业的投资者本人银行卡是合法收入。该收入可以满足和解决老板日常的家庭消费。

第二，家族公司从直接持股的核心实体公司分回的股息、红利，用于投资设立另外的公司、转增家族企业的注册资本等都免征企业所得税。

（二）公司控制权分析

1. 老板通过 100% 持股的家族企业，持有实体经营公司 33% 的股权，虽然低于一票否决权的持股比例 34%，但是，老板 100% 控股的家族企业是有限合伙企业执行事务的普通合伙人，对持股实体经营公司67%股权比例的合伙企业具有绝对的决策权、管理权、表决权。因此，老板是实体经营公司的实际控制人。

2. 老板在实体经营公司的股权比例达到了100%，拥有绝对的公司控制权。

【案例分析29：自然人出资50万元撬动1 000万元项目的股权布局控税策略】

（一）投资基本情况介绍

有一个项目需要1 000万元的投资，甲自然人只有50万元，乙自然人愿意投资950万元，可是该项目是借助甲自然人的人脉资源而审批下来的，因此，甲必须占大股，必须对该项目拥有控制权、决策权，乙自然人只拥有利益分配权。请问如何进行股权架构设计，才能实现甲自然人只出资50万元就能撬动1 000万元的项目目标？

（二）股权架构设计方案

第一步：甲自然人出资15万元、乙自然人出资935万元，共同注册一家注册资本为950万元的A有限合伙企业。其中甲作为普通合伙人，在A有限合伙企业里占1.58%的股权比例，乙作为有限合伙人，在A有限合伙企业里占98.42%的股权比例。

第二步：甲自然人出资35万元，乙自然人出资15万元，共同注册一家注册资本为50万元的B有限公司，其中甲占有限公司的70%的股权比例，乙占有限公司30%的股权比例［肖太寿博士说税（公众号为：xtstax）温馨提示：两个股东合伙开公司的最合理的股权比例为70%、30%］。

第三步：A有限合伙企业出资950万元、B有限公司出资50万元，共同注册一家注册资本为1 000万元的C项目经营有限公司。其中A有限合伙企业占C项目经营有限公司的股权比例为95%，B有限公司占C项目经营有限公司的股权比例为5%。

通过以上三步设计后，C项目经营有限公司的股权架构如图4－18所示。

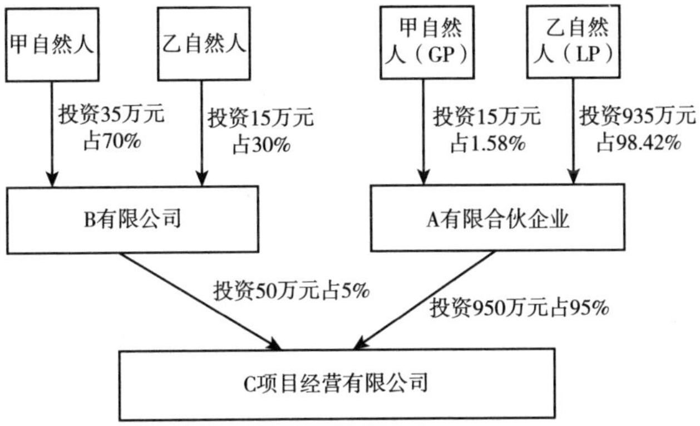

图4－18 C项目经营有限公司股权架构

（三）公司股权控制力分析

1. 由于甲自然人在A有限合伙企业是普通合伙人身份，具有有限合伙企业的表决权、决策权、控制权，因此，根据《中华人民共和国合伙企业法》的规定，甲自然人股东虽然在A有限合伙企业只占1.58%的股权，但是甲自然人股东控制了A有限合伙企业的各项重大和重要事项的决议权和表决权。

2. 虽然A有限合伙企业占有C项目经营有限公司95%的股权比例，但基于甲自然人股东的普通合伙人身份，从而控制了C项目经营有限公司重大事项和重要事项的决议权、表决权。

3. 由于甲自然人在B有限公司占有70%的股权比例，大于具有“绝对控制”权的股权比例线67%。根据《中华人民共和国公司法》的规定，甲自然股东人对B有限公司的修改公司章程，增加、减少注册资本，更改公司名称等重点决议事项具有决策权、表决权和控制权。从而甲自然人通过控制B有限公司，实现控制C项目经营有限公司的控制权。

因此，自然人股东甲（或原始创始人）通过有限公司股权架构和有限合伙企业股权架构，一起组合的混合型股权架构实现对核心公司即C项目经营有限公司的控制权。

第六节 股权布局控税策略六：用20万元控制5 000万元的公司且既能控税又只承担20万元责任的股权布局

一、股权布局设计方案的设计目标及实操要点

（一）股权布局的设计目标

1. 自然人只投入20万元，掌握一个5 000万元公司的公司控制权；

2. 自然人只承担20万元的债务清偿责任；

3. 实现合法缴纳税收的目的。

（二）股权布局设计方案一：设立以“有限责任公司（家族企业）+有限合伙企业”为持股平台持有主体公司股权的三层股权结构

所谓设立以“有限合伙企业+有限责任公司”为持股平台持有主体公司股权的三层股权结构，是指自然人股东的股份全部通过“**有限责任公司（家族企业）持有有限合伙企业股权+有限合伙企业持有主体公司股权**”，呈现主体公司没有自然人股东的纵向维度三层股权结构。具体的股权布局设计策略如下。

第一步：老板和其家庭成员出资20万元成立一家不做业务的A有限责任公司（家族公司），老板占70%的股权比例，家庭成员占30%的股权比例。

第二步：A有限责任公司出资20万元，其他员工出资980万元，共同成立一家股权持股平台：有限合伙企业。其中A有限责任公司占有限合伙企业2%的财产份额，而且A有限责任公司是有限合伙企业B的普通合伙人，员工占有限合伙企业财产份额的98%。

第三步：有限合伙企业B投资5 000万元成立主体公司C，主体公司C的注册资本为5 000万元。有限合伙企业B在主体公司C的股权比例为100%。

通过以上三步骤设计的主体公司的股权架构如图4－19所示。

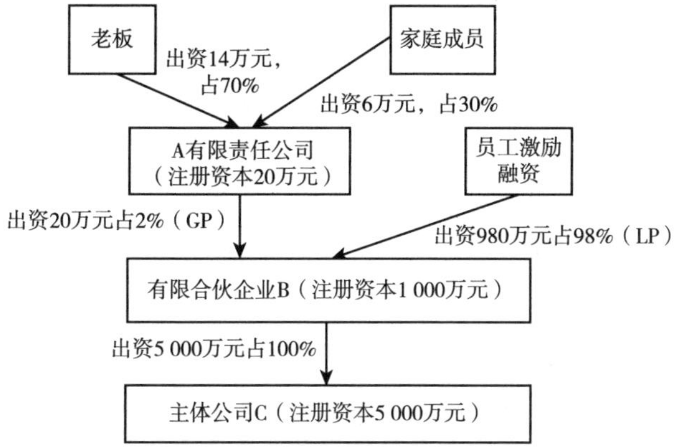

图4－19 主体公司的股权架构

（三）股权布局设计方案二：设立以“有限责任公司（不做业务的家族企业）＋有限合伙企业”为持股平台持有主体公司股权的双层股权结构

所谓设立以“有限责任公司（不做业务的家族企业）＋有限合伙企业”为持股平台持有主体公司股权的双层股权结构，是指自然人股东横向持有一家有限责任公司（不做业务的家族企业）股权和一家有限合伙企业（持股平台）的财产份额，然后再由有限公司和有限合伙企业共同持有主体公司股权的双层股权结构。具体的股权布局设计策略如下。

第一步：老板及其家族一员共同投资 20 万元，设立一家“某某企业管理咨询公司（不做业务的家族企业）”。老板出资 16 万元，占股 80%，家族一员投资 4 万元，占股 20%。

第二步：第一步设立的“某某企业管理咨询公司（家族企业）”与高管人员（确定的公司员工激励人员，如果没有确定，暂时以家族一员作为“股权代持人”）共同设立一家有限合伙企业（持股平台），该合伙企业的合伙人资本额为 100 万元，家族企业出资 10 万元，占有限合伙企业的财产份额为 10%，“股权代持人”或确定的高管激励人员出资 90 万元，占有限合伙企业的财产份额为 90%。

第三步：家族企业与有限合伙企业共同投资设立注册资本为 5 000 万元的“某某项目有限责任公司（赚钱公司）”，其中家族企业认缴注册资本 4 000 万元，实缴资本 10 万元，占股 80%，合伙企业认缴注册资本 1 000 万元，实缴资本 100 万元，占股 20%。

通过以上三步骤而设立的“某某项目有限责任公司”的股权架构如图 4 - 20 所示。

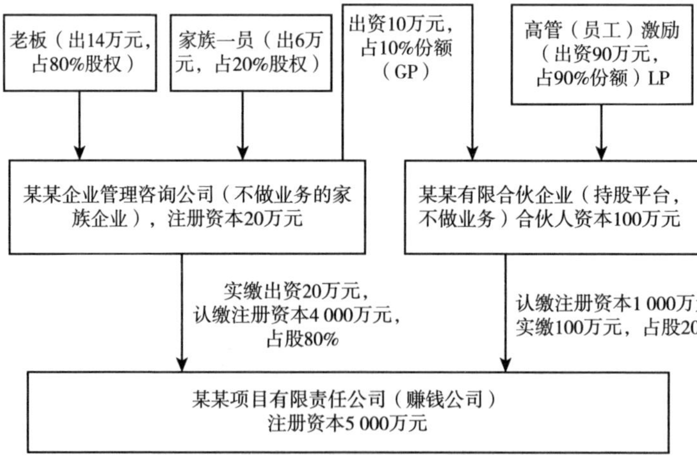

图 4 - 20　某某项目有限责任公司的股权架构

二、股权布局设计方案的涉税和公司控制权分析

（一）股权布局设计方案一的涉税和公司控制权分析

1. 涉税分析

第一，主体公司C缴纳企业所得税后的税后未分配利润，经过主体公司C的股东会作出利润分配的决议后，分配给有限合伙企业B时，根据财税〔2008〕159号文件第二条的规定，合伙企业从被投资的居民企业分回的股息、红利收入，纳税义务人是合伙企业的合伙人，合伙企业本身不缴纳税。因此，有限合伙企业B的合伙人有限责任公司A，依法按照25%的企业所得税税率缴纳企业所得税。当然，主要是由于有限责任公司A是不做业务的家族企业。在目前国家税收优惠政策下，符合小微企业条件且年应纳税所得额低于100万元，按照2.5%征收企业所得税，年应纳税所得额高于100万元低于300万元，则按照10%征收企业所得税。有限合伙企业B的合伙人是股权激励的高管人员，则要按照股息、红利收入依法按照20%的税率缴纳个人所得税。

第二，在不考虑A有限责任公司（家族企业）为小微企业的情况下，有限责任公司A将从有限合伙企业B分回的股息、红利依法缴纳企业所得税后，再分配给有限责任公司A的自然人股东，还要按照股息、红利收入缴纳20%的个人所得税。因此，主体公司C的应纳税所得额分配给有限责任公司（家族企业）A的自然人股东的过程中，承担的企业所得税和个人所得税的总税负率为：25%（主体公司C承担的企业所得税税率）+（1－25%）×25%（有限责任公司A承担的企业所得税税率）+［1－（1－25%）×25%］×20%＝0.4375＋0.1625＝60%。

第三，主体公司C分回有限合伙企业B的股息、红利，再分配给激励员工，则要承担的企业所得税和个人所得税的总税负率为：25%（主体公司C承担的企业所得税税率）+（1－25%）×20%＝40%。

2. 公司控制权的分析

第一，老板是有限责任公司 A 的控制股东，在按照出资比例配置股权比例的情况下，老板控制了有限责任公司 A。

第二，有限责任公司 A 是有限合伙企业 B 的普通合伙人，具有有限合伙企业 B 的控制权、管理权、决策权。因此，老板控制了有限合伙企业 B，掌握了有限合伙企业 B 的控制权。

第三，由于有限合伙企业 B 持有主体公司 C（赚钱公司）100% 的股权，所以老板掌握了主体公司 C 的控制权。

3. 分析结论

综合股权布局设计方案一以上的涉税和控制权分析，虽然老板掌握了主体公司 C 的控制权，但是税负太重，因此，股权布局设计方案一不可取！

（二）股权布局设计方案二的涉税和公司控制权分析

1. 涉税分析

第一，某某项目有限责任公司（赚钱公司）缴纳企业所得税后的税后未分配利润，经过某某项目有限责任公司（赚钱公司）股东会作出分配的决议后，分配给有限合伙企业（持股平台、不做业务）时，根据财税〔2008〕159 号文件第二条的规定，合伙企业从被投资的居民企业分回的股息、红利收入，纳税义务人是合伙企业的合伙人，合伙企业本身不缴纳税。因此，有限合伙企业（持股平台、不做业务）的合伙人某某企业管理咨询公司依法按照 25% 的企业所得税税率缴纳企业所得税。当然，由于某某企业管理咨询公司是不做业务的家族企业，在目前国家税收优惠政策下，符合小微企业的条件且年应纳税所得额低于 100 万元，按照 2.5% 征收企业所得税，年应纳税所得额高于 100 万元低于 300 万元，则按照 10% 征收企业所得税。有限合伙企业（持股平台、不做业务）的合伙人是股权激励的高管人员，则要按照股息、红利收入依法按照 20% 的税率缴纳个人所得税。

第二，由于某某企业管理咨询公司（家族企业）是 GP，只占有限合伙企业（持股平台、不做业务）1% 的财产份额，主要是掌握有限合伙企业（持股平台、不做业务）的控制权，而不是参与股息、红利的分配，所以，某某企业管理咨询公司（家族企业）可以放弃有限合伙企业的投资收益的分配。

第三，某某企业管理咨询公司（家族企业）从某某项目有限责任公司按照 80% 的股权比例分回的股息、红利收入，根据《中华人民共和国企业所得税法》的规定，免征企业所得税。

第四，在不考虑某某企业管理咨询公司（家族企业）为小微企业的情况下，某某企业管理咨询公司（家族企业）从某某项目有限责任公司按照 80% 的股权比例分回的股息、红利收入，再分配给某某企业管理咨询公司（家族企业）的自然人股东，必须要按照股息、红利收入缴纳 20% 的个人所得税。因此，某某项目有限责任公司的应纳税所得额分配给某某企业管理咨询公司（家族企业）的自然人股东的过程中，承担的企业所得税和个人所得税的总税负率为：25% （某某项目有限责任公司承担的企业所得税税率）+（1 −25%）×20% （某某企业管理咨询公司（家族企业）的自然人股东承担的个人所得税税率） =40%。

第五，在实践中，某某企业管理咨询公司（家族企业）从某某项目有限责任公司按照 80% 的股权比例分回的股息、红利收入，不再分配给某某企业管理咨询公司（家族企业）的自然人股东，而是用于以下用途是免税的：

（1）用于投资设立另外的公司；

（2）用于转增某某项目有限责任公司的注册资本；

（3）用于某某企业管理咨询公司（家族企业）购买车辆、房产，产权在家族公司名下，只是给家族成员使用，有关的费用、折旧计入某某企业管理咨询公司（家族企业）的成本；

（4）用于与某某企业管理咨询公司（家族企业）签订劳动合同的家族人员发工资、缴纳社保费用。

2. 公司控制权的分析

第一，老板是某某企业管理咨询公司（家族企业）的控制股东，按照出资比例配置股权比例的情况下，老板控制了某某企业管理咨询公司（家族企业）的控制权。

第二，某某企业管理咨询公司（家族企业）是有限合伙企业（持股平台、不做业务）的普通合伙人，具有有限合伙企业（持股平台、不做业务）的控制权、管理权、决策权。因此，老板掌握了有限合伙企业（持股平台、不做业务）的控制权。

第三，由于有限合伙企业（持股平台、不做业务）持有某某项目有限责任公司（赚钱公司）20%的股权，老板控制了某某企业管理咨询公司（家族企业）的控制权，某某企业管理咨询公司（家族企业）又掌握了有限合伙企业（持股平台、不做业务）的控制权，因此，老板掌握了某某项目有限责任公司（赚钱公司）的控制权。

第四，由于老板掌握某某企业管理咨询公司（家族企业）80%的控股权，从而掌控了某某企业管理咨询公司（家族企业）的控制权，而某某企业管理咨询公司（家族企业）持股某某项目有限责任公司（赚钱公司）80%的股权，从而掌握了某某项目有限责任公司（赚钱公司）的控制权。因此，老板掌握了某某项目有限责任公司（赚钱公司）100%的股权控制权。

3. 分析结论

综合股权布局设计方案二以上的涉税和控制权分析，老板既能掌握某某项目有限责任公司（赚钱公司）的公司控制权，又能控制税收风险，因此，股权布局设计方案二可取！

第七节 股权布局策略七：企业生命周期的股权布局控税设计

企业生命周期分为初创期、成长期、高速发展期、成熟稳定期四个阶段。每个阶段的股权布局控税的设计原则、股权架构完全不同。

一、生命周期的股权布局控税设计

（一）股权布局的设计原则：在公平基础上，实行一个中心原则

所谓“在公平基础上，实行一个中心原则”，是指在其他股东认可和接受的前提下，大股东占三分之二以上股权，实现绝对控股。在公司遇到有重大事项决策时，大股东拥有一票决定权，而不会被其他股东左右。

（二）持股比例设计及其原因分析

1. 如果合伙人数量不多时，必须选择大股东持股三分之二以上股权比例，即大股东持有的股权比例必须大于66.7%，目的是确保公司的决策效率，避免公司初期就陷入股权纷争。大股东拥有绝对的控制权，有利于提高运营效率。

2. 如果合伙人数量众多，须采用大股东持股比例必须超过50%的相对控股架构。即大股东掌握公司日常的决策权和管理权，其他所有合伙人联合起来也不能实现控股，最多只能在股东会上重大事项表决中制衡大股东。

3. 如果大股东控股难以平衡其他合伙人，需要进一步降低股权比例，使其持股比例在50%以下，且必须同时遵循以下三个股权比例设计原则：

第一，大股东是单一最大的股东，且与二股东持股比例存在明显梯度。

第二，大股东持股比例在三分之一以上（持股比例超过 34%），大股东保留重大事项决策的一票否决权。

第三，其他所有合伙人的股份加总后才能超过大股东。

同时遵循以上三个股权比例设计原则，可以尽可能维护大股东的利益，避免出现二股东与大股东争夺公司控制权、大股东完全失去话语权（股东会失控、董事会失控、总经理位置难保）等情形。

因此，为了实现大股东掌握公司控制权的目的，必须要在公司章程中约定，大股东在股东会上对重大事项具有一票否决权，大股东要与其他合伙人签订一致行动人协议和委托投票权协议。

4. 不一定按照出资比例分配股权。

不按出资比例分配股权是基于公平的考虑：公司创立后，有的合伙人不在公司全职运营工作，如果也未给企业贡献相关资源、技术等，那么这种出资是财务投资。如果大家按照出资比例分配股权，对其他专职在公司从事运营管理工作的合伙人而言是不够公平的。

5. 五个股东的初创企业可以实施常见的“54321”① 的股权分配方案。

其中“5”是指 5 个股东一起合伙，“4”是指大股东、发起人、创始人、带头人的股权比例在 40% 左右，“3”是指其他联合创始股东股权比例相加在一起在 30% 左右，“2”是建议两个股东不参与经营决策或管理，“1”指预留 10% 的期权池，以便提供给未来的管理者引进后进股东。

6. 三个股东的股权比例遵循基本原则：第 1 股东 >（第 2 股东 + 第 3 股东），最好的股权比例为 70%、20%、10% 或 80%、15%、5%。

7. 两个股东最好的股权比例为② 70%、30% 或 80%、20%，但绝对不能出现以下三种股权结构比例：五五开，90% 和 10%，65% 和 35%。

---

①② 王美江．合伙人裂变与股权密码［M］．北京：人民邮电出版社，2019：165.

（三）股权布局控税设计方案

1. 假设条件

假设存在不属于同一家族的三个合伙人：甲、乙和丙，三个合伙人都出资并全职参与公司经营管理，不按照出资比例分配股权比例，甲、乙和丙的股权比例分别为67%、20%、13%。

2. 设计步骤

第一步：甲、乙、丙各自分别注册一家不做业务且有两位自然人股东的家族公司（某某企业管理有限公司1、2、3），该“某某企业管理有限公司”的注册资本必须采取实缴制，将实缴注册资本控制在10万元至50万元左右。

第二步：以甲、乙、丙各自注册设立的“某某企业管理有限公司”分别做股东，共同投资设立一家做业务的赚钱公司（某某有限责任公司，注册资本1 000万元）。该做业务的公司的注册资本可以实行认缴制，按照出资比例配置股权比例。

第三步：“某某企业管理有限公司1”“某某企业管理咨询有限公司2”“某某企业管理咨询有限公司3”分别认缴注册资本670万元、200万元、130万元，分别实缴50万元、50万元、50万元。

通过以上步骤设计的股权布局控税的股权架构如图4－21所示。

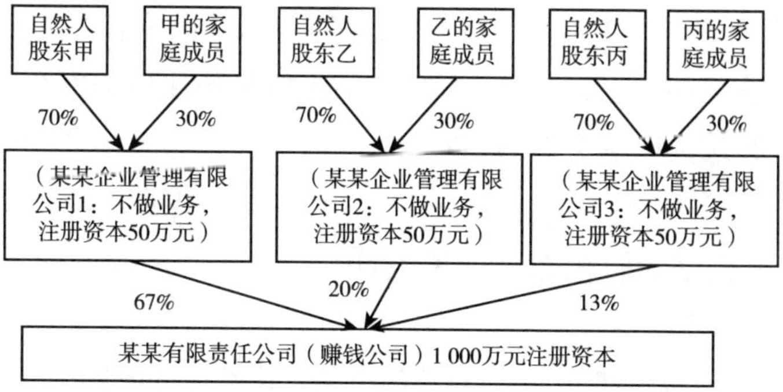

图4－21 初创期企业的股权布局控税二层股权结构

（四）公司控制权和节税分析

1. 公司控制权分析

基于图4－21的股权布局来看，由于三个合伙人各自注册的“某某企业管理有限公司”的股权控制人分别是甲、乙、丙，即合伙人甲是“某某企业管理有限公司1”的股权控制人，乙是“某某企业管理有限公司2”的股权控制人，丙是“某某企业管理有限公司3”的股权控制人。而“某某企业管理有限公司1”是“某某有限责任公司（赚钱公司）”的股权控制人。因此，甲（原始大股东）掌握了“某某有限责任公司（赚钱公司）”的公司控制权。

2. 节税分析

第一，由于“某某有限责任公司（赚钱公司）”赚钱后依法缴纳25%的企业所得税后的未分配利润，分别按照股权比例分回到甲、乙、丙各自设立的不做业务的“某某企业管理有限公司”免征企业所得税，该税后的未分配利润可以给“某某企业管理有限公司”的家庭成员（与“某某企业管理有限公司”签订劳动合同）发工资、缴纳社保费用，投资设立别的公司，给“某某有限责任公司（赚钱公司）”增加注册资本，都是免税的。节约了按照股息、红利收入征收20%的个人所得税。

第二，今后的企业经营过程中，“某某企业管理有限公司1”“某某企业管理有限公司2”“某某企业管理有限公司3”从“某某有限责任公司（赚钱公司）”分回的股息、红利，分别缴纳未缴足的注册资本金620万元、150万元、80万元，享受免税政策。

二、成长期的股权布局控税设计

所谓“企业成长期”，是指企业的产品、技术和市场具备一定的基础，团队得到成长，需要对企业的核心骨干或重要的上下游合作伙伴进行股权激励，甚至需要对外进行股权融资的发展阶段。在企业成长期阶段，如果企业发生股权激励或对外融资，则大股东的股权比例将被稀释，大股东对公司将失去控制权。因此，大股东要重视企业成长期的股权布局的演变和控制，必须进行股权调整。

（一）股权布局控税设计原则：一个中心、两个基本点①

1. 所谓“一个中心”，是指以控股股东为中心。具体而言，是指公司在完成内部股权激励后（实施对外股权融资前），大股东仍处于控股地位，大股东持股必须控制在51%以上。

2. 所谓“两个基本点”，是指大股东与二股东的持股比例存在相当的梯度，其他所有股东联合起来可以对大股东有所制衡。

大股东与二股东持股比例存在梯度的目的是避免二股东争夺公司控制权；其他股东联合起来对大股东有所制衡，可以避免出现大股东独断专横的情形，可以实现对外融资。因此，在公司进入成长期后，需要既保证大股东的控股地位，又使其他股东团结起来具有制衡作用，避免大股东出现独断专横的情况。

（二）持股比例分配及其原因分析

1. 大股东持股比例必须控制在51%（含51%）以上。如果合伙人股东数量较多，股权比例很难掌握在51%以下，则大股东必须通过与其他股东签订“一致行动人协议”或“委托投票权协议”，保证将大股东的表决权控制在51%以上。

2. 其他股东加起来的股权比例必须大于34%（含34%），可以起到制衡大股东的作用。

3. 三个股东最好的股权比例为70%、20%、10%。

① 于胜．股权最重要的事［M］．北京：中国人民大学出版社，2020：53.

4. 四个股东的股权结构设计为：（第 2 股东 + 第 3 股东 + 第 4 股东）> 第 1 股东 >（第 2 股东 + 第 3 股东）。

（三）股权布局控税设计方案

1. 假设条件

假设存在不属于同一家族的三个合伙人：甲、乙和丙，三个合伙人都出资并全职参与公司经营管理，不按照出资比例分配股权比例，甲、乙和丙的股权比例分别为 67%、20%、13%。目前的股权架构如图 4－21（股权架构图 4－21：初创期企业的股权布局控税二层股权结构）所示。

2. 设计步骤

第一步：对股权架构图 4－21（初创期企业的股权布局控税二层股权结构）中的经营主体公司“某某有限责任公司”进行评估，假设市值为 2 000 万元。

第二步：以“某某企业管理有限公司 1”和股权激励的对象（如还没有确定股权激励对象，则选择大股东甲的某一位家族成员作为“股权代持人”）共同设立一家“某某有限合伙企业”持股平台，作为给主体经营公司（赚钱公司）即“某某有限责任公司”的高管人员或技术骨干股权激励的持股平台。该有限合伙企业向“某某有限责任公司”增资 500 万元，占有“某某有限责任公司”的股权比例为 20% ［500 万元 ÷（2 000 万元 + 500 万元）］。其中，“某某企业管理有限公司 1”作为“某某有限合伙企业”的普通合伙执行事务人（GP），得到股权激励的高管人员或技术骨干人员为有限合伙人（LP），“某某企业管理有限公司 1”出资 5 万元，在“某某有限合伙企业”占有财产份额 1%，高管人员或技术骨干人员出资 495 万元，在“某某有限合伙企业”占有财产份额 99%。增资后的“某某有限责任公司”注册资本增加到 1 500 万元。

第三步：经过增资扩股 20% 进行内部员工股权激励后，股权架构图 4－21（初创期企业的股权布局控税二层股权结构）中的原始股东“某某企业管理有限公司1”“某某企业管理有限公司2”“某某企业管理有限公司3”在“某某有限责任公司”中的股权比例同比例稀释20%后的股权比例分别为53.6%、16%、10.4%。

通过以上步骤设计的股权布局控税的股权架构如图4－22所示。

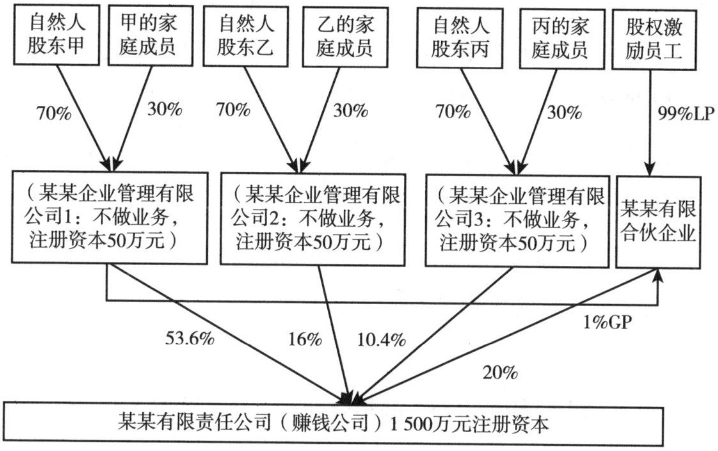

图4－22 成长期企业的股权布局控税二层股权结构

（四）公司控制权和涉税分析

1. 公司控制权分析

从图4－22的股权布局来看，“某某企业管理有限公司1”不仅是“某某有限责任公司（赚钱公司）”的股权控制人（占股53.6%，相对控股线），而且是“某某有限合伙企业”的控制人（因为属于“某某有限合伙企业”的GP，享有管理权、决策权、控制权）。因此，甲（原始大股东）掌握了“某某有限责任公司（赚钱公司）”的公司控制权。

2. 节税分析

第一，“某某有限责任公司（赚钱公司）”赚钱后依法缴纳25%的企业所得税后的未分配利润，分别按照股权比例分回到甲、乙、丙各自设立的不做业务的“某某企业管理有限公司”免征企业所得税。该税后的未分配利润可以给“某某企业管理有限公司”的家庭成员（与“某某企业管理有限公司”签订劳动合同）发工资、缴纳社保费用，投资设立别的公司，给“某某有限责任公司（赚钱公司）”增加注册资本，都是免税的。节约了按照股息、红利收入征收20%的个人所得税。

第二，“某某有限责任公司（赚钱公司）”赚钱后依法缴纳25%的企业所得税后的未分配利润，分别按照股权比例分回“某某有限合伙企业”的股息、红利收入，根据财税〔2008〕159号文件的规定，不作为“某某有限合伙企业”的生产经营所得，必须按照“穿透性”原则，“某某有限合伙企业”不缴纳税，由其合伙人作为纳税义务人。如果合伙人是自然人，则按照“股息、红利”税目依法缴纳20%的个人所得税。因此，股权布局图中“某某有限合伙企业”的合伙人（高管人员或技术人员）必须按照20%缴纳个人所得税。

三、高速发展期和成熟稳定期的股权布局控税设计

所谓“高速发展期”，是指企业发展到需要向社会融资（一般是天使投资）的发展时期。所谓“成熟稳定期”，是指公司经过了高速发展阶段后，进入资本市场，成功实现IPO上市后的企业发展阶段。

无论是高速发展期还是成熟稳定期阶段，大股东都必须保证重大事项的一票否决权。在高速发展期，A轮股权融资增发10%，B轮股权融资增发30%，甚至稳定成熟期，IPO增发25%股份上市后，大股东仍持有公司33.4%的股份，拥有公司重大事项一票否决权的同时，仍然能掌控公司控制权，以实现价值最大化。

（一）股权布局控税设计原则：确保大股东拥有一票否决权

1. 公司未来IPO成功后，大股东仍然保有一票否决权。即未来公司通过IPO增发25%股份上市后，大股东仍至少持有三分之一以上的股权，从而在遭遇最坏情况（其他所有股东形成一致意见）时保留重大事项的一票

否决权。

2. 在保证大股东未来上市成功后仍拥有一票否决权的同时，还应避免其他股东的股权过于集中，使其趋于分散，与大股东持股比例形成明显的梯度，避免争夺控制权的情形。

（二）股权比例分配及其原因分析

1. 大股东的股权比例必须控制在33.4%以上。只有大股东的股权比例控制在33.4%以上，才能保持大股东的地位，从而保证大股东在公司重大事项的表决时，享有一票否决权，才能确保大股东控制公司，永远能掌握公司控制权。

2. 如果经过多轮股权融资而稀释的股权比例小于33.4%，则必须通过公司章程、股东协议、股东会和董事会会议，从股权层面、股东会层面、董事会层面、董事长层面、CEO层面、法定代表人层面六个层面上进行约定、设计规则，从而控制公司。

（三）股权布局控税设计方案

1. 假设条件

假设存在不属于同一家族的三个合伙人：甲、乙和丙，三个合伙人都出资并全职参与公司经营管理，不按照出资比例分配股权比例，经过公司内部股权激励20%后，甲、乙和丙各自注册的家族公司（“某某企业管理有限公司1”“某某企业管理有限公司2”“某某企业管理有限公司3”）在主体经营公司或赚钱公司（“某某有限责任公司”）的股权比例分别为53.6%、16%、10.4%。“某某有限合伙企业”占有“某某有限责任公司”的股权比例为20%。目前的股权架构如图4－21（股权架构图4－21：初创期企业的股权布局控税二层股权结构）所示。

2. 设计步骤

第一步：“某某有限责任公司”实行评估，市值为1.2亿元，引进“风投”A，增资8 000万元，“风投”A在“某某有限责任公司”占40%［8 000万元÷（8 000万元+12 000万元）］的股权比例，“某某有限责任公司”的注册资本增加到9 000万元。

第二步：“某某有限责任公司”通过股权融资增资扩股40%后，假设增资的新股东为“风投”A，则“某某企业管理有限公司1”“某某企业管理有限公司2”“某某企业管理有限公司3”“某某有限合伙企业”在“某某有限责任公司”的股权比例，同比例稀释后的股权比例如下。

“某某企业管理有限公司1”占有“某某有限责任公司”的股权比例为32.16%（53.6%×60%）；

“某某企业管理有限公司2”占有“某某有限责任公司”的股权比例为9.6%（16%×60%）；

“某某企业管理有限公司3”占有“某某有限责任公司”的股权比例为6.24%（10.4%×60%）；

“某某有限合伙企业”占有“某某有限责任公司”的股权比例为12%（20%×60%）。

第三步：“某某企业管理有限公司3”“某某企业管理有限公司2”的控制人乙、丙与“某某企业管理有限公司1”的控制人甲签订“一致行动人协议”，协议的核心内容是：在股东会行使表决权时，乙、丙与甲的意见保持一致。

第四步：召开股东会议，修改公司章程，章程约定：在股东会议行使重大事项表决时，“某某企业管理有限公司1”的控制人甲对公司重大事项持有一票否决权。

第五步：修改公司章程，致使一致行动人协议对抗第三方效力。

为了增加一致行动人协议内容对抗第三方的效力，修改了公司章程，具体内容如下：

（1）签署《一致行动人协议》，其他一致行动人在公司行使经营管理决策权及在公司股东大会行使表决权时，应将在公司股东大会上的表决权委托“某某企业管理有限公司1”的控制人甲行使；

（2）签署《一致行动人协议》，若在公司董事会中有一致行动人委派的人员担任董事，或一致行动人本人担任董事，其他一致行动人委派人员担任的董事或其本人（其他一致行动人本人担任董事时）在公司董事会上进行表决时，应将其在公司董事会上的表决权委托“某某企业管理有限公司1”的控制人甲委派人员担任的董事或甲（甲担任董事时）行使；

（3）实际控制人是指虽不直接持有公司股份，或者其直接持有的股份达不到控股股东要求的比例，但通过投资关系、协议或者其他安排，能够实际支配公司行为的自然人或法人。本公司实际控制人为“某某企业管理有限公司1”的控制人甲。

通过以上步骤设计的股权布局控税的股权架构如图4－23所示。

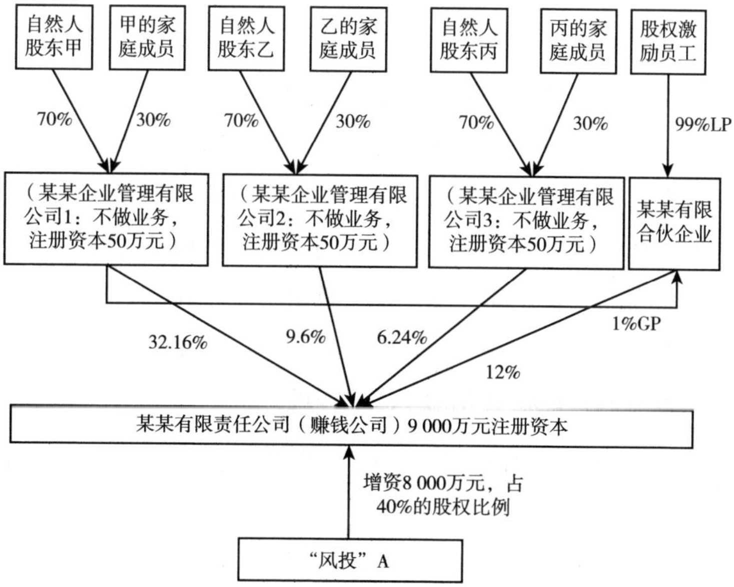

图4－23 高速发展期企业的股权布局控税二层股权结构

（四）公司控制权和涉税分析

1. 公司控制权分析

从图4-23的股权布局来看，通过股权融资，“某某企业管理有限公司1”在“某某有限责任公司（赚钱公司）”的股权比例稀释为32.16%，低于重大事项的一票否决权线。从股权比例来看，“某某企业管理有限公司1”的原始股东甲，失去了“某某有限责任公司（赚钱公司）”的公司控制权。但是由于“某某企业管理有限公司1”的原始股东甲是“某某有限合伙企业”的GP，享有管理权、决策权、控制权，因此，甲（原始大股东）间接拥有“某某有限责任公司（赚钱公司）”的股权比例为44.16%（32.16%+12%），大于33.4%（一票否决权线）。

另外，基于公司章程约定、一致行动人协议等安排，甲（原始大股东）掌握了“某某有限责任公司（赚钱公司）”的公司控制权，具有绝对控制权优势。

2. 节税分析

第一，由于“某某有限责任公司（赚钱公司）”赚钱后依法缴纳25%的企业所得税后的未分配利润，分别按照股权比例分回到甲、乙、丙各自设立的不做业务的“某某企业管理有限公司”免征企业所得税，该税后的未分配利润可以给“某某企业管理有限公司”的家庭成员（与“某某企业管理有限公司”签订劳动合同）发工资、缴纳社保费用，投资设立别的公司，给“某某有限责任公司（赚钱公司）”增加注册资本，都是免税的。节约了按照股息、红利收入征收20%的个人所得税。

第二，“某某有限责任公司（赚钱公司）”赚钱后依法缴纳25%的企业所得税后的未分配利润，按照股权比例分回“某某有限合伙企业”的股息、红利收入，根据财税〔2008〕159号文件的规定，不作为“某某有限合伙企业”的生产经营所得，必须按照“穿透性”原则，“某某有限合伙企业”不缴纳税，由其合伙人作为纳税义务人。如果合伙人是自然人，则按照“股息、红利”税目依法缴纳20%的个人所得税。因此，股权布局图中“某某有限合伙企业”的合伙人（高管人员或技术人员）必须按照20%的税率缴纳个人所得税。

第三，“某某有限责任公司（赚钱公司）”赚钱后依法缴纳25%的企业所得税后的未分配利润，按照股权比例分回“风投”A（“风投”A是有限责任公司，是法人单位）的股息、红利收入，依据《中华人民共和国企业所得税法》及其实施细则的规定，免征企业所得税。

第八节 股权布局控税策略八：对外增资扩股后的股权布局控税设计

所谓“增资扩股”，是指企业向社会募集股份、发行股票、新股东投资入股（对外股权融资）或原股东增加投资扩大股权，从而增加企业资本金的一种融资行为。在对外进行增资扩股过程中，企业原来股东的股权一定会产生稀释，如果股权布局设计不好，企业原来的股东，特别是企业原来的大股东或原始股东，不仅会失去公司的控制权，而且会产生较重的税收负担。因此，在进行增资扩股过程中，必须设计出既不会让大股东或原始股东失去公司控制权，又能节约股东税收的企业股权布局。

一、增资扩股中应分“股份”而不分“股权”

（一）“股份”和“股权”的区别

1. 概念不同

“股权”是股东基于其股东资格所享有的，从公司获得经济利益并参与公司经营管理的权利。或者说，“股权”是财产所有权的一部分，是指股东通过出资或受让等合法方式，拥有公司股份或出资分额，并因此享有参与公司管理决策、享受利润分红的可转让权利。根据《中华人民共和国公司法》的规定，股权包括以下权利：股东身份权，参与决策权，选择、监督权，知情权，优先受让、认购新股权，诉讼和代位诉讼权，退出权，召开临时会议权。

“股份”是公司资本的最基本单位，代表股东对公司的部分拥有权，其包含三层含义：股份是公司资本的构成成分；股份代表了股份有限公司股东的权利与义务；股份可以通过股票价格的形式体现其价值。上市的股份有限公司股份的表现形式是股票。如果公司按出资比例配置股权比例的情况下，则“股权”等于“股份”，否则，“股权”不等于“股份”。

2. 适用公司形式不同

公司分为股份有限公司和有限责任公司两种形式。“股权”只适用于有限责任公司，而“股份”只适用于股份有限公司，只有股份有限公司才有“股份”，有限责任公司没有“股份”。股份有限公司记载股份总额、每股金额和注册资本，股东以认购的股份为限承担责任，默认按股份比例行使权利和享受分红。

3. 股份的称呼形式

由于有限责任公司不存在“股份”，只存在“股权”，所以，将有限责任公司改制为股份有限公司后，才存在“股份”。如果有限责任公司不进行改制，则可以实行“虚拟股份”的形式，将有限责任公司的资本金额折算成股份数量。

“股份”的称呼形式有两种：一是按照“百分比”称呼；二是按照“股数”称呼。笔者建议按照“股数”进行称呼。

例如，一个股份有限公司的资本总额为 1 亿元，按照每股 1 元，换算为 1 亿股股份。公司决策层决定给一位对公司有突出贡献的经理实行股权激励，给予其 0.1% 的股份，获得 10 万股股份。显然，该经理对外给朋友讲“公司给我 10 万股股份”，比“公司给我 0.1% 的股份”更有面子。

（二）对外增资扩股分“股份”不分“股权”

有限责任公司给新的股东投资者因增资扩股而给其分“股权”，必然会使公司原创始股东或大股东的股权比例得到稀释，会遭到有限责任公司原来股东的不满和反对，严重者会致使有限责任公司的大股东失去公司的控制权。而给新的投资者分“股份”，有限责任公司的原来股东在公司占有的股份股数保持不变，而且会增值，增资扩股举措容易得到有限责任公司的原各股东的同意。

例如，公司注册资金为5 000万元的“某某有限责任公司”，其原始股东甲、乙、丙占有的股权比例分别为70%、20%、10%。公司总共5 000万股股份，每股1元，甲、乙、丙占有的股份数量分别为3 500万股、1 000万股、500万股。投资者丁向“某某有限责任公司”投资3 000万元，要占20%的股份，请问公司应给丁分“股份”还是分“股权”？

第一，如果分“股权”，则“某某有限责任公司”的原股东甲、乙、丙三个股东要同比例稀释20%的股权比例。因此，增资扩股后的甲、乙、丙各自股权比例分别为56%、16%、8%。对于原来的股东乙和丙肯定不乐意，会影响合伙人之间的工作协同和默契度。

第二，如果分“股份”，则“某某有限责任公司”应向投资者丁扩股的股份数，或者投资者丁应获得的股份数＝5 000万元÷(1－20%)×20%＝1 250万股。

“某某有限责任公司”增资扩股后的总股份数＝5 000万股＋1 250万股＝6 250万股。

“某某有限责任公司”融资后的注册资金由原来的5 000万元调整到8 000万元，公司的股价为每股1.28元（8 000万元÷6 250万股）。

原股东甲、乙、丙在“某某有限责任公司”的总股份数量保持不变，还是分别为3 500万股、1 000万股、500万股。而且甲、乙、丙在

“某某有限责任公司”的账面价值或净值分别为：4 480 万元（3 500 万股×1.28 元/股）、1 280 万元（1 000 万股×1.28 元/股）、640 万元（500 万股×1.28 元/股）。

原股东甲、乙、丙在“某某有限责任公司”的持股比例分别为：56%（3 500 万股÷6 250 万股）、16%（1 000 万股：÷6 250 万股）、8%（500 万股÷6 250 万股）。

从以上数据分析可知，应采用分“股份”形式。虽然原股东甲、乙、丙在“某某有限责任公司”的持股比例分别下降，但是原来股东甲、乙、丙在“某某有限责任公司”占有的股份数量未变，而且增加其净值。

二、对外增资扩股的股权布局控税设计

（一）关于融资的两个专业术语

1. 投前估值（Pre－Money），也就是企业在 VC 投资前值多少钱。

2. 投后估值（Post－Money），也就是企业在 VC 投资后值多少钱。

Post＝Pre＋融资额

如果一家企业融资 300 万元，投前估值为 700 万元，投后估值就是 1 000 万元。投资人投 300 万元，就可以占 30%（300÷1 000），创始人团队占 70%。

（二）股权布局控税设计原则：保持大股东地位，保留一票否决权

公司进入高速发展期，一定会受到资金的瓶颈制约，需要对外进行融资，特别是进行股权融资，而公司对外进行股权融资的表现形式往往是增资扩股。在增资扩股过程中，公司的原始股东或大股东的股权将被稀释，而面临失去公司控制权的危险。因此，公司的大股东在增资扩股的股权融资过程中，必须保持其大股东地位，保留一票否决权。

（三）增资扩股前后的被投资企业各股东占有的股权比例分配及其原因分析

1. 经过增资扩股的股权融资后，公司的原始创始大股东的股权比例必须大于33.4%（一票否决权线）。

只有大股东持有股权比例大于一票否决权线，才可以掌握公司的控制权。如果增资扩股后的大股东股权比例达不到33.4%以上，则必须通过修改公司章程，在公司章程中设计控权和控人规则，以确保原始大股东不失去公司控制权。

2. 在对外融资前的公司必须预留10%—15%或5%—20%的“股权池”或“期权池”，作为招募未来人才的预留，而不是增资扩股同比例稀释其他股东的股权比例，以防今后投资者投入资金后对投资者的股权比例产生稀释。

3. 对于公司上市前的风险投资在选择对其增资扩股前，会很关心公司原始团队的稳定性，因此，融资前的公司要有公司原始团队持有公司的股权比例，大概为20%。

4. 融资前企业的股权结构大致为：（企业创始人50%—60%）+（期权池5%—20%）+（合伙人10%—20%）。尽量不要出现创始人50%、合伙人40%，其他小股东各占5%的股权结构。

5. 在融资前，企业的股东分配股权时一定要遵循一个控股原则：（2+3）<1的法则。即公司的二股东与三股东的股权加起来，不超过企业创始人的股权。

（四）增资扩股后，股东持股比例的计算

一般情况下，增资扩股存在以下两种方式：一是公司原股东自行内部增资；二是对外增资扩股。这两种增资方式下的股东持股比例计算方法不一样，具体分析如下。

1. 由股东自行内部增资后的股东持股比例的两种计算方法

第一种方法：公司原股东可按照自己所占股权比例增资，增资后股权比例不发生改变。

例如，某公司注册资本为100万元，甲、乙两位股东各占50%的股份。一年后决定增资扩股，将注册资本增至300万元。甲、乙两位股东按比例各认缴增资100万元，增资后注册资本达到300万元。

由于甲、乙双方出资增资的比例与本身所持股权比例相同，因此，双方股权均不发生改变。

第二种方法：公司原股东未能按照所持有股权比例增资，则需要按照协议重新计算并分配股权。

例如，某公司注册资本为100万元，甲股东出资60万元，占60%的股份，乙股东出资40万元，占40%的股份。两位股东商议决定将注册资本增至300万元，甲股东认缴50万元，乙股东认缴150万元。如果按照出资比例计算股份比例，则甲股东总出资额为110万元，占公司增资后注册资本的36.67%（110÷300×100%），乙股东总出资额为190万元，占公司增资后注册资本的63.33%。

2. 对外增资扩股后的股东持股比例的两种计算方法

在发生对外增资扩股的情况下，股东持股比例计算有以下两种方法。

第一种方法：公司对市值进行评估，得出公司的市值，以此市值为基数，为新股东计算股份，计算出新股东占有公司的股份比例，然后同比例稀释原股东的股份比例。这既不会对创始人股东持有股份造成大量的稀释，也能让新股东满意。

例如，某公司注册资本为100万元，甲股东出资60万元，占60%的股份，乙股东出资40万元，占40%的股份。天使投资李总看准该企业，决定投资300万元入股，要求占10%的股份。则甲、乙的股权同比例稀释10%，稀释后的甲的股份比例为54%（60%×90%），乙的股份比例为36%（40%×90%）。

第二种方法：股东协商分配股权比例。

由于后期注资的股东本身已经躲过了企业风险最高的阶段，注资后，是否参与公司的管理与运营都是股权分配时需要考虑的关键因素。因此，股东协商决定分配合理的股权给予投资人是非常实用的一种手段。

例如，某公司注册资本为100万元，甲股东出资60万元，占60%的股份，乙股东出资40万元，占40%的股份。天使投资李总看准该企业，决定投资300万元入股，经甲、乙、李总三人协商一致同意：甲、乙、李总的股份比例分别为56%、34%、10%，李总不参与公司的经营管理，只享受公司的收益分红权。

在股权融资实践中，给予新股东的股权比例多少才合适，必须注意以下几点：

第一，对于初创企业来说，给投资人的股权比例不宜过多。一般第一轮融资后，给予新股东的股权比例为8%—25%。

第二，对发展方向比较好、创业团队优秀的公司，最多给投资人不超过30%的股权，一般给10%—20%。

第三，企业发展起来之后，会有风投公司进行投资，公司给出的股权宜为20%—30%。

第四，公司发展壮大，在上市前还要进行几轮融资，每轮融资，公司一般给出10%左右的股权，一直到上市为止。

【案例分析29：股权融资后的股权结构变动分析】

（一）基本情况介绍

1. 第一轮融资：天使B投入200万元

2019年8月，甲、乙、丙三人成立一家公司A，注册资金50万元，1元/股，共50万股，三个股东均分股份。2020年9月，公司A拟向天使B融资200万元，出让股份10%。问公司A应向B

发行多少股份？公司A新增注册金200万元后的股价为多少？甲、乙、丙所持股份的净值或账面价值为多少？比前一年公司刚成立时增长了多少？公司A的股权结构如何？

2. 第二轮融资：A轮融资2 000万元

2020年底，公司A决定引进外部投资者，经全体股东同意，同比例扩股4.5倍，例如，甲合伙人持股数由50/3万股扩大至75万股，仍然为4.5元/股。

2021年，公司A全体股东同意，进行A轮融资2 000万元用于企业的建设，出让股份20%。此时公司A须向A轮投资者发行多少股份？

同时，经公司A全体股东同意，资本公积金的750万元转增注册资金，即公司A的注册资金由2 250万元增至3 000万元。至此，公司A第二轮的增资扩股已完成，公司A的股权结构如何？

经过第二轮融资，公司A股价为多少？甲合伙人所持股份的净值或账面价值为多少？公司A的市场估值为多少？甲合伙人所持股份的估值为多少？公司A估值后的股价为多少？

（二）股权结构变动分析

1. 天使B投入200万元后，各方持股数量和持股比例

第一，假设公司A应向B发行的股份数（天使B获得的股份数）为X股，则

X股÷(X股+50万股）=10%

X=55 555.6

第二，公司A新增注册金200万元后的股价计算如下：

增资扩股是指企业向社会募集股份、发行股票、新股东投资入股或原股东增加投资扩大股权，从而增加企业的资本金。本案

例中的公司 A 新增200 万元的注册金，新增扩股为55 555.6 股。

因此，公司 A 新增注册金200 万元后的股价 = 增资后公司 A 的注册资金 ÷ 公司 A 新增注册金200 万元后的总股数 =250 万元 ÷（50 万股 +55 555.6 股） =4.5 元/股。

第三，甲、乙、丙的净值或账面价值为50/3 万股 ×4.5 元/股 = 75 万元，比前一年公司刚成立时增长了（75 万元 −50/3 万股 ×1 元/股）÷（50/3 万股 ×1 元/股） =350%。

第四，公司 A 融资200 万元后，注册资金由原来50 万元调整为250 万元，相当于甲、乙、丙合伙人各出资75 万元（250 万元 × 30%），天使 B 出资25 万元（250 万元 ×10%）。

第五，天使轮 B 投资200 万元后，各方持股数量和持股比例如表4 −1 所示。

2. 第二轮融资：A 融资2 000 万元，各方持股数量和持股比例

第一，由于2020 年底，经全体股东同意，公司 A 同比例扩股4.5 倍，所以 A 融资2 000 万元之前的总股数为250 万股（555 555.6 股 ×4.5 元/股）。假设公司 A 应向 A 轮投资者发行的股份数（A 轮投资者获得的股份数）为 Y 股，则：

Y 股 ÷（Y 股 +250 万股） =20%

表4 −1　天使轮 B 投资200 万元后各方持股数量和持股比例

内容 股东	股份数	第一轮融资（天使轮）200 万元后的注册资金	持股比例	资本公积金
甲	50/3 万股	250 万元 ×30% =75 万元	30%	—
乙	50/3 万股	75 万元	30%	—
丙	50/3 万股	75 万元	30%	—
天使 B	55 555.6 股	25 万元	10%	175 万元
合计	555 555.6 股	250 万元	100%	175 万元

Y =62.5 万

第二，A 融资 2 000 万元，各方持股数量和持股比例如表 4 -2 所示。

表 4 -2　A 融资 2 000 万元各方持股数量和持股比例

股东＼内容	股份数	第二轮融资（A 轮）2 000 万元后的注册资金	持股比例	资本公积金
甲	75 万股	540 万元	24%	—
乙	75 万股	540 万元	24%	—
丙	75 万股	540 万元	24%	—
天使 B	25 万股	180 万元	8%	175 万元
A 轮	62.5 万股	450 万元	20%	1 550 万元
合计	312.5 万股	2 250 万元	100%	1 725 万元

注意表 4 -2 中的数据计算如下：

24% =75 万股 ÷312.5 万股

540 万元 =2 250 万元 ×24%

第三，经过第二轮融资，公司 A 股价为 9.6 元/股（3 000 万元 ÷312.5 万股）。

第四，甲合伙人的净值或账面价值为 720 万元（75 万股 ×9.6 元/股），公司 A 的估值为 1 亿元（2 000 万元 ÷20%），此时甲合伙人的估值为 2 400 万元（1 亿元 ÷312.5 万股 ×75 万股），即公司 A 估值的股价为 32 元/股（1 亿元 ÷312.5 万股）。

第五，经公司 A 全体股东同意，资本公积金的 750 万元转增注册资金，即公司 A 的注册资金由 2 250 万元增至 3 000 万元。至此，公司 A 第二轮的增资扩股已完成，公司 A 的股权结构如表 4 -3 所示。

表4-3　　　　　　　　公司A的股权结构

内容 股东	股份数	第二轮融资（A轮） 2 000万元后的注册资金	持股比例	资本公积金
甲	75万股	720万元	24%	尚剩余 975万元
乙	75万股	720万元	24%	
丙	75万股	720万元	24%	
天使B	25万股	240万元	8%	
A轮	62.5万元股	600万元	20%	
合计	312.5万股	3 000万元	100%	975万元

（五）股权布局控税设计策略

第一步：公司的原始大股东注册一家有两个自然人股东（一位是原始大股东，一位是原始大股东的家族成员）的“某某企业管理咨询公司”（家族企业），注册资本是50万—100万元。

第二步：以第一步设立的“某某企业管理咨询公司”（家族企业）与公司的创始团队人员共同注册设立一家“某某有限合伙企业1”（持股平台），专门用于创始团队人员的股权激励。其中，“某某企业管理咨询公司”（家族企业）作为普通合伙执行事务人（GP），公司创始团队人员为有限合伙人（LP）。“某某有限合伙企业”（持股平台）合伙人资本为150万元，其中“某某企业管理咨询公司”（家族企业）出资1.5万元，公司创始团队人员出资148.5万元。

第三步：以公司的原始大股东的一位家族成员作为预留股权池的“股权代持人”，与第一步设立的“某某企业管理咨询公司”（家族企业）注册设立一家“某某有限合伙企业2”（持股平台），其中“某某企业管理咨询公司”（家族企业）作为普通合伙执行事务人（GP），“股权代持人”为有限合伙人（LP）。“某某有限合伙企业2”的合伙人资本为100万元，其中“某某企业管理咨询公司”（家族企业）出资1万元，“股权代持人”出资99万元。

第四步："某某企业管理咨询公司"（家族企业）、"某某有限合伙企业1"（持股平台）、"某某有限合伙企业2"（持股平台）共同出资认缴1 000万元注册资本，设立注册资本为1 000万元的主体经营公司"某某有限责任公司"（赚钱公司）。"某某企业管理咨询公司"（家族企业）、"某某有限合伙企业1"（持股平台）、"某某有限合伙企业2"（持股平台）占有的股权比例分别为30%、15%、15%，认缴"某某有限责任公司"（赚钱公司）的注册资本为300万元（实缴50万元）、150万元（已缴足）、150万元（实缴100万元）。

第五步：新的投资者"风投"A（一般为有限责任公司）通过增资扩股投资8 000万元，致使"某某有限责任公司"（赚钱公司）的注册资本从1 000万元调整为9 000万元，占有"某某有限责任公司"（赚钱公司）40%的股权比例。

通过以上步骤设计的股权布局控税的股权架构如图4－24所示。

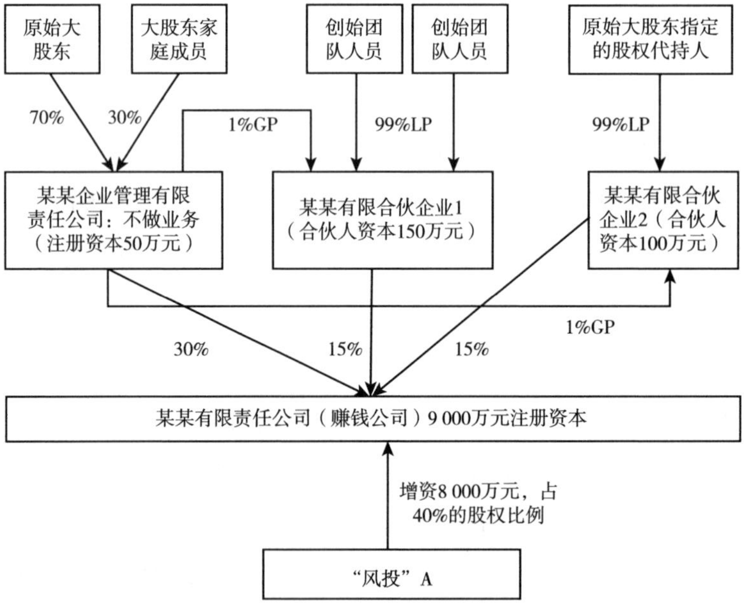

图4－24　企业对外增资扩股后的股权布局控税二层股权结构

（六）公司控制权和涉税分析

1. 公司控制权分析

基于图4－24的股权布局来看，通过股权融资，“某某企业管理咨询有限公司”在“某某有限责任公司（赚钱公司）”的股权比例稀释为30%，低于重大事项的一票否决权线，从股权比例来看，“某某企业管理咨询有限公司”的原始大股东失去了“某某有限责任公司（赚钱公司）”的公司控制权。但是由于“某某企业管理咨询有限公司”的原始大股东是“某某有限合伙企业1”和“某某有限合伙企业2”的GP，享有管理权、决策权、控制权。因此，原始大股东间接拥有“某某有限责任公司（赚钱公司）”的股权比例为60%（30%＋15%＋15%），大于33.4%（一票否决权线），大于51%（相对控制权线）。因此，原始大股东掌握了“某某有限责任公司（赚钱公司）”的公司控制权，具有绝对控制权优势。

2. 节税分析

第一，由于“某某有限责任公司（赚钱公司）”赚钱后依法缴纳25%的企业所得税后的未分配利润分别按照股权比例，分回到原始大股东注册设立的不做业务的“某某企业管理咨询有限公司”免征企业所得税。该税后的未分配利润可以给“某某企业管理咨询有限公司”的家庭成员（与“某某企业管理有限公司”签订劳动合同）发工资、缴纳社保费用，投资设立别的公司，给“某某有限责任公司（赚钱公司）”增加注册资本，都是免税的。节约了按照股息、红利收入征收20%的个人所得税。

第二，“某某有限责任公司（赚钱公司）”赚钱后依法缴纳25%的企业所得税后的未分配利润按照股权比例分回“某某有限合伙企业1”和“某某有限合伙企业2”的股息、红利收入，根据财税〔2008〕159号文件的规定，不作为“某某有限合伙企业”的生产经营所得，必须按照“穿透性”原则，“某某有限合伙企业”不缴纳税，由其合伙人作为纳税义务人。如果合伙人是自然人，则按照“股息、红利”税目依法缴纳20%的个人所得税。

因此，本股权布局图中“某某有限合伙企业 1”的合伙人（创始团队人员）和未来招募的管理技术人员必须按照 20% 缴纳个人所得税。

第三，“某某有限责任公司（赚钱公司）”赚钱后依法缴纳 25% 的企业所得税后的未分配利润，按照股权比例分回“风投”A（“风投”A 是有限责任公司，是法人单位）的股息、红利收入，依据《中华人民共和国企业所得税法》及其实施细则的规定，免征企业所得税。

第九节　股权布局控税策略九：建筑劳务公司老板提取劳务利润的股权布局控税设计

一、劳务公司股权布局控税设计方案的法律依据

（一）小型微利企业（增值税一般纳税人）享受“六税两费”减半征收政策

根据《财政部 税务总局关于进一步实施小微企业“六税两费”减免政策的公告》（财政部 税务总局公告 2022 年第 10 号）第一条的规定，由省、自治区、直辖市人民政府根据本地区实际情况以及宏观调控需要确定，自 2022 年 1 月 1 日至 2024 年 12 月 31 日，对增值税小规模纳税人、小型微利企业和个体工商户可以在 50% 的税额幅度内减征资源税、城市维护建设税、房产税、城镇土地使用税、印花税（不含证券交易印花税）、耕地占用税和教育费附加、地方教育附加。

小型微利企业，是指从事国家非限制和禁止行业，且同时符合年度应纳税所得额不超过 300 万元、从业人数不超过 300 人、资产总额不超过 5 000 万元三个条件的企业。

从业人数，包括与企业建立劳动关系的职工人数和企业接受的劳务派

遣用工人数。所称从业人数和资产总额指标，应按企业全年的季度平均值确定。具体计算公式如下：

季度平均值 =（季初值 + 季末值）÷2

全年季度平均值 = 全年各季度平均值之和 ÷4

年度中间开业或者终止经营活动的，以其实际经营期作为一个纳税年度确定上述相关指标。

（二）小型微利企业（增值税一般纳税人）享受“六税两费”减半的征管政策

1. 小型微利企业判定的税法标准：以企业所得税年度汇算清缴结果为准

根据《国家税务总局关于进一步实施小微企业“六税两费”减免政策有关征管问题的公告》（国家税务总局公告 2022 年第 3 号）第一条第（一）项的规定，适用“六税两费”减免政策的小型微利企业的判定以企业所得税年度汇算清缴结果为准。

2. 小微企业“六税两费”减半征收的具体适用政策规定

第一，小型微利企业如何确定是否能够申报享受“六税两费”减免优惠？

登记为增值税一般纳税人的企业，按规定办理汇算清缴后确定是小型微利企业的，可自办理汇算清缴当年的 7 月 1 日至次年 6 月 30 日，申报享受“六税两费”减免优惠；2022 年 1 月 1 日至 6 月 30 日期间，纳税人依据 2021 年办理 2020 年度汇算清缴的结果，确定是否按照小型微利企业申报享受“六税两费”减免优惠。

【例 1】 A 公司于 2020 年 6 月成立，同年 9 月 1 日登记为增值税一般纳税人。2021 年 5 月，A 公司办理了 2020 年度的汇算清缴申报，结果确定是小型微利企业。A 公司于 2022 年 4 月征期申报 2022 年 1—3 月的“六税两费”时，可以享受减免优惠吗？

答：可以。根据国家税务总局公告2022年第3号第一条第（一）项，A公司申报2022年1—3月的“六税两费”时，是否可享受减免优惠，依据2021年办理2020年度汇算清缴的结果确定。

【例2】B公司于2020年6月成立，同年9月1日登记为增值税一般纳税人。2021年5月，B公司办理了2020年度汇算清缴申报，确定不属于小型微利企业。2022年4月，B公司办理了2021年度汇算清缴申报，确定是小型微利企业。

问题1：B公司于2022年4月征期申报3月的“六税两费”时，可以享受减免优惠吗？

答：不可以。根据国家税务总局公告2022年第3号第一条第（一）项，纳税人2021年办理2020年度汇算清缴申报后确定不属于小型微利企业，申报2022年1月1日至6月30日的“六税两费”时，不能享受减免优惠。

问题2：B公司于2022年7月征期申报6月的“六税两费”时，可以享受减免优惠吗？

答：不可以。根据国家税务总局公告2022年第3号第一条第（一）项，纳税人2021年办理2020年度汇算清缴申报后确定不属于小型微利企业，申报2022年1月1日至6月30日“六税两费”时，不能享受减免优惠。

问题3：B公司于2022年8月征期申报7月的“六税两费”时，可以享受减免优惠吗？

答：可以。根据国家税务总局公告2022年第3号第一条第（一）项，纳税人2022年办理2021年度汇算清缴申报后确定是小型微利企业，申报2022年7月1日至2023年6月30日的“六税两费”时，可以享受减免优惠。

第二，新设立企业首次办理汇算清缴前，如何确定是否能申报享受“六税两费”减免优惠？

（1）登记为增值税一般纳税人的新设立企业，从事国家非限制和禁止行业，且同时符合申报期上月末从业人数不超过300人、资产总额不超过

5 000 万元两项条件的，在首次办理汇算清缴前，可按照小型微利企业申报享受“六税两费”减免优惠。

（2）登记为增值税一般纳税人的新设立企业，从事国家非限制和禁止行业，且同时符合设立时从业人数不超过 300 人、资产总额不超过 5 000 万元两项条件的，设立当月依照有关规定按次申报有关“六税两费”时，可享受“六税两费”减免优惠。

【例 3】C 公司于 2021 年 6 月成立，从事国家非限制和禁止行业，2021 年 12 月 1 日登记为增值税一般纳税人，2022 年 3 月 31 日的从业人数、资产总额分别为 280 人和 4 500 万元。C 公司按规定于 2022 年 4 月 10 日申报 2022 年 3 月的资源税和 2022 年 1—6 月房产税时，尚未办理 2021 年度汇算清缴申报，是否可申报享受减免优惠？

答：可以。C 公司 4 月 10 日尚未办理首次汇算清缴，可采用 4 月的上月末，即 2022 年 3 月 31 日的从业人数、资产总额，判断其是否可按照小型微利企业申报享受“六税两费”减免优惠。C 公司 2022 年 3 月 31 日的从业人数不超过 300 人，并且资产总额不超过 5 000 万元，可按照小型微利企业申报享受“六税两费”减免优惠。

第三，按规定办理首次汇算清缴后，确定不属于小型微利企业的一般纳税人，自办理汇算清缴的次月 1 日至次年 6 月 30 日，不得再申报享受“六税两费”减免优惠；按次申报的，自首次办理汇算清缴确定不属于小型微利企业之日起至次年 6 月 30 日，不得再申报享受“六税两费”减免优惠。

【例 4】D 公司于 2021 年 6 月成立，从事国家非限制和禁止行业，同年 12 月 1 日登记为增值税一般纳税人，于 2022 年 4 月 20 日按规定期限办理了 2021 年度汇算清缴，结果确定不属于小型微利企业。D 公司于 4 月 23 日依照规定按次申报耕地占用税，可以申报享受减免优惠吗？

答：不可以。D 公司首次汇算清缴后已确定不属于小型微利企业，对于按次申报，自首次办理汇算清缴后确定不属于小型微利企业之日起，至次年 6 月 30 日，不得再申报享受“六税两费”减免优惠。

（三）小型微利企业的企业所得税优惠政策

根据国家税务总局公告2019年第2号和国家税务总局公告2021年第8号，小型微利企业年应纳税所得额不超过100万元的部分，按照2.5%计算企业所得税。第十三届全国人大第五次会议提出，自2022年开始，小型微利企业年应纳税所得额在100万—300万元，按照5%征企业所得税。

（四）小型微利企业的建筑劳务公司（增值税一般纳税人）的增值税优惠政策

根据财税〔2016〕36号文件的规定，建筑劳务公司从事建筑劳务可以选择简易计税方法，按照3%增值税税率计征增值税。

二、建筑劳务公司老板提取劳务利润的股权布局控税设计方案

（一）股权布局控税设计方案的操作要点

第一步：建筑劳务公司的老板注册一家注册资本为10万元的家族公司。操作细节如下。

（1）家族公司一定要注册为两个自然人股东的有限责任公司，建议两个自然人股东的股权比例按照出资比例来配比，最佳的股权比例为80%、20%或70%、30%。绝对不可以注册为一人有限责任公司，或者老板两夫妻作为自然人股东的家族公司。

（2）家族公司的注册资本绝对是实缴制而不可以是认缴制，而且注册资本不要大，一般控制在10万—50万元之间。

（3）注册家族公司时，建议家族公司取名为“某某工程管理咨询有限公司”，在工商登记机关登记的经营范围一般是企业管理咨询、企业技术服务、技术咨询、财务咨询、企业策划、劳务咨询等。

（4）家族公司一般不发生业务，照常纳税申报，但没有发生业务，总

是零申报，会有税务预警提示，因此，家族公司偶尔给建筑劳务公司提供一两笔工程劳务咨询服务，开具发票，就能规避零申报税的问题。

第二步：用第一步设立的家族公司“某某工程管理咨询有限公司”，投资设立一家100%控股的注册资本为50万元的防火墙公司。操作细节如下。

（1）防火墙公司一定要注册为有限责任公司，不可以注册为个人独资企业、有限合伙企业、个体工商户。

（2）防火墙公司的注册资本绝对是实缴制而不可以是认缴制，而且注册资本不要大，一般控制在50万—100万元之间。

（3）注册防火墙公司时，建议取名为“某某企业管理控股有限公司”，在工商登记机关登记的经营范围一般是企业管理咨询、企业技术服务、技术咨询、财务咨询、企业策划、劳务咨询等。

（4）防火墙公司一般不发生业务，照常纳税申报，但没有发生业务，总是零申报，会有税务预警，因此，被防火墙公司控制的建筑劳务公司，偶尔发生一两笔工程劳务咨询业务，开具发票，就能规避零申报税的问题。

第三步：通过第二步设立的防火墙公司，投资设立3—5家一般纳税人的小微企业性质的劳务公司或专业作业劳务公司。操作细节如下。

（1）劳务公司或专业作业劳务公司必须注册为注册资本大概为500万元的有限责任公司，注册资本实行认缴制。

（2）劳务公司或专业作业劳务公司必须是增值税一般纳税人，而且是小微企业（年应纳税所得额为300万元以下，用工人数300人以下，资产总额为5 000万元以下）。

特别提醒以下几点：

第一，第一步注册的家族公司与第二步注册的防火墙公司的法人代表不能是同一个人。

第二，建筑劳务公司的老板不要担任劳务公司或专业作业劳务公司的法定代表人，劳务公司老板只担任第一步注册的家族公司的法定代表人。

第三，每一个劳务公司或专业作业劳务公司必须将年应纳税所得额控制在100万元以内，或年应纳税所得额在300万元以内。

第四，每一个劳务公司或专业作业劳务公司将利润率控制在0.8%。如果将年应纳税所得额控制在100万元以内，则每一个劳务公司或专业作业劳务公司的年收入额（年产值）控制在12 500万元以下。如果将年应纳税所得额控制在100万—300万元之间，则每一个劳务公司或专业作业劳务公司的年收入额（年产值）控制在12 500万—37 500万元之间。

第五，每一个劳务公司或专业作业劳务公司将利润率控制在1%。如果将年应纳税所得额控制在100万元以内，则每一个劳务公司或专业作业劳务公司的年收入额（年产值）控制在10 000万元以下。如果将年应纳税所得额控制在100万—300万元之间，则每一个劳务公司或专业作业劳务公司的年收入额（年产值）控制在10 000万—30 000万元之间。

通过以上三步操作后的股权布局架构如图4－25所示：

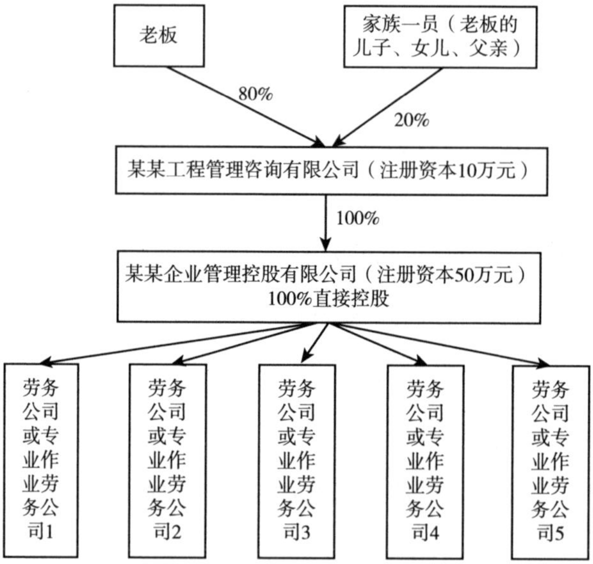

图4－25　股权布局架构

（二）股权布局控税设计方案的涉税分析

1. 5家劳务公司或专业作业劳务公司是有增值税一般纳税人资格的小微企业，依据《财政部 税务总局关于进一步实施小微企业“六税两费”减免政策的公告》（财政部 税务总局公告2022年第10号）第一条的规定，享受资源税、城市维护建设税、房产税、城镇土地使用税、印花税（不含证券交易印花税）、耕地占用税和教育费附加、地方教育附加等“六税两费”减半征收税收优惠政策。

2. 根据国家税务总局公告2019年第2号和国家税务总局公告2021年第8号的规定，小型微利企业年应纳税所得额不超过100万元的部分，按照2.5%计算企业所得税。根据第十三届全国人大第五次会议的政府工作报告，小微企业年应纳税所得额在100万元至300万元之间，按照5%缴纳企业所得税。5家劳务公司或专业作业劳务公司，根据年销售收入，必须控制年应纳税所得额在100万元以内，享受2.5%的企业所得税优惠政策，或控制年应纳税所得额在100万元至300万元之内，享受5%企业所得税优惠政策。

3. 劳务公司或专业作业劳务公司注册为有限责任公司，比注册个人独资企业或有限合伙企业更节税。分析如下：

如果注册为有限责任公司，且股东是自然人的话，则年应纳税所得在100万元以内，企业所得税和自然人股东的个人所得税的总税负率为：$2.5\% + (1 - 2.5\%) \times 20\% = 22\%$；应纳税所得在100万元至300万元之间，企业所得税和自然人股东的个人所得税的总税负率为：$5\% + (1 - 5\%) \times 20\% = 24\%$。

如果注册为个人独资企业或有限合伙企业，虽然不缴纳企业所得税，但必须按照5%—35%的五档税率，按照“经营所得”税目，依法申报缴纳个人所得税。年应纳税所得额超过50万元，必须按照35%的税率计算“经营所得”的个人所得税。

4. 5家劳务公司或专业作业劳务公司账上的未分配利润分配给防火墙

公司“某某企业管理控股有限公司”免征企业所得税。

5. 防火墙公司“某某企业管理控股有限公司”账上的未分配利润分回家族公司“某某工程管理咨询有限公司”免征企业所得税。

6.“某某工程管理咨询有限责任公司”向防火墙公司“某某企业管理控股有限公司”分回的股息和红利，用于以下用途免税：

（1）用于家族成员发工资、缴纳社保费用（家庭成员与“家族企业”签订劳动合同）。

（2）“家族企业”用于投资注册另外的公司免税。

（3）“家族企业”用于缴纳未缴足的认缴的注册资本免税。

（4）“家族企业”用于偿还家族企业向老板的借款（该借款是用于缴足认缴的注册资本）免税。

（5）“家族企业”用于报销家庭成员发生的开具的“家族企业”为抬头发票的费用。

（6）“家族企业”用于购买家族成员使用的车辆、房产（产权登记在家族企业的名下），并用于车辆发生的油费、过桥费、保险费、维修费用。

（7）“家族企业”用于购买股票、债券投资产品免税。

第五章　股权布局涉及股权转让的纳税处理

股权布局涉及的股权转让业务主要是法人股东转让股权和自然人股东转让股权业务，其中股权转让业务中包括股权投资、股权置换等业务。自然人转让股权与法人转让股权只涉及印花税、企业所得税（股东是法人的情况下）、个人所得税（股东是自然人股东的情况下），根本不涉及增值税（因为股权转让不属于增值税的征税范围，所以不征增值税）。从股权布局控税的角度来讲，设计有限责任公司或股份有限公司（法人单位）持股的股权架构主体的股权结构，股权转让更省税。本章重点介绍法人股东退出、法人转让股权和自然人转让股权的纳税处理。

第一节　法人股东退出的“四种方式”及其纳税设计

法人股东退出的实践中，　般有二种退出方式：一是“直接转让股权”方式退出；二是“先分红后转让股权”方式退出；三是“先转增资本后转让股权”方式退出；四是通过“撤资”方式退出。以上四种法人股东退出的方式，涉及的法人股东应缴纳的企业所得税金额大小完全不同。从税负的角度来讲，法人股东选择“撤资”方式退出，应缴纳的企业所得税是最少的。因此，法人股东要退出被投资企业，最好选择“撤资”方式。

一、法人股东退出的纳税设计依据分析

（一）法定公积金提取比例和转增资本的比例限制

根据《中华人民共和国公司法》第一百六十六条和一百六十八条的规定，公司分配当年税后利润时，应当提取利润的10%列入公司法定公积金。公司法定公积金（肖太寿博士温馨提示：公司法定公积金相当于会计核算科目中的“盈余公积——一般盈余公积”）累积额为公司注册资本的50%以上的，可以不再提取。公司的公积金①用于弥补公司的亏损、扩大公司生产经营或者转为增加公司资本。但是，资本公积金②不得用于弥补公司的亏损。法定公积金转为资本时，所留存的该项公积金不得少于转增前公司注册资本的25%。因此，如果法人股东投资的被投资企业将法定公积金转增资本，以便法人股东转让股权的投资成本增加、少缴纳企业所得税时，必须要保证被投资企业的法定公积金不得少于转增前公司注册资本的25%。

（二）居民企业从直接投资的居民企业分回的股息、红利免征企业所得税

根据《中华人民共和国企业所得税法》（中华人民共和国主席令第63号）第二十六条第（二）项的规定，符合条件的居民企业之间的股息、红利等权益性投资收益为免税收入，即免征企业所得税。因此，法人股东从被投资企业分回的股息、红利免征企业所得税。

根据《国家税务总局关于贯彻落实企业所得税法若干税收问题的通知》

① 用于弥补亏损的公积金是指按照法定程序提取的法定公积金和任意公益金，就是会计上核算的“盈余公积”。

② 资本公积金是指公司由投入资本本身所引起的各种增值，这种增值一般不是由于公司的生产经营活动产生的，与公司的生产经营活动没有直接关系，主要包括资本（或股本）溢价、法定财产重估增值、资本汇率折算差额、接受现金捐赠、股权投资准备、拨款转入等。资本公积是企业非经营原因产生的资产增值，是非收益转化而形成的所有者权益。资本公积是一种准资本或资本的储备形式，经过一定的程序可以转为资本。

（国税函〔2010〕79号）第四条的规定，企业权益性投资取得股息、红利等收入，应以被投资企业股东会或股东大会作出利润分配或转股决定的日期，确定收入的实现。被投资企业将股权（票）溢价所形成的资本公积转为股本的，不作为投资方企业的股息、红利收入，投资方企业也不得增加该项长期投资的计税基础。

（三）法人股东“撤资”的税法依据

根据《国家税务总局关于企业所得税若干问题的公告》（国家税务总局公告2011年第34号）第五条的规定，投资企业从被投资企业撤回或减少投资，其取得的资产中，相当于初始出资的部分，应确认为投资收回；相当于被投资企业累计未分配利润和累计盈余公积按减少实收资本比例计算的部分，应确认为股息所得；其余部分确认为投资资产转让所得。

（四）股权转让收入的企业所得税确认时间及股权转让所得的计算

根据《国家税务总局关于贯彻落实企业所得税法若干税收问题的通知》（国税函〔2010〕79号）第三条的规定，企业转让股权收入，应于转让协议生效且完成股权变更手续时，确认收入的实现。转让股权收入扣除为取得该股权所发生的成本后，为股权转让所得。企业在计算股权转让所得时，不得扣除被投资企业未分配利润等股东留存收益中按该项股权所可能分配的金额。

二、法人股东退出的最优纳税方案：通过“撤资”方式退出

当被投资企业存在税后未分配利润和法定公积金的情况下，有以下四种退出股权方式：“直接转让股权”方式退出；“先分红后转让股权”方式退出；“先转增资本后转让股权”方式退出；通过“撤资”方式退出。为了节约企业所得税，必须通过“撤资”方式退出。下面以案例进行分析。

【案例分析[①] 30：法人股东退出股权的最优纳税方案分析】

（一）基本情况介绍

张先生通过深圳的B公司（有限责任公司）与李先生所持有的上海A公司共同在深圳成立了M公司（有限责任公司），注册资本1 000万元，A公司持股70%，对应初始投资成本700万元，B公司持股30%，对应初始投资成本300万元。后因经营理念不合，B公司拟退出M公司的合作经营。截至B公司拟退出时点，M公司账面累计未分配利润为9 000万元，累计法定盈余公积为1 000万元（假定不考虑M公司负债情况），累计净资产11 000万元，假定B公司拟以M公司净资产价值11 000万元的30%退出收回投资。请问应如何进行纳税筹划，使B公司缴纳最少的企业所得税？具体的股权架构如图5－1所示。

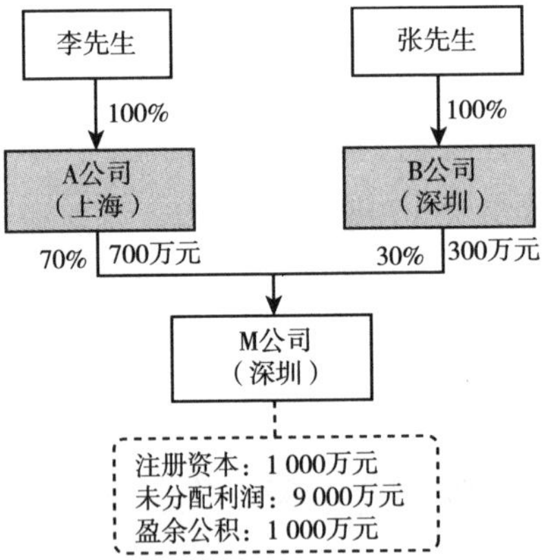

图5－1　M公司（有限责任公司）的股权架构

① 本案例选自：载于税明大道公众号，傅吉俊团队著：《基于税务因素考量下的股权退出路径选择分析——股转与减/撤资》，2021年9月24日。

（二）法人股东退出的“四种方式”及其纳税分析

B公司拟以净资产价值11 000万元退出收回投资，可以选择以下四种退出股权方式：“直接转让股权”方式退出；“先分红后转让股权”方式退出；“先转增资本后转让股权”方式退出；通过“撤资”方式退出。各种退出方式的涉税分析如下。

1. 退出方式一：“直接转让股权”方式及其纳税分析

按照现行税法的规定，B公司的股权转让仅需要缴纳企业所得税和印花税两种税，因印花税比较小，忽略不计。根据《国家税务总局关于贯彻落实企业所得税法若干税收问题的通知》（国税函〔2010〕79号）第三条的规定，B公司需要根据股权转让收入扣除股权初始投资成本后的金额计征企业所得税，且股权初始投资成本不得扣减M公司的股东留存收益中按照B公司注册资本对应比例的部分。

依据上述分析，B公司直接股权转让方式下涉及企业所得税金额为：

（11 000×30% －300）×25% =750（万元）

2. 退出方式二：“先分红再股转”方式及其纳税分析

M公司先将未分配利润9 000万元进行分配，B公司按照其出资比例的30%分得利润2 700万元（9 000万元×30%）。根据《中华人民共和国企业所得税法》（中华人民共和国主席令第63号）第二十六条第（二）项和《国家税务总局关于贯彻落实企业所得税法若干税收问题的通知》（国税函〔2010〕79号）第四条的规定，B公司取得M公司的分红所得2 700万元免征企业所得税。然后B公司按照其在M公司占有的净资产份额600万元［（11 000万元－9 000万元）×30%］转让股权。具体的股权架构如图5－2所示。

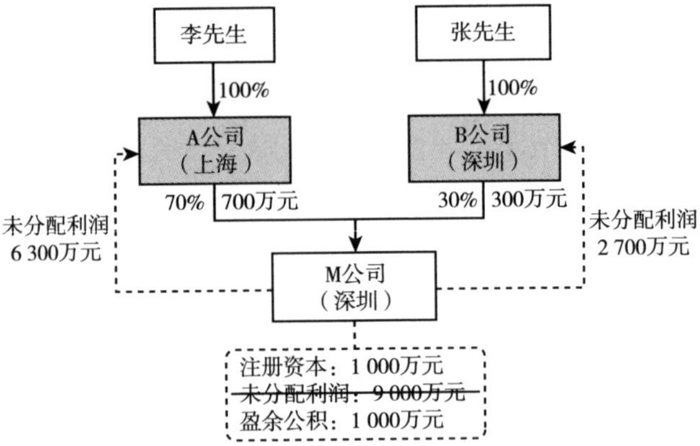

图5－2　M公司（有限责任公司）的股权架构

B公司通过先分红后转让股权方式退出股权，涉及缴纳的企业所得税金额为：(600－300)×25%＝75万元。

3. 退出方式三："先分配＋转增资本再转让股权"方式退出的涉税分析

将M公司的盈余公积1 000万元和未分配利润9 000万元一起转增资本。

根据《中华人民共和国公司法》第一百六十六条和第一百六十八条的相关规定，法定盈余公积金转增资本后所留存的金额不得低于转增前公司注册资本的25%。因此，M公司1 000万元的法定盈余公积中，最多只能转增资本750万元［1 000万元×（1－25%）］，对应B公司部分转增资本的法定盈余公积为225万元（750万元×30%），对应B公司的法定盈余公积225万元和B公司应分回的利润2 700万元转增资本后，B公司的股权计税基础为3 225万元（300万元注册资本＋转增资本225万元＋分回的税后利润2 700万元转增资本）。M公司具体的股权架构如图5－3所示。

B公司通过"先分配＋转增资本再转让股权"方式退出涉及企

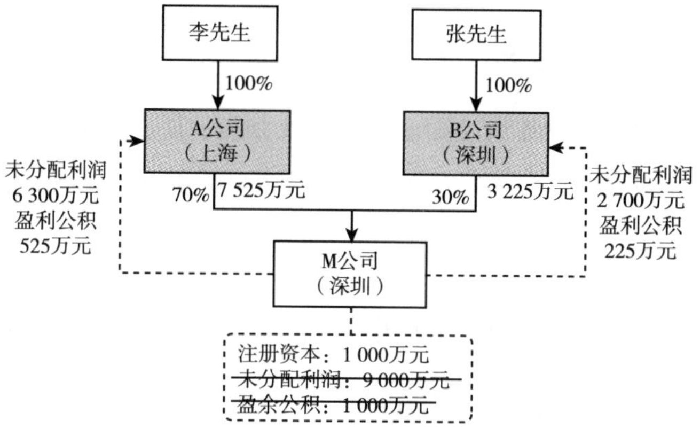

图 5－3　M 公司（有限责任公司）的股权架构

业所得税金额为：［未转增资本的盈余公积（1 000－750）×30%＋3 225－3 225）］×25%＝18.75 万元。

4. 退出方式四："撤资"的方式及其纳税分析

基于以上三种股权转让退出股权方式的涉税分析，发现盈余公积无法消化干净而导致对该部分盈余公积金额征税的情形。根据《国家税务总局关于企业所得税若干问题的公告》（国家税务总局公告 2011 年第 34 号）第五条的规定，投资企业从被投资企业撤回或减少投资，其取得的资产中，相当于初始出资的部分，应确认为投资收回；相当于被投资企业累计未分配利润和累计盈余公积按减少实收资本比例计算的部分，应确认为股息所得；其余部分确认为投资资产转让所得。基于此税法规定，通过"撤资"退出股权的方式退出，B 公司可以实现盈余公积的 100% 收回而不受比例限制。

如果 B 公司通过"撤资"方式收回的 3 300 万元（11 000 万元×30%）中，按照国家税务总局公告 2011 年第 34 号第五条的规定，有 300 万元属于投资成本收回，剩余 3 000 万元属于股息、红利所得，仍然可以适用居民企业之间权益性投资收益免税的政策。

因此，B公司选择撤资方式的企业所得税税负为0。

（三）最优纳税方案的选择："撤资"方式

通过以上四种股权退出方式的纳税分析，B公司选择"撤资"方式退出股权是最节约税的股权退出方式，是最优的纳税方案。

第二节　法人股东转让股权的"六种"纳税方案设计

股权转让只涉及缴纳印花税和企业所得税（溢价转让股权的情况下），为了合法节约法人股东转让股权的企业所得税，笔者认为最具有实际操作性的纳税方案设计有以下六种：一是先分红后转让；二是先"分红+盈余公积转增资本"再转让；三是先撤资后增资；四是关联公司先"定向分红+盈余公积转增资本"再转让；五是股权投资分5年均分缴纳企业所得税；六是延迟纳税义务时间。

一、法人股东转让股权的涉税法律依据分析

（一）先分红后转让的涉税依据分析

根据《中华人民共和国企业所得税法》（中华人民共和国主席令第63号）第二十六条第（二）项的规定，符合条件的居民企业之间的股息、红利等权益性投资收益为免税收入，即免征企业所得税。《中华人民共和国企业所得税法实施条例》第八十三条规定，企业所得税法第二十六条第（二）项所称符合条件的居民企业之间的股息、红利等权益性投资收益，是指居民企业直接投资于其他居民企业取得的投资收益。企业所得税法第二十六条第（二）项和第（三）项所称股息、红利等权益性投资收益，

不包括连续持有居民企业公开发行并上市流通的股票不足12个月取得的投资收益。

基于以上税法规定，如果被投资企业的账上有未分配利润，直接投资被投资企业的法人股东在转让股权之前，选择先分红再转让股权，分回的股息、红利免征企业所得税，经过分红后，股权转让价格定价就降低，可以实现少缴纳企业所得税的目标。

（二）先"盈余公积转增资本+分配利润"再转让股权的涉税依据分析

所谓先"盈余公积转增资本+分配利润"再转让股权，或者先"分配利润+盈余公积转增资本"再转让股权，是指当被投资企业存在税后未分配利润和法定公积金的情况下，为了节约法人股东转让股权的企业所得税，必须先将被投资企业的法定公积金转增资本，然后将被投资企业的税后未分配利润分回法人股东，最后实行法人股权转让。涉及的税法依据分析如下：

1. 法定公积金提取比例和转增资本的比例限制

根据《中华人民共和国公司法》第一百六十六条和第一百六十八条的规定，公司分配当年税后利润时，应当提取利润的10%列入公司法定公积金。公司法定公积金累积额为公司注册资本的50%以上的，可以不再提取。公司的公积金用于弥补公司的亏损、扩大公司生产经营或者转为增加公司资本。但是，资本公积金不得用于弥补公司的亏损。法定公积金转为资本时，所留存的该项公积金不得少于转增前公司注册资本的25%。因此，如果法人股东投资的被投资企业将法定公积金转增资本，以便法人股东转让股权的投资成本增加、少缴纳企业所得税时，必须要保证被投资企业的法定公积金不得少于转增前公司注册资本的25%。

2. 居民企业从直接投资的居民企业分回的股息、红利免征企业所得税

根据《中华人民共和国企业所得税法》（中华人民共和国主席令第63号）第二十六条第（二）项的规定，符合条件的居民企业之间的股息、红

利等权益性投资收益为免税收入，即免征企业所得税。因此，法人股东从被投资企业分回的股息、红利免征企业所得税。

（三）先撤资后增资的涉税依据分析

根据《国家税务总局关于企业所得税若干问题的公告》（国家税务总局公告 2011 年第 34 号）第五条的规定，投资企业从被投资企业撤回或减少投资，其取得的资产中，相当于初始出资的部分，应确认为投资收回；相当于被投资企业累计未分配利润和累计盈余公积按减少实收资本比例计算的部分，应确认为股息所得；其余部分确认为投资资产转让所得。

根据《中华人民共和国公司法》第四十三条、第一百七十七条、第一百七十九条的规定，股东会会议作出增加或减少注册资本的决议，必须经代表三分之二以上表决权的股东通过。公司需要减少注册资本时，必须编制资产负债表及财产清单。公司应当自作出减少注册资本决议之日起 10 日内通知债权人，并于 30 日内在报纸上公告。债权人自接到通知书之日起 30 日内，未接到通知书的自公告之日起 45 日内，有权要求公司清偿债务或者提供相应的担保。公司增加或者减少注册资本，应当依法向公司登记机关办理变更登记。

基于以上涉税政策，公司进行增资和减资属于公司的重要事项，必须召开股东大会，必须经持有公司表决权三分之二以上比例的股东同意通过，增资不涉及任何税收，而减资最省税。

（四）先“定向分红＋盈余公积转增资本”再转让股权的涉税依据分析

根据《中华人民共和国公司法》第三十四条的规定，股东按照实缴的出资比例分取红利，但是全体股东约定不按照出资比例分取红利的除外。基于此法律政策规定，针对有限责任公司在分配股息、红利时，允许将公司的未分配利润只分配给某些股东，而另外一些股东可以放弃分红。但是必须满足两个前提条件：一是有限责任公司有未分配利润可分配；二是在《股东投资协议》或《公司章程》，或全体股东一致签字同意的《股东分红协议》中约定“全体股东不按照出资比例分取红利，将公司可分配的未分配利润只分配给一部分股东，其他股东放弃分红”。

（五）股权投资的涉税依据分析

根据《关于非货币性资产投资企业所得税政策问题的通知》（财税〔2014〕116 号）第一条的规定，居民企业以非货币性资产对外投资确认的非货币性资产转让所得，可在不超过 5 年期限内，分期均匀计入相应年度的应纳税所得额，按规定计算缴纳企业所得税。基于此税法规定，股权投资的实质还是股权转让，股权投资业务可以分 5 年均匀缴纳企业所得税，可以减轻股权投资方的资金流负担，起到缓解资金紧张的作用，相当于获得一笔不要利息的贷款。

（六）股权转让收入的企业所得税纳税义务时间的涉税依据分析

根据国税函〔2010〕79 号文件的规定，企业转让股权收入，应于转让协议生效且完成股权变更手续时，确认收入的实现。同时，根据国家税务总局 2010 年公告第 19 号的规定，企业取得财产（包括各类资产、股权、债权等）转让收入、债务重组收入、接受捐赠收入、无法偿付的应付款收入等，不论是以货币形式，还是非货币形式体现，除另有规定外，均应一次性计入确认收入的年度计算缴纳企业所得税。

基于以上税法政策规定，对于股权转让，税法注重转让的法律形式，在完成股权变更手续时，才发生企业所得税的纳税义务。因此，在股权转让款分期收取的情况下，企业可以约定，收到全部或绝大部分股权转让款方可办理股权变更手续，这样可以延迟缴纳企业所得税。

二、法人股东转让股权的“六种”纳税方案及其纳税分析

【案例分析31：法人股东转让股权的“六种”纳税方案及其纳税分析】

（一）基本情况

假定A公司投资M公司的初始投资成本为6 000万元，占M公司股份的60%，B公司出资4 000万元，占M公司的40%股份。A公司准备将持有M公司60%的股份全部转让给自然人C，然后用股权转让款购买自然人C持有N公司100%的股份。截至股权转让前，M公司的未分配利润为5 000万元，盈余公积为5 000万元。2021年11月，A公司将其股份作价13 000万元，全部转让给自然人C。如果A公司直接转让股权给自然人C，根据《国家税务总局关于贯彻落实企业所得税法若干税收问题的通知》（国税函〔2010〕79号）第三条的规定，企业在计算股权转让所得时，不得扣除被投资企业未分配利润等股东留存收益中按该项股权所可能分配的金额。则A公司发生的股权转让所得为7 000万元（13 000万元－6 000万元），应缴企业所得税1 750万元（7 000万元×25%），税负较高。请问在A公司股权转让环节，如何选择最优纳税方案使A公司能够合法合理少缴纳企业所得税？

（二）法人股东转让股权的“六种”纳税方案及其纳税分析

1. 纳税方案一：先分红后转让

根据《中华人民共和国企业所得税法》（中华人民共和国主席令第63号）第二十六条第（二）项、《中华人民共和国企业所得税法实施条例》第八十三条的税法政策规定，A公司从M公司分配回来的股息、红利等权益性投资收益免征企业所得税。

因此，M公司先分红，A公司根据持股比例可以分得5 000×

60% =3 000 万元，分红后，A 公司的股权转让收入变为 13 000 万元 -3 000 万元 =10 000 万元。A 公司分得股息、红利 3 000 万元免征企业所得税，A 公司发生的股权转让所得 =10 000 万元 -6 000万元 =4 000 万元，股权转让所得缴纳企业所得税 =4 000 万元 ×25% =1 000 万元。

通过以上计算分析，"先分红后转让"比"直接转让股权"节约750 万元（1 750 万元 -1 000 万元）企业所得税。

2. 纳税方案二：先"分红 + 盈余公积转增资本"再转让

根据《中华人民共和国公司法》第一百六十七条和第一百六十九条的规定，分配当年税后利润时，应当提取利润的 10% 列入公司法定公积金。公司法定公积金累计额为公司注册资本的 50% 以上的，可以不再提取。法定公积金转为资本时，所留存的该项公积金不得少于转增前公司注册资本的 25%。因此，M 公司的盈余公积 5 000 万元，恰恰是注册资本 1 亿元的 50%。M 公司可以 2 500 万元（所留存的该项公积金不得少于转增资本前公司注册资本 1 亿元的 25%）盈余公积转增资本，转股后，公司的注册资本增加至 1. 25 亿元，其中，A 公司的投资成本变为 6 000 +2 500 ×60% =7 500 万元。

由于 M 公司先分红，A 公司根据持股比例可以分得 5 000 ×60% =3 000 万元，分红后，A 公司的股权转让收入变为 13 000 万元 -3 000 万元 =10 000 万元。A 公司分得的股息、红利 3 000 万元免征企业所得税，分红后，A 公司股权转让收入是 100 00 万元。同时，M 公司通过盈余公积转增资本的方式，致使 A 公司的投资成本变为 7 500 万元。所以 A 公司的股权转让所得 = 股权转让收入 10 000 万元 - A 公司股权投资成本 7 500 万元 =2 500 万元，应缴企业所得税 =2 500 ×25% =625 万元。

根据以上计算分析，通过先"分红 + 盈余公积转增资本"再转让股权，比“直接转让股权”节约企业所得税1 125万元（1 750万元－625万元），同时比“先分红后转让”节约企业所得税375万元（1 000万元－625万元）。

3. 纳税方案三：先撤资后增资

根据《国家税务总局关于企业所得税若干问题的公告》（国家税务总局公告2011年第34号）第五条、《中华人民共和国公司法》第四十三条、第一百七十七条、第一百七十九条的规定，A公司和B公司达成减资协议约定：A公司先从M公司撤出60%的出资份额，获得13 000万元的补偿。同时，自然人C和M公司签订增资协议约定：由C出资13 000万元，占M公司60%的股权。并召开股东大会，必须经代表三分之二以上表决权的股东通过减资和增资协议。

同意以上协议且手续完备的情况下，根据国家税务总局2011年公告第34号文件第五条的规定，A公司获得的13 000万元补偿的税务处理如下：

（1）6 000万元算投资资本的收回，不缴企业所得税；

（2）按撤资比例60%应享有的M公司盈余公积和未分配利润的份额（5 000＋5 000）×60%＝6 000万元应确认为股息所得，免征企业所得税；

（3）其余部分即13 000－6 000－6 000＝1 000万元应确认为股权转让所得，应缴企业所得税1 000×25%＝250万元。

另外，C的出资行为除了增资需要缴纳印花税外，不涉及其他税种。

通过以上涉税法律分析，A公司通过“先撤资后增资”转让股权的方法，比“直接转让股权”节约企业所得税1 500万元（1 750万元－250万元），同时比“先分红后转让”节约企业所得税750万元（1 000万元－250万元），比先“分红＋盈余公积转增资本”再转让股权”节约企业所得税375万元（625万元－250万元）。

4. 纳税方案四：先“定向分红＋盈余公积转增资本”再转让

根据《中华人民共和国公司法》第三十四条的规定，股东按照实缴的出资比例分取红利，但是全体股东约定不按照出资比例分取红利的除外。基于此法律政策规定，有限责任公司在分配股息红利时，允许将公司的未分配利润只分配给某些股东，而另外一些股东可以放弃分红。

因此，A公司、M公司、B公司修改《公司章程》约定：M公司在分红时，A公司可以优先分红，直至5 000万元为止，以后公司取得利润，B公司再进行分红。

通过以上《公司章程》关于分红的约定，A公司优先分红5 000万元后，股权转让价格变为13 000－5 000＝8 000万元；再将2 500万元（所留存的该项公积金不得少于转增资本前公司注册资本1亿元的25%）盈余公积转增资本，转增后，A公司的投资成本变为6 000＋2 500×60%＝7 500万元；A公司股权转让所得＝8 000－7 500＝500万元，应缴企业所得税＝500×25%＝125万元。

通过以上涉税法律分析，A公司通过“定向分红＋盈余公积转增资本”再转让股权的方法，比“直接转让股权”节约企业所得税1 625万元（1 750万元－125万元），同时比“先分红后转让”节约企业所得税875万元（1 000万元－125万元），比先“分红＋盈余公积转增资本”再转让股权节约企业所得税500万元（625万元－125万元），比先撤资后增资节约企业所得税125万元（250万元－125万元）。

5. 纳税方案五：延迟股权转让收入的企业所得税纳税义务时间

根据国税函〔2010〕79号文件的规定，在股权转让款分期收取的情况下，企业可以约定，收到全部或绝大部分股权转让款方可办理股权变更手续。这样可以延迟缴纳企业所得税。

6. 纳税方案六：股权投资分5年均分缴纳企业所得税，以股权进行投资

根据《关于非货币性资产投资企业所得税政策问题的通知》（财税〔2014〕116号）第一条的规定，居民企业以非货币性资产对外投资确认的非货币性资产转让所得，可在不超过5年期限内，分期均匀计入相应年度的应纳税所得额，按规定计算缴纳企业所得税。因此，如果A公司转让股权后，本就打算投资自然人C目前投资的N公司，那么可以采取以持有M公司的股权入股N公司的方式，可以分5年平均缴纳企业所得税。

【案例分析32：某法人股东先“转增资本+分配利润”再转让股权的纳税分析】

（一）基本情况

C公司注册资本1 000万元，由两个法人股东构成，其中A公司投资300万元，占股30%，B公司投资700万元，占股70%。C公司的股权结构如图5-4所示。

C公司销售收入为3 580万元，净利润为167万元，未分配利润为800万元，盈余公积金为500万元，企业所得税率为25%。A公司因资金链出问题，拟将其所持C公司的全部股权作价1 500万元转让给B公司，届时C公司将成为B公司的全资子公司。请问如何进行纳税筹划，使A公司转让股权的税负最低？

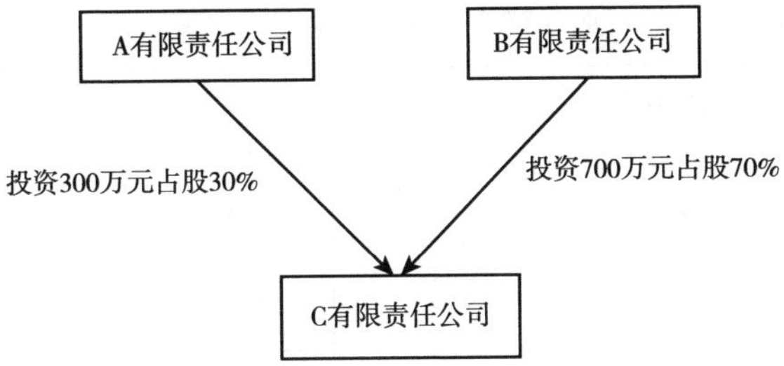

图5-4 C公司的股权结构

(二) 纳税方案的最优选择

1. 方案一：A有限责任公司直接将股权转让给B有限责任公司

转让方法人股东A有限责任公司转让股权的企业所得税为：

(1 500-300)×25%=300 (万元)

2. 方案二：先分红再转让股权

转让方法人股东A有限责任公司转让股权的企业所得税为：

(1 500-800×30%-300)×25%=240 (万元)

3. 方案三：先"转增资本+分配利润"再转让股权

按照公司法第一百六十六条、第一百六十八条规定，公积金转增资本时，所留存部分不得少于转增前公司注册资本的25%。因此，本案例中的C公司的盈余公积为500万元，只能转250万元，于是，C公司注册资本由原来的1 000万元增加至1 250万元。

因此，A公司投资成本=300+250×30%=375万元，法人股东A有限责任公司转让股权的企业所得税为：

(1 500-800×30%-375)×25%=221.25 (万元)

以上三种方案的应纳税所得额和转让股权的企业所得税如表5-1所示。

表 5-1　　三种股权转让方案下的企业所得税比较

转让方案	应纳税所得额	企业所得税
方案 1：直接转让股权	1 200 万元	300 万元
方案 2：先分红，再转让股权	960 万元	240 万元
方案 3：先分红，再盈余公积金转增资本，最后转让股权	885 万元	221.25 万元

通过方案 3 与方案 1 比较，通过纳税筹划，A 有限责任公司持有 C 有限责任公司的全部股权作价 1 500 万元，转让给 B 有限责任公司可以节约企业所得税 78.75（300 - 221.25）万元。

第三节　自然人股东转让股权的投资成本（股权原值）确定方法

在自然人股东转让股权计算股权转让所得时，经常面临转让股权的投资成本如何确定的问题。如果投资成本确定错误，将导致自然人股东股权转让所得的计算错误，从而导致少缴纳税或多缴纳税的税务风险。肖太寿博士通过实际研究，为大家讲解四种投资成本（股权原值）的确定方法：一是缴足注册资本的原始自然人股东转让股权的投资成本的确定方法；二是注册资本从实缴制改为认缴制后，未缴足注册资本的原始自然人股东转让股权的投资成本的确定方法；三是**直系亲属三代之间，通过无偿让渡方式取得股权的股权原值的确定方法**；四是通过股权转让方式的股权受让人转让股权的投资成本的确定方法。

一、缴足注册资本的原始自然人股东转让股权的投资成本（股权原值）的确定方法

在工商注册公司时，只要缴足注册资本的原始股东发生转让其一定比

例或全部股权的情况下，原始自然人股东转让股权的投资成本（**股权原值**）确定方法如下。

（一）股权转让前的投资成本纯粹是实缴注册资本情况下的确定方法

如果原始自然人股东转让股权前的投资成本是实际缴足的注册资本的情况下，则该原始自然人股东发生股权转让时，计算其股权转让所得的投资成本（股权原值），是以该自然人股东按照《公司章程》认缴并实际缴足的注册资本作为投资成本。具体确定方法如下。

根据《股权转让所得个人所得税管理办法》（国家税务总局公告2014年第67号）第十五条、第十六条的规定，转让股权时，股权原值按照以下方法确定：

1. 以现金出资方式取得的股权，按照实际支付的价款与取得股权直接相关的合理税费之和确认股权原值。

2. 以非货币性资产出资方式取得的股权，按照税务机关认可或核定的投资入股时非货币性资产价格，与取得股权直接相关的合理税费之和确认股权原值。

例如，2020年10月，王女士以现金100万元创办一家企业，2022年2月，王女士以150万元的价格，低于成本价将100%股权转让给李先生，截至转让前，被转让企业的所有者权益为150万元，其中注册资本为100万元，未分配利润和盈余公积为50万元。本案例中的王女士在转让其自然人股权时，计算其股权转让所得时的投资成本或股权原值是100万元。因此，该项股权转让的财产转让所得为：150万元－100万元＝50万元。王女士应缴纳个人所得税为：50万元×20%＝10万元。

（二）股权投资成本是实缴注册资本加上转增资本情况下的确定方法

如果原始自然人股东转让股权前的投资成本，是实际缴足的注册资本加上被投资企业以资本公积、盈余公积、未分配利润转增资本或股本的情况下，则该原始自然人股东发生股权转让时，计算其股权转让所得的投资成本（股权原值），是该自然人股东按照《公司章程》认缴并实际缴足的注册资本，加上原始自然人股东将转增股本且依法缴纳个人所得税的资本公积、盈余公积、未分配利润作为投资成本。具体确定方法如下。

根据《股权转让所得个人所得税管理办法》（国家税务总局公告2014年第67号）第十五条第（四）项的规定，转让股权时，股权原值按照以下方法确定：被投资企业以资本公积、盈余公积、未分配利润转增股本，个人股东已依法缴纳个人所得税的，以转增额和相关税费之和确认其新转增股本的股权原值。

【案例分析33：盈余积累转增资本后股权原值的确认分析】

张先生持有M公司100%股权，2021年6月，张先生将M公司100%股权以3 500万元的价格转让给李小姐。转让时，投资成本1 000万元，被投资企业M公司的未分配利润2 000万元，盈余公积500万元，资本公积——其他资本公积500万元。被投资企业M公司净资产账面价值合计为4 000万元。假设税务机关认为该项转让属于计税价格明显偏低但有正当理由，对转让价格予以认可。该笔交易李小姐按照规定扣缴了个人所得税500万元［（3 500万元－1 000万元）×20%］。2021年10月，李小姐决定将2 000万元的未分配利润、500万元的“资本公积——其他资本公积”、250万元盈余公积，共2 750万元转增注册资本。转增注册资本后，M公司的注册资本为3 750万元。

根据《关于个人投资者收购企业股权后将原盈余积累转增股本个人所得税问题的公告》（国家税务总局2013年第23号公告）规定，个人投资者收购企业股权后将原盈余积累转增股本的个人所得税处理如下：

（一）新股东以不低于净资产价格收购股权的，企业原盈余积累（资本公积、盈余公积、未分配利润）已全部计入股权交易价格，新股东取得盈余积累转增股本的部分，不征收个人所得税。

（二）新股东以低于净资产价格收购股权的，企业原盈余积累中，对于股权收购价格减去原股本的差额部分已经计入股权交易价格，新股东取得盈余积累转增股本的部分，不征收个人所得税；对于股权收购价格低于原所有者权益的差额部分未计入股权交易价格，新股东取得盈余积累转增股本的部分，应按照“利息、股息、红利所得”项目征收个人所得税。

另外，新股东以低于净资产价格收购企业股权后转增股本，应按照下列顺序进行：先转增应税的盈余积累部分，然后再转增免税的盈余积累部分。同时，个人投资者收购企业股权后，将原盈余积累转增股本的新股东转让所持股权时，其财产原值为其收购企业股权实际支付的对价及相关税费。

根据《关于个人投资者收购企业股权后将原盈余积累转增股本个人所得税问题的公告》（国家税务总局2013年第23号公告）的以上规定，李小姐对已经纳入上次股权转让所得的2 500万元作免税处理，对剩余的250万元缴纳个人所得税50（250×20%）万元。

2021年12月，李小姐将M公司100%股权转让给王先生，股权转让价格4 000万元。根据《股权转让所得个人所得税管理办法》（国家税务总局公告2014年第67号）第十五条规定，由于被投资企业盈余积累2 750万元转增资本，其中2 500万元免税，250万元部分已经缴纳了个人所得税，本着税不重征的原则，应当确认股权原值为购买股权的价格3 500万元加上250万元，即3 750万元。李小姐个人所得税应纳税所得额为250万元（4 000万元－3 750万元），应该缴纳个人所得税50（250×20%）万元。

二、直系亲属三代之间通过无偿让渡方式取得股权的股权原值的确定方法

根据《股权转让所得个人所得税管理办法》（国家税务总局公告2014年第67号）第十三条第（二）项的规定，符合下列条件之一的股权转让收入明显偏低，视为有正当理由：继承或将股权转让给其能提供具有法律效力身份关系证明的配偶、父母、子女、祖父母、外祖父母、孙子女、外孙子女、兄弟姐妹，以及对转让人承担直接抚养或者赡养义务的抚养人或者赡养人。

同时，根据国家税务总局公告2014年第67号第十五条第（三）项的规定，通过无偿让渡方式取得股权，具备该办法第十三条第（二）项所列情形的，按取得股权发生的合理税费与原持有人的股权原值之和确认股权原值。

三、通过股权转让方式获得股权的股权受让人再次转让股权的投资成本的确定方法

（一）前次股权转让交易价格核定后再次转让的股权原值确定

被主管税务机关核定股权转让收入并依法征收个人所得税的情况下，股权受让人转让股权计算股权转让所得时的股权原值的确定方法：以取得股权时发生的合理税费，与股权转让人被主管税务机关核定的股权转让收入之和确认。

根据国家税务总局公告2014年第67号第十七条的规定，股权转让人已被主管税务机关核定股权转让收入并依法征收个人所得税的，该股权受让人的股权原值，以取得股权时发生的合理税费与股权转让人被主管税务机关核定的股权转让收入之和确认。

【案例分析34：前次交易价格核定后再次转让的股权原值确认分析】

张先生持有M公司100%的股份，持股成本1 000万元。2021年6月，张先生将股权平价转让给了李小姐。税务机关按照净资产核定法，核定股权转让收入为3 000万元，李小姐按照税务机关核定的收入，代扣代缴了个人所得税400[(3 000－1 000)×20%]万元（相关税费略）。2022年10月，李小姐再次转让股权，转让价格3 100万元，税务机关认为价格合理。请确认再次转让股权时的股权原值。

按照《股权转让所得个人所得税管理办法》（国家税务总局公告2014年第67号）第十六条的规定，股权转让人已被主管税务机关核定股权转让收入并依法征收个人所得税的，该股权受让人的股权原值以取得股权时发生的合理税费与股权转让人被主管税务机关核定的股权转让收入之和确认。因此，再次转让时，其股权原值为3 000万元，股权转让所得为3 100万元－3 000万元＝100万元。

（二）多次投资获得股权后再转让股权的股权原值确定

对股权受让人多次取得同一被投资企业股权的，转让部分股权时，采用“加权平均法”确定其股权原值。

【案例分析35：多次投资获得股权后再转让股权的股权原值的确认分析】

张先生2019年以100万元现金投资M公司，占M公司10%的股份；2020年，又以200万元现金投资M公司，取得M公司10%股份；2021年，张先生以300万元现金继续对M公司增资，又取得了10%股份。至此，张先生持有M公司共30%的股份。2022年，张先生将持有的M公司10%股份进行了转让，转让价格为400万元。请分析，2022年张先生将持有的M公司10%股份进行转让的个人所得税。

根据《股权转让所得个人所得税管理办法》(国家税务总局公告2014年第67号)第十八条规定，对股权受让人多次取得同一被投资企业股权的，转让部分股权时，采用“加权平均法”确定其股权原值。因此，基于此规定，应按加权平均法确认张先生转让M公司10%股权的股权原值。

股权原值 =(100×10% +200×10% +300×10%)÷(10% +10% +10%)=200(万元)

应纳税所得额 =400 -200 =200(万元)

个人所得税应纳税额 =200×20% =40(万元)

四、未缴足注册资本的原始自然人股东转让股权的投资成本确定

在注册资本实缴制改为认缴制的情况下，当股东转让股权，在计算股权转让所得时，股权转让的原始计税基础是减实收资本还是减注册资本呢?分析如下。

股权转让所得是股权转让价格减去转让股权的原来投资价值(计税基础)，股权转让价格中包括了实收资本，因为在不符合采用市场评估法评估公司净资产时，股权转让价格是按照净资产法进行定价的，而净资产是实收资本、资本公积和未分配利润的总和。因此，实收资本包括在股权转让价格中。得出以下结论:

一是在注册资本实施实缴制的情况下，注册资本等于实收资本，也等于投资的计税基础，股权转让所得是股权转让价格减去注册资本。

二是在注册资本改为认缴制的情况下，注册资本不等于实收资本，股东未缴足的注册资本不进行账务处理，股权转让所得是股权转让价格减去实收资本(股东向公司实际缴纳的部分注册资本)。

三是在注册资本改为认缴制的情况下，在股权转让之际，如果股权转让合同生效之前，未缴足的部分注册资本已经缴足，则该补缴足的部分注册资本一定含在股权转让价格中，则股权转让所得是股权转让价格减去注册资本；如果股权转让合同生效之前，股东未缴足的部分注册资本仍然未缴足，根据《中华人民共和国公司法》的规定，未缴足部分的注册资本必须由股权受让方在接受股权后继续补足，则该补缴足的部分注册资本一定不含在股权转让价格中，股权转让所得是股权转让价格减去实收资本（股东向公司实际缴纳的部分册资本）。

【案例分析36：注册资本自实缴制改为认缴制后的自然人股东转让股权的个税处理】

（一）案情介绍

某贸易有限公司于2019年3月登记成立，注册资本为500万元，由甲和乙两人发起认缴，在公司章程中约定，甲出资300万元，乙出资200万元。企业章程规定，甲出资300万元，于2020年5月1日投入公司，甲到期实际投资350万元；乙出资200万元，于2022年5月1日投入公司。其中2021年1月1日至2021年2月31日期间，该公司向当地银行申请流动资金贷款1000万元，发生的年利息为100万元。2022年3月1日，自然人股东乙转让其在该贸易公司的全部股权给丙，转让价格为400万元，此时乙的实际出资额为0，乙未缴清的出资额由新股东丙缴纳，请分析自然人股东乙转让股权计算股权转让所得时的股权原值的确定。

（二）涉税分析

根据国家税务总局2014年公告第67号文件第十五条第（一）项的规定，以现金出资方式取得的股权，按照实际支付的价款与取得股权直接相关的合理税费之和确认股权原值。由于乙出资的200万元将于2022年5月1日投入公司，可是2022年3月1日，自然人股东乙转让其在该贸易公司的全部股权给丙，转让价格为400万元，乙未缴清的出资额由新股东丙缴纳。所以，2022年3月1日，乙股东转让股权给丙，计算股权转让所得时的股权投资成本或股权原值为0。因此，自然人股东乙应申报缴纳股权转让的个人所得税为：(400-0)×20%=80万元。

第四节　股权转让涉及法律、税务风险及其管控

股权转让协议是当事人以转让股权为目的而达成的关于出让方交付股权并收取价金、受让方支付价金得到股权的意思表示。股权转让是一种物权变动行为，股权转让后，股东基于股东地位而对公司所发生的权利义务关系全部同时移转于受让人，受让人因此成为公司的股东，取得股东权利。在股权转让中，由于股东分为法人股东和自然人股东，转让价格分为平价转让、折价转让和溢价转让，所以，股权转让中的涉税风险主要体现为股权转让中的企业所得税、个人所得税和印花税的足额缴纳问题。在税法上，股权转让只涉及企业所得税、个人所得税和印花税。本文就实践中的股权转让协议中的法律风险和税收风险进行详细介绍并提出管控策略。

一、股权转让协议的法律风险及管控

股权转让主体包括转让方和受让方，股权转让协议的法律风险主要表现为股东资格的丧失、超越转让时间的限制、受让方资格的不具备等，具体论述如下。

（一）出让方（股东）资格瑕疵的法律风险及管控

出让方（股东）资格瑕疵的法律风险主要来自法律或公司章程的限制，

主要表现为：

1. 股东资格丧失的法律风险及管控

（1）股东资格丧失的法律风险

如果不具备股东资格，发生的股权转让协议在法律上是无效的。另外，因各种原因丧失股东资格的人，也不具有股权转让资格，因此，受让方考察出让方股东资格的相关证明尤其重要。

（2）股东资格丧失的法律风险管控

为了防止股东资格丧失的法律风险，受让方必须考察出让方股东资格的相关证明。在实践中，必须审查公司章程、出资证明、股份证书、股票、股东名册，以及注册登记、公司股权的转让协议、公司设立后的授权资本或者新增资本的认购协议、隐名投资者与显名投资者有关股权信托或代为持有的协议等，这些均可作为证明股东资格的证据，在不同的法律关系和事实情形下，各种形式的证据可以发挥不同程度的证明力。

2. 转让主体资格限制中的法律风险及管控

关于转让主体资格的限制，多来自公司章程和法律的限制。主要包括：

（1）有限责任公司的公司章程限制中的法律风险

根据法律规定，法律赋予有限公司高度的意思自治权，有限公司可以通过公司章程限制股权内外部转让，只要该章程不违背相关法律的禁止性规定，法律承认其效力。因此，对于受让方而言，通过公司章程考察对方的出让资格尤为重要。

（2）股份有限公司法律限制中的法律风险

法律对股份有限公司股份转让的限制多体现为对特殊主体资格的限制。主要表现为：

第一，发起人转让限制的法律风险。

根据法律规定，股份有限公司发起人持有的股份自公司成立起 1 年内不得转让。在公司公开发行股份前已发行的股份，自公司股票在证券交易所上市交易起1年内不得转让。这意味着，对发起人来说，无论股票是否上市，在1年内不得转让，即使股票上市，上市前的股份也不得在上市后1年内转让。相应的，受让人也不得购买此类股票。

第二，董事、监事、高级管理人员转让限制的法律风险。

根据法律规定，上述人员在任职期间，每年转让的股份不得超过其所持有的本公司股份的25%，所持股份在自股票上市交易之日起1年内不得转让。在离职后半年内，也不得转让其所持有的本公司股份。可见，法律对上述人员转让股份的行为在比例、时间上进行了严格的限制，因此，涉及上述人员的股权交易，应注意股份比例和时间的限制。

第三，持有5%股份的股东转让限制的法律风险。

根据《证券法》的规定，在股票上市后，禁止持有5%股份的股东在买入后6个月内又卖出，或者在卖出后6个月内又买入。否则，由此所得收益归公司所有。这是法律的强制性规定，不仅转让无效，所得收益还将归公司所有。

第四，上市收购股份转让限制的法律风险。

法律规定，采取要约式收购的，收购人在收购期限内，不得卖出被收购公司的股票，也不得采取要约规定以外的形式和超出要约的条件买入被收购公司的股票。同时，收购人持有的股票，在收购行为完成后12个月内不得转让。

第五，证券机构人员和其他有关人员转让限制的法律风险。

根据证券法的规定，证券交易所、证券公司和证券登记结算机构的从业人员，证券监督管理机构的工作人员以及法律禁止参与证券交易的其他人员，在任职和法定期限内，不得直接或以化名、借他人名义持有、买卖股票，也不得收受他人赠送的股票。在成为前述人员前，其所持有的股票必须依法转让。因此，这类特殊人员的股票也是禁止出让或买入的。否则，也会导致转让的无效。

第六，证券中介服务机构及其人员转让限制的法律风险。

主要指为股票发行出具审计报告、资产评估报告或者法律意见书等文件的证券服务机构和人员，在该股票承销期内和期满后6个月内，不得买卖该种股票。为上市公司进行上述服务的中介机构和人员，自接受委托之日起至上述文件公开后5日内，不得买卖该种股票。因此，这类特殊人员的股票也是禁止出让或买入的，否则，也会导致转让的无效。

基于以上转让主体资格的法律限制分析，在股权转让中，受让人必须熟悉和精通《中华人民共和国公司法》和《中华人民共和国证券法》中对转让主体资格的相关限制规定，选择合法的转让主体。

3. 隐名股东转让中的法律风险

“显名股东”与“隐名股东”通过协议产生合同关系。隐名股东不是名义上的股东，但其属于公司法意义上的“实际控制人”，不具有股东资格，但“显名股东”受其支配和控制，从而对公司的生产经营产生影响。

因此，“隐名股东”不得以自己名义转让“显名股东”的股权，否则其转让股权行为无效。同时，如果“显名股东”违背了与“隐名股东”的协议，擅自转让股权，因公司章程中股东登记的公示作用，仍产生股权转让的法律效果，不得对抗善意第三人。

（二）受让方资格瑕疵的法律风险及管控

关于受让方资格瑕疵的问题，主要考虑是否违背了法律的限制规定，受让主体存在法律障碍，同样会导致转让无效。以下几种主体，在受让股权时受到法律限制：

1. 中国公民个人不能作为中外合资（合作）有限公司的股东。

2. 属于国家禁止或限制设立外资企业的行业的公司股权，禁止或限制向外商转让。

3. 法律、法规、政策规定不得从事营利性活动的主体，不得受让公司股权成为公司股东，例如各级国家机关的领导。

因此，受让人在进行股权收购时，要了解我国法律上对受让方资格的限制规定，否则，导致收购无效而承担不必要的成本。

二、自然人转让股权的税务风险及管控

（一）自然人转让股权的税务风险

1. 股权转让协议履行完毕与否的税务风险

根据《国家税务总局关于纳税人收回转让的股权征收个人所得税问题的批复》（国税函〔2005〕130号）的规定，个人转让股权的所得税按以下两种情况处理：

一是股权转让合同履行完毕、股权已作变更登记，且所得已经实现的，转让人取得的股权转让收入应当依法缴纳个人所得税。转让行为结束后，当事人双方签订并执行解除原股权转让合同、退回股权的协议，是另一次股权转让行为，对前次转让行为征收的个人所得税款不予退回。基于此规定，如果股权转让协议已经履行，履行的标志是受让人已经向转让方支付了股权转让款，并在当地工商部门办理了工商变更登记手续。则当事人双方签订并执行解除原股权转让合同、退回股权的协议，对前次转让行为征收的个人所得税款不予退回。

二是股权转让合同未履行完毕，因执行仲裁委员会作出解除股权转让合同及补充协议的裁决、停止执行原股权转让合同的决定，并原价收回已转让股权的，由于其股权转让行为尚未完成，收入未完全实现，随着股权转让关系的解除，股权收益不复存在，根据个人所得税法和征管法的有关规定，以及从行政行为合理性原则出发，纳税人不应缴纳个人所得税。

基于以上规定，个人在进行股权转让时，必须要考虑清楚股权转让协议的履行完毕与否的税收负担问题，如果不想实质上进行股权转让，则在

签订股权转让协议之后，不需要进行工商登记，不要支付股权转让款，则股权转让协议是法律上的未履行完毕，可以退回协议，可以节省股权转让中的个人所得税。

2. 个人转让股权的个人所得税缴纳的税务风险

个人转让股权的个人所得税缴纳的税务风险主要体现在以下两方面：

（1）自然人股东发生股权转让时，没有在规定的时间内申报个税或根本没有进行个税申报直接办理工商变更登记手续。

在实践中总是存在一种现象：转让方和受让方私自签订平价或折价的股权转让协议，不通过当地的税务当局，而直接通过社会关系，在当地的市场监督管理局办理工商变更登记手续。这是不符合税法规定的，将面临税务当局的稽查和处罚风险。根据《股权转让所得个人所得税管理办法（试行）》（国家税务总局2014年公告第67号）第五条、第六条、第二十条的规定，自然人股东发生股权转让时，个人股权转让所得应缴的个人所得税，以股权转让方为纳税人，以受让方为扣缴义务人。扣缴义务人应于股权转让相关协议签订后5个工作日内，将股权转让的有关情况报告主管税务机关。被投资企业应当详细记录股东持有本企业股权的相关成本，如实向税务机关提供与股权转让有关的信息，协助税务机关依法执行公务。具有下列情形之一的，扣缴义务人、纳税人应当依法在次月15日内向主管税务机关申报纳税：①受让方已支付或部分支付股权转让价款的。②股权转让协议已签订生效的。③受让方已经实际履行股东职责或者享受股东权益的。④国家有关部门判决、登记或公告生效的。⑤以下行为已经完成的：股权被司法或行政机关强制过户；以股权对外投资或进行其他非货币性交易；以股权抵偿债务；其他股权转移行为。⑥税务机关认定的其他有证据表明股权已发生转移的情形。根据国家税务总局2014年公告第67号第二十四条、第二十五条的规定，税务机关应加强与工商部门合作，落实和完善股权信息交换制度，积极开展股权转让信息共享工作。税务机关应当建立股权转让个人所得税电子台账，将个人股东的相关信息录入征管信息系统，强化对每次股权转让的股权转让收入和股权原值的逻辑审核，对股权转让实施链条式动态管理。

(2) 股权转让协议中的转让价格往往不符合独立交易原则，即不符合税收法律规定的折价或平价条件，而少申报缴纳个人所得税。

根据国家税务总局2014年公告第67号第十一条第（一）项和第十二条的规定，自然人股东转让股权申报的股权转让收入明显偏低且无正当理由的，主管税务机关可以核定股权转让收入。以下六种情况视为股权转让收入明显偏低：①申报的股权转让收入低于股权对应的净资产份额的。其中，被投资企业拥有土地使用权、房屋、房地产企业未销售房产、知识产权、探矿权、采矿权、股权等资产的，申报的股权转让收入低于股权对应的净资产公允价值份额的；②申报的股权转让收入低于初始投资成本，或低于取得该股权所支付的价款及相关税费的；③申报的股权转让收入低于相同或类似条件下同一企业同一股东或其他股东股权转让收入的；④申报的股权转让收入低于相同或类似条件下同类行业的企业股权转让收入的；⑤不具合理性的无偿让渡股权或股份；⑥主管税务机关认定的其他情形。

（二）自然人转让股权应控制的4个涉税风险点

根据《股权转让所得个人所得税管理办法（试行）》（国家税务总局2014年公告第67号）的规定，自然人转让股权计算个人所得税时，需要防范控制以下4个涉税风险点。

1. 税收风险控制点一：自然人转让股权计税依据明显偏低，应按照以下方法核定股权转让收入。

当申报的股权转让价格低于初始投资成本，或低于取得该股权所支付的价款及相关税费的，或申报的股权转让价格低于对应的净资产份额的，属于计税依据明显偏低。如果没有正当理由，一般按照每股净资产或股权对应的净资产份额核定股权转让收入。

【案例分析 37：自然人股东以低于所有者权益的价格转让股权的涉税分析】

（一）基本情况介绍

2019 年 10 月，王女士以现金 100 万元创办一家企业，2022 年 2 月，王女士与李先生签订股权转让协议，协议约定：“王女士以 90 万元的价格，低于成本价将 100% 股权转让给李先生。”截至转让前，被转让企业的所有者权益为 150 万元，其中注册资本为 100 万元，未分配利润和盈余公积为 50 万元。请进行涉税分析。

（二）涉税分析

税务机关认为该项股权转让价格明显偏低且无正当理由，对股权转让收入依据所有者权益 150 万元核定。因此，该项股权转让的财产转让所得为：150 万元 - 100 万元 = 50 万元。应缴纳个人所得税 = 50 万元 × 20% = 10 万元。假设本案例的转让价格为 120 万元，如果按照申报的转让价格 120 万元计算，应缴纳个人所得税 = (120 - 100) × 20% = 4 万元，而税务机关认为低于对应净资产份额，核定计税依据 150 万元，即也应缴纳个人所得税 10 万元。本案例说明了两种情况：第一种是申报价格低于初始投资成本；第二种是虽然高于初始投资成本，但是低于对应的净资产份额，也应按照每股净资产或股权对应的净资产份额核定股权转让收入。

【案例分析 38：自然人股东平价转让股权的涉税风险分析】

（一）基本情况介绍

2017 年 9 月成立的和平实业有限公司，注册资本为 100 万元，经营范围是：生产、销售。经营品类有：服装、纺织品、布匹、污水处理、漂染、服装印花、服装辅料、皮具、洗漱用品、服装染料。其股东结构和出资情况如表 5 - 2 所示。

表 5-2　和平实业有限公司的股东结构和出资情况

股东姓名	认缴出资额	出资方式	认缴期限	实缴出资额	股权比例
甲	40 万元	现金	30 天	40 万元	40%
乙	30 万元	现金	30 天	30 万元	30%
丙	30 万元	现金	30 天	30 万元	30%

2022 年 3 月 28 日，祥和房地产有限公司的三位股东 A、B 和 C 平价收购和平实业有限公司自然人股权乙和丙的股权，即 A 受让乙转让和平实业有限公司的 20% 股权；B 受让丙转让和平实业有限公司的 20% 股权；C 受让乙、丙各自转让和平实业有限公司的 10% 股权。股权转让后的股东结构和各股东出资情况如表 5-3 所示。

表 5-3　股权转让后的股东结构和各股东出资情况

股东姓名	股权比例	出资额	出资方式
甲	40%	40 万元	现金
A	20%	20 万元	现金
B	20%	20 万元	现金
C	20%	20 万元	现金

以上自然人签订的股权转让协议，没有在当地税务部门进行备案，也没有接受当地税务部门是否需要进行纳税、不纳税或免税的审查手续，而是直接在当地市场监督管理局办理了工商变更登记手续。而且股权转让协议规定："乙股权转让前在公司形成的债权债务由乙享有和承担；股权转让后由 C 和 B 享有和承担。丙股权转让前在公司形成的债权债务由丙享有和承担；股权转让后由 C 和 B 享有和承担。"根据 2022 年 2 月 29 日的资产负债表显示：在 2022 年 3 月 28 日股权转让前，和平实业有限公司的债权总共为 6 629 303.45 元，分别为：其他应收款 5 466 977.4

元，预付账款 1 162 326. 05 元。和平实业有限公司的债务总共为 17 362 457. 23 元，分别为：应付账款 960. 71 元，预收账款 2 450 073. 1，应付工资 157 036. 84 元，应付税金 8 510. 18 元，其他应付款 4 745 876. 4，长期借款 10 000 000 元。根据股权转让协议中的债权和债务承担规定，2022 年 3 月 28 日前，乙和丙享有的债权共为：6 629 303. 45 ×60% =3 977 582. 07 元，乙和丙承担的债务共为：17 362 457. 23 ×60% =10 417 474. 34 元。另外，和平实业有限公司拥有的 224. 16 亩工业用地，该用地的计税基础即土地购买款为 613 万元，请分析祥和房地产有限公司的三位股东 A、B 和 C 平价收购和平实业有限公司自然人乙和丙的股权的过程中存在的较大的税收风险。

（二）税收风险分析

祥和房地产有限公司的三位股东 A、B 和 C 平价收购和平实业有限公司自然人乙和丙的股权的过程中存在较大的税收风险，分析如下：

1. 法律依据

第一，国家税务总局 2014 年公告第 67 号的规定。

扣缴义务人应于股权转让相关协议签订后 5 个工作日内，将股权转让的有关情况报告主管税务机关。被投资企业应当详细记录股东持有本企业股权的相关成本，如实向税务机关提供与股权转让有关的信息，协助税务机关依法执行公务。

被投资企业发生个人股东变动或者个人股东所持股权变动的，应当在次月 15 日内向主管税务机关报送含有股东变动信息的“个人所得税基础信息表（A 表）”及股东变更情况说明。税务机关应加强与工商部门合作，落实和完善股权信息交换制度，积极开展股权转让信息共享工作。

根据国家税务总局2014年公告第67号第十一条第（一）项和第十二条的规定，自然人股东转让股权申报的股权转让收入明显偏低且无正当理由的，主管税务机关可以核定股权转让收入。以下六种情况视为股权转让收入明显偏低：（一）申报的股权转让收入低于股权对应的净资产份额的。其中，被投资企业拥有土地使用权、房屋、房地产企业未销售房产、知识产权、探矿权、采矿权、股权等资产的，申报的股权转让收入低于股权对应的净资产公允价值份额的。（二）申报的股权转让收入低于初始投资成本或低于取得该股权所支付的价款及相关税费的。（三）申报的股权转让收入低于相同或类似条件下同一企业同一股东或其他股东股权转让收入的。（四）申报的股权转让收入低于相同或类似条件下同类行业的企业股权转让收入的。（五）不具合理性的无偿让渡股权或股份。（六）主管税务机关认定的其他情形。

符合下列条件之一的股权转让收入明显偏低，视为有正当理由：（一）能出具有效文件，证明被投资企业因国家政策调整，生产经营受到重大影响，导致低价转让股权；（二）继承或将股权转让给其能提供具有法律效力身份关系证明的配偶、父母、子女、祖父母、外祖父母、孙子女、外孙子女、兄弟姐妹，以及对转让人承担直接抚养或者赡养义务的抚养人或者赡养人；（三）相关法律、政府文件或企业章程规定，并有相关资料充分证明转让价格合理且真实的本企业员工持有的不能对外转让股权的内部转让；（四）股权转让双方能够提供有效证据证明其合理性的其他合理情形。

被投资企业的土地使用权、房屋、房地产企业未销售房产、知识产权、探矿权、采矿权、股权等资产占企业总资产比例超过20%的，主管税务机关可参照纳税人提供的具有法定资质的中介机构出具的资产评估报告核定股权转让收入。

第二，国税函〔2007〕244 号文件的规定。

《国家税务总局关于股权转让收入征收个人所得税问题的批复》（国税函〔2007〕244 号）第二条第（一）项规定，对于原股东取得转让收入后，根据持股比例先清收债权、归还债务后，再对每个股东进行分配的，应纳税所得额的计算公式为：应纳税所得额 =（原股东股权转让总收入 - 原股东承担的债务总额 + 原股东所收回的债权总额 - 注册资本额 - 股权转让过程中的有关税费）× 原股东持股比例。其中，原股东承担的债务不包括应付未付股东的利润。

第二条第（二）项规定，对于原股东取得转让收入后，根据持股比例对股权转让收入、债权债务进行分配的，应纳税所得额的计算公式为：应纳税所得额 = 原股东分配取得股权转让收入 + 原股东清收公司债权收入 - 原股东承担公司债务支出 - 原股东向公司投资成本。

2. 税收风险分析

通过实地调研分析发现，和平实业有限公司的 224.16 亩的工业用地占和平实业有限公司资产总额比例达 50% 以上。根据国家税务总局 2014 年公告第 67 号第十四条第（一）项的规定，和平实业有限公司的自然人股东在转让股权时，必须经过中介机构评估核实。而本案例中，和平实业有限公司的自然人股东乙和丙在转让股权的过程中，没有对公司占资产总额的 50% 以上的土地使用权进行评估，而是以平价转让给祥和房地产有限公司的三位股东 A、B 和 C，不符合税法的规定，将面临税务部门的稽查而背上税收处罚的风险。

由于和平实业有限公司的土地是工业用地，在转让股权时，也按照工业用地的价格进行评估，通过调研发现，和平实业有限公司所在县的工业用地的评估市场价大概为 11 万元/亩，由于和平实业有限公司的土地使用面积为224.16亩，则到2022年3月28日，和平实业有限公司的资产（含土地使用权613万元）为16 735 408.89万元，负债为17 362 457.23元，净资产为－627 048.34元。而且股权转让协议规定：“乙股权转让前在公司形成的债权债务由乙享有和承担；股权转让后由C和B享有和承担。丙股权转让前在公司形成的债权债务由丙享有和承担；股权转让后由C和B享有和承担。”

按照国家税务总局2014年公告第67号和《国家税务总局关于股权转让收入征收个人所得税问题的批复》（国税函〔2007〕244号）的规定，和平实业有限公司应该代扣转出去的自然人股东乙和丙的个人所得税总共为：

[（224.16亩×110 000元/亩－6 130 000元－627 048.34元）×60%＋3 977 582元－10 417 474元]×20%＝(1 790.1万元×60%－6 439 892元)×20%＝86万元。

但是和平实业有限公司在转让股权时，采用的是平价法，而且没有对公司占资产总额的50%以上的土地使用权进行评估，如果被税务机关稽查发现，将接受每天5‰的滞纳金和应缴税款50%以上5倍以下的税收罚款。

3. 祥和房地产有限公司股东收购和平实业有限公司股权的涉税风险控制策略

基于以上税收风险分析，建议祥和房地产有限公司的自然人股东A、B和C履行转出方自然人股东乙和丙股权转让的个人所得税86万元。

2. 税收风险控制点二：净资产份额的计算中，知识产权、土地使用权、房屋、探矿权、采矿权、股权等合计占资产总额比例达20%以上的企业，净资产额须经中介机构评估核实。

例如，王先生持有某煤矿公司M公司的60%股份，2022年2月，将股份转让给李先生，转让价款为6 000万元。转让前M公司的所有者权益为8 000万元，其中注册资本1亿元，未分配利润为－2 000万元。M公司账面上有预收账款2亿元。王先生申报个人所得税的财产转让所得为6 000万元－6 000万元＝0。理由是按照对应的M公司净资产份额为4 800万元，而转让价格为6 000万元，并不低于占有M公司账面净资产份额。知识产权、土地使用权、房屋、探矿权、采矿权、股权往往蕴含着较高的隐含增值，例如本例中，虽然M公司利润为负数，那是因为该煤矿企业预收账款尚未结转会计收入的原因，一旦结转收入，将会有大量的会计利润产生，从而抬高所有者权益份额。再如股权，在成本法做账情况下，尽管被投资企业已经实现了大量利润，在被投资企业分红时，此时投资企业不作任何会计处理，因此该项股权隐含着大量的增值。由于以上原因，根据国家税务总局2014年公告第67号第十四条第（一）项的规定，被投资企业的土地使用权、房屋、房地产企业未销售房产、知识产权、探矿权、采矿权、股权等资产占企业总资产比例超过20%的，主管税务机关可参照纳税人提供的具有法定资质的中介机构出具的资产评估报告核定股权转让收入。本例中，假设经评估机构核实，M公司净资产公允价值为3亿元，因此，张先生持有股权的转让价格应核定为3亿元×60%＝1.8亿元，财产转让所得＝1.8亿元－6 000万元＝1.2亿元，应缴纳个人所得税＝1.2亿元×20%＝2 400万元。

3. 税收风险控制点三：股权转让给配偶、父母、子女、祖父母、外祖父母、孙子女、外孙子女、兄弟姐妹，以及对转让人承担直接抚养或者赡养义务的抚养人或者赡养人，属于计税依据明显偏低的正当理由，不需要进行纳税调整。

根据国家税务总局2014年公告第67号公告明确规定，将股权转让给配偶、父母、子女、祖父母、外祖父母、孙子女、外孙子女、兄弟姐妹，以及对转让人承担直接抚养或者赡养义务的抚养人或者赡养人，属于计税依据明显偏低的正当理由。也就是如果将股权低价转让给以上列举以外的人，而且计税依据明显低于其对应的净资产份额的，就应该按照净资产份额确定计税依据；或者说将股权无偿赠送给配偶、父母、子女、祖父母、外祖父母、孙子女、外孙子女、兄弟姐妹，以及对捐赠人承担直接抚养或者赡养义务的抚养人或者赡养人，不需要缴纳个人所得税；如果捐赠给以上列举以外的人，则应该按照净资产份额确定计税依据，按财产转让所得缴纳个人所得税。

例如，张先生持有M公司50%股权，M公司所有者权益为1 000万元，其中注册资本500万元，未分配利润和盈余公积为500万元。张先生将股权无偿赠送给了李先生，张先生和李先生不属于国家税务总局2014年公告第67号中所列举的亲属关系。税务机关可能认为，张先生对应的净资产份额为500万元，因此其计税依据明显偏低并无正当理由，按照250（500－500×50%）万元确认财产所得，从而缴纳个人所得税＝250万元×20%＝50万元。

4. 税收风险控制点四：对接受转让股权再转让计算个人所得税的，其股权转让的成本为前次转让的交易价格及买方负担的相关税费，这里的“交易价格”有两层含义：如果前次转让的交易价格有正当理由，则“交易价格”是符合正当理由的价格；如果前次转让的交易价格无正当理由的，则交易价格按照税务主管部门核定后的计税依据。

例如，张先生将股权转让给王先生，并向税务机关申报交易价格1 000万元，税务机关认为计税价格明显偏低，核定计税价格为1 500万元。王先生将取得股权转让给李先生，转让价格为2 000万元。此时，股权转让的成本为前次转让的交易价格。这里的交易价格究竟为1 500万元，还是1 000万元呢？应按照1 500万元计算股权转让的成本。

三、法人股东转让股权协议中的税收风险及控制

（一）法人转让股权协议中的税收风险

《中华人民共和国企业所得税法实施条例》（中华人民共和国国务院令

第512号）第八十三条规定，企业所得税法第二十六条第（二）项所称符合条件的居民企业之间的股息、红利等权益性投资收益，是指居民企业直接投资于其他居民企业取得的投资收益。企业所得税法第二十六条第（二）项和第（三）项所称股息、红利等权益性投资收益，不包括连续持有居民企业公开发行并上市流通的股票不足12个月取得的投资收益。国税函〔2010〕79号明确，转让股权收入扣除为取得该股权所发生的成本后，为股权转让所得。企业在计算股权转让所得时，不得扣除被投资企业未分配利润等股东留存收益中按该项股权所可能分配的金额。《国家税务总局关于企业所得税核定征收有关问题的公告》（国家税务总局公告2012年第27号）第二条规定：依法按核定应税所得率方式核定征收企业所得税的企业，取得的转让股权（股票）收入等转让财产收入，应全额计入应税收入额，按照主营项目（业务）确定适用的应税所得率计算征税；若主营项目（业务）发生变化，应在当年汇算清缴时，按照变化后的主营项目（业务）重新确定适用的应税所得率计算征税。

基于以上税收法律的规定，法人转让股权协议中的税收风险主要体现在以下两点：

1. 被投资企业有多年累积的未分配利润和盈余公积时，法人转让股权的转让价格中，含有被投资企业多年累积的未分配利润和盈余公积与转让方股东所占股权比例的乘积部分，而由于股权转让是溢价转让，从而使转让方股东多缴纳企业所得税。

2. 核定应税所得率方式核定征收企业所得税的企业，发生股权（股票）转让时，按照转让收入扣除股权（股票）投资成本作为应税收入额，使企业少缴纳企业所得税。

（二）法人转让股权协议中的税收风险控制

根据以上涉税风险分析，法人转让股权合同中的涉税风险应采取以下控制措施：

1. 如果股东是企业或法人，在发生转让股权时，为了实现少缴纳企业所得税，则可以先将留存收益进行分配，降低净资产，再转让股权，从而降低转让所得，减少企业所得税。

2. 依法按核定应税所得率方式核定征收企业所得税的企业，取得的转让股权（股票）收入等转让财产收入，应全额计入应税收入额，按照主营项目（业务）确定适用的应税所得率计算征税。

【案例分析39：法人股东转让股权的节税分析】

（一）基本情况介绍

A公司拥有B公司100%的股权，初始投资成本为100万元，B公司截至2020年6月底，账面净资产为200万元，其中注册资本100万元、盈余公积30万元、未分配利润70万元，现A公司按220万元出售给境内C企业，应如何进行纳税筹划使转让所得的税负最低？

（二）涉税分析

1. 纳税筹划前的纳税分析

由于留存收益包括未分配利润和盈余公积两个部分，上述盈余公积30万元、未分配利润70万元不得扣减。则A企业应确认股权转让所得120（220－100）万元，而不是20（220－100－30－70）万元。企业转让股权所得的企业所得税为30万元（120万元×25%）。

上述股权转让似乎产生了重复征税问题，盈余公积30万元、未分配利润70万元属于税后提取，已经缴纳过企业所得税，A公司转让股权时，确认股权转让所得，计入应纳税所得，对该部分重复征收了企业所得税。

2. 纳税筹划思路及筹划后的纳税分析

为避免重复征税，可以先将留存收益进行分配，降低净资产再转让，从而降低转让所得。如 A 企业先将未分配利润 70 万元以股利形式分回，成为享受符合条件的居民企业之间的股息、红利收入，为免税收入。企业再以 150 万元的价格转让，则股权转让所得 50（150－100）万元，转让所得的企业所得税为 12.5 万元（50 万元×25%），与纳税筹划前相比减少 17.5（30－12.5）万元。

第六章　股权布局涉及增资、减资、转增资本、股权（资产）收购的涉税处理

在企业股权布局控税策略方案的设计过程中，往往涉及公司对外股权融资，增加公司注册资金，公司减资和公司未分配利润、盈余公积转增资本等一系列的涉税问题。本章从控制企业税收风险，确保公司提升税收安全的角度出发，主要介绍和分析法人投资者、自然人投资者从被投资企业减资、公司对外进行股权融资、增资扩股以及公司累积盈余转增资本过程中的涉税风险及其应对策略。在此基础上，详细分析平价增资、溢价增资和折价增资的涉税处理。

第一节　投资者撤回或减少投资的涉税处理

在当前经济发展过程中，经常会出现投资企业从被投资企业撤回投资或减少投资的行为，也经常出现个人投资者终止投资、联营、经营合作等商业行为。对此两种商业行为，应如何进行税务处理呢？笔者对《国家税务总局关于企业所得税若干问题的公告》（国家税务总局2011年第34号公告）、《国家税务总局关于个人终止投资经营收回款项征收个人所得税问题的公告》（国家税务总局公告2011年第41号）和《国家税务总局关于股权

转让所得个人所得税管理办法》（国家税务总局公告 2014 年第 67 号）进行了一定研究，分析总结企业撤回或减少投资的税务处理如下。

一、法人投资者撤回或减少投资的法律程序

（一）经股东大会决议

根据《中华人民共和国公司法》（中华人民共和国主席令第 63 号）第三十七条的规定，公司股东大会对投资者撤回或减少投资作出决议是股东大会的职权之一。

（二）公告、变更工商登记

《中华人民共和国公司法》（中华人民共和国主席令第 63 号）第一百七十七条规定：公司需要减少注册资本时，必须编制资产负债表及财产清单。公司应当自作出减少注册资本决议之日起 10 日内通知债权人，并于 30 日内在报纸上公告。债权人自接到通知书之日起 30 日内，未接到通知书的自公告之日起 45 日内，有权要求公司清偿债务或者提供相应的担保。第一百七十七条规定：公司增加或者减少注册资本，应当依法向公司登记机关办理变更登记。基于此规定，减少投资或撤回投资必须要股东大会决议通过，而且需要经过市场监督管理部门变更工商和税务登记，才具有法律效力。

二、法人投资者撤回或减少投资的涉税处理

（一）涉税法律依据分析

《国家税务总局关于企业所得税若干问题的公告》（国家税务总局 2011 年第 34 号）第五条规定："投资企业从被投资企业撤回或减少投资，其取得的资产中，相当于初始出资的部分，应确认为投资收回；相当于被投资

企业累计未分配利润和累计盈余公积按减少实收资本比例（肖太寿博士提醒：2013 年修改的《公司法》规定的注册资本实施认缴制的起点时间是 2014 年 3 月 1 日，而该税法文件是在该次修改《公司法》之前，因此，现在是按减少认缴的注册资本比例计算）计算的部分，应确认为股息所得；其余部分确认为投资资产转让所得。被投资企业发生的经营亏损，由被投资企业按规定结转弥补；投资企业不得调整减低其投资成本，也不得将其确认为投资损失。”此条款需要纳税人把握以下四个方面：

1. 减少企业长期股权投资的三种模式。

第一，转让股权。

根据《国家税务总局关于贯彻落实企业所得税法若干税收问题的通知》（国税函〔2010〕79 号）与《国家税务总局关于非居民企业所得税源泉扣缴有关问题的公告》（国家税务总局公告 2017 年第 37 号）第三条的规定，转让价款不得减去其对应的被投资企业累积未分配利润和累积盈余公积份额。

第二，被投资企业清算，企业股权消亡。

根据财税〔2009〕60 号文件规定，被投资企业清算时，允许在剩余资产中扣减其对应的未分配利润和盈余公积。

第三，减资分配。

国家税务总局 2011 年第 34 号公告明确规定：相当于被投资企业累计未分配利润和累计盈余公积按减少实收资本的比例计算的部分，应确认为股息所得。

例如，A 公司 2020 年以 1 000 万元注册 M 公司，占 M 公司 30% 股份，2022 年 6 月，经股东会决议，同意 A 公司抽回其投资，A 公司分得现金 2 500 万元。截至 2022 年年底，M 公司共有未分配利润和盈余公积 3 000 万元，按照 A 公司注册资本比例计算，A 公司应该享有 900 万元。

因此，A 公司股权撤资所得 = 2 500 − 1 000 − 900 = 600 万元。

2. 只能按照注册资本比例，不能按照公司章程约定的分红比例扣除未分配利润和盈余公积金额。

尽管根据《中华人民共和国公司法》的规定，企业章程可以规定投资者不按照出资比例分红，但是为了政策更具有刚性，国家税务总局 2011 年第 34 号公告明确，必须按照“注册资本比例”（现在的法律规定是认缴的注册资本比例）来扣减未分配利润和盈余公积。

3. 扣减累积未分配利润和盈余公积份额，不考虑该留存收益是否缴纳过企业所得税。

虽然政策的出发点是因为企业留存收益是已经缴纳过企业所得税的税后收益，所以为了避免重复纳税，允许企业在分回资产中扣减。但是实际上，由于企业三种原因的存在，使得企业留存收益未必和已纳的税款完全对应。一是纳税调增。会使得缴税多，而扣减的留存收益少，企业吃亏了。二是纳税调减。会使得缴税少，而扣减的留存收益多。三是核定征收。核定征收企业会计利润和已经缴纳过的税款完全不成比例，例如企业留存收益为 1 000 万元，实际上该企业核定征收只按照 300 万元所得额征收过税款，此时依然按照 1 000 万元扣减留存收益，显然企业占大便宜了！

4. 如果撤资分回的资产是非货币性资产，必须按照公允价值确认所得。

例如，A 公司投资 M 公司，投资成本为 1 000 万元，占 M 公司 30% 股份。截至撤资时，M 公司累积留存收益为 3 000 万元。其中，A 公司按照注册资本份额享有 900 万元。A 公司撤资时分得一栋物业，账面价值为 2 000 万元，评估市价为 2 500 万元。此时，首先要对分得物业部分作视同销售处理，确认利润 500 万元，然后再按照国家税务总局 2011 年第 34 号公告处理，计算如下：

第一步，确认销售所得 500 万元，同时增加利润 500 万元，增加税后利润为500×(1－25%)＝375 万元。A 公司享有 3 375 万元×30% ＝1 012.5 万元。

第二步，确认撤资所得，2 500－1 000－1 012.5＝487.5 万元。而错误的做法是：2 000－1 000－900＝100 万元。

（二）法人投资者撤资的企业所得税处理

法人投资者撤资获得的所得只缴纳企业所得税，其转让所得的计算公式如下：

法人投资者撤资的转让所得＝从被投资企业撤回或减少投资取得的资产－初始出资（确认为投资收回）－被投资企业累计未分配利润和累计盈余公积按减少实收资本比例计算的部分（应确认为股息所得）

【案例分析 40：企业法人撤资的涉税处理】

（一）基本情况介绍

甲公司实收资本 1 000 万元，有两个法人股东，A 股东占比 40%，B 股东占比 60%，目前甲公司账面上盈余公积 2 000 万元，未分配利润 3 000 万元。由于内部问题，A 股东撤资收回款项 5 000 万元。请问：A 股东撤资，应如何纳税？

（二）涉税处理分析

1. 税收法律依据

《国家税务总局关于企业所得税若干问题的公告》(国家税务总局公告 2011 年第 34 号）第五条规定：投资企业从被投资企业撤回或减少投资，其取得的资产中，相当于初始出资的部分，应确认为投资收回；相当于被投资企业累计未分配利润和累计盈余公积按减少实收资本比例计算的部分，应确认为股息所得；其余部分确认为投资资产转让所得。

2. 涉税处理

第一步：确认投资收回，即初始出资的部分 = 1 000 万元 × 40% = 400 万元，没有税；

第二步：确认股息所得，即相当于被投资企业累计未分配利润和累计盈余公积按减少实收资本比例计算的部分，即（2 000 + 3 000）×40% = 2 000 万元，免征企业所得税；

第三步：确认投资资产转让所得，即 5 000 - 400 - 2 000 = 2 600 万元。

第四步：确认缴纳企业所得税 = 2 600 万元 ×25% = 650 万元。

三、个人终止投资经营的涉税处理

（一）法律依据

《国家税务总局关于个人终止投资经营收回款项征收个人所得税问题的公告》（国家税务总局公告 2011 年第 41 号）第一条规定：个人因各种原因终止投资、联营、经营合作等行为，从被投资企业或合作项目、被投资企业的其他投资者以及合作项目的经营合作人取得股权转让收入、违约金、补偿金、赔偿金及以其他名目收回的款项等，均属于个人所得税应税收入，应按照“财产转让所得”项目适用的规定计算缴纳个人所得税。

应纳税所得额的计算公式如下：

应纳税所得额 = 个人取得的股权转让收入、违约金、补偿金、赔偿金及以其他名目收回款项合计数 - 原实际出资额（投入额）及相关税费

国家税务总局 2014 年公告第 67 号第十三条规定，符合下列条件之一的股权转让收入明显偏低，视为有正当理由：

（1）能出具有效文件，证明被投资企业因国家政策调整，生产经营受

到重大影响，导致低价转让股权；

（2）继承或将股权转让给其能提供具有法律效力身份关系证明的配偶、父母、子女、祖父母、外祖父母、孙子女、外孙子女、兄弟姐妹，以及对转让人承担直接抚养或者赡养义务的抚养人或者赡养人；

（3）相关法律、政府文件或企业章程规定，并有相关资料充分证明转让价格合理且真实的本企业员工持有的不能对外转让股权的内部转让；

（4）股权转让双方能够提供有效证据证明其合理性的其他合理情形。

国家税务总局2014年第67号公告第十二条规定，符合下列情形之一，视为股权转让收入明显偏低：

（1）申报的股权转让收入低于股权对应的净资产份额的。其中，被投资企业拥有土地使用权、房屋、房地产企业未销售房产、知识产权、探矿权、采矿权、股权等资产的，申报的股权转让收入低于股权对应的净资产公允价值份额的；

（2）申报的股权转让收入低于初始投资成本或低于取得该股权所支付的价款及相关税费的；

（3）申报的股权转让收入低于相同或类似条件下同一企业同一股东或其他股东股权转让收入的；

（4）申报的股权转让收入低于相同或类似条件下同类行业的企业股权转让收入的；

（5）不具合理性的无偿让渡股权或股份；

（6）主管税务机关认定的其他情形。

（二）涉税处理

1. 自然人投资于公司制企业并转让股权的税务处理

自然人投资于公司制企业并转让股权时，股权交易各方在签订股权转让协议并完成股权转让交易以后至企业变更股权登记之前，负有纳税义务或代扣代缴义务的转让方或受让方，应到主管税务机关办理纳税（扣缴）申报，并持税务机关开具的股权转让所得缴纳个人所得税完税凭证或免税、不征税证明，到工商行政管理部门办理股权变更登记手续。个人所得税按照《国家税务总局关于股权转让所得个人所得税管理办法》（国家税务总局公告2014年第67号）的规定执行。

2. 自然人投资于公司制企业并撤资的税务处理

根据《国家税务总局关于个人终止投资经营收回款项征收个人所得税问题的公告》（国家税务总局公告2011年第41号）的规定，由于各种原因从所投资的企业终止投资取得的所得，定性为财产转让所得，因此，其缴税方式同股权转让相同，应缴纳个人所得税。

【案例分析41：自然人撤资的个税处理】

（一）基本情况

2019年，张先生以现金1 000万元投资于M公司，占M公司股权40%，截至2020年1月，M公司未分配利润和盈余公积总额为1 500万元，其中张先生所占份额为600万元。2022年2月，张先生以减少注册资本的方式撤资，并从M公司取得了2 000万元撤资收入。

（二）涉税分析

根据国家税务总局公告2011年第41号规定，张先生因各种原因从所投资的企业终止投资取得的所得，定性为财产转让所得，因此，其缴税方式同股权转让相同，其个人所得税计算如下：

张先生财产转让所得＝2 000－1 000＝1 000（万元）

个人所得税＝1 000×20%＝200（万元）

如果M公司注销清算，张先生取得2 000万元剩余资产，其个人所得税处理同上。

特别提醒：

在撤资或企业清算中，投资者取得资产或剩余资产时，由于个人所得税中的股息、红利所得按照20%缴纳个人所得税，财产转让所得税率也是20%，两者税负相同，因此，国家税务总局公告2011年第41号对个人撤资或清算，未区分未分配利润、盈余公积与财产转让所得，一律按照财产转让所得缴纳个人所得税。而企业所得税中的股息、红利所得，满足税法规定条件下，属于免税收入，因此，企业所得税需要区分免税的股息所得与应税的财产转让所得。即在股权转让中，个人所得税与企业所得税对于未分配利润和盈余公积的处理方式相同，而撤资或清算的处理方式不同。

第二节　三种增资扩股方式的涉税处理

一、公司增资扩股融资的三种方式

所谓增资扩股，是指公司为扩大生产经营规模，优化股权比例和结构，提高公司资信度和竞争力，依法增加注册资本金的行为。增资扩股融资可以划分为溢价扩股、平价扩股两种形式，常见的增资扩股融资的方式主要有以下几种：

（一）以公司未分配利润、公积金转增注册资本

依据《中华人民共和国公司法》第一百六十七条的规定，公司税后利润首先必须用于弥补亏损和提取法定公积金（提取比例为10%，公司法定公积金累计额超过公司注册资本50%的，可以不再提取），有剩余的，方可在股东之间进行分配。分配公司利润时，经股东会决议，可将之直接转增

注册资本，增加股东的出资额。依据《中华人民共和国公司法》第一百六十九条的规定，增加公司资本是公积金的用途之一。需要注意的是，法定公积金转为注册资本时，所留存的该项公积金不得少于转增前公司注册资本的25%。另外，公司以未分配利润、公积金转增注册资本的，除非公司章程有特殊规定，否则有限责任公司应当按照股东实缴的出资比例（详见《中华人民共和国公司法》第三十五条），股份有限公司应当按照股东持有的股份比例（详见《中华人民共和国公司法》第一百六十七条）增加股东的注册资本。

（二）公司原股东增加出资

公司股东还可以依据《中华人民共和国公司法》第二十七条的规定，将货币或者其他非货币财产作价投入公司，直接增加公司的注册资本。需要注意的是，作为出资的非货币财产应当评估作价，核实财产，不得高估或者低估作价。作为出资的货币应当存入公司所设银行账户，作为出资的非货币财产应当依法办理其财产权的转移手续（详见《中华人民共和国公司法》第二十八条）。

（三）新股东投资入股

增资扩股时，战略投资者可以通过投资入股的方式成为公司的新股东。新股东投资入股的价格，一般根据公司净资产与注册资本之比确定，溢价部分应当计入资本公积。另外，依据《中华人民共和国公司法》第一百六十二条的规定，上市公司发行的可转换债亦可转换为公司注册资本，转换后公司注册资本增加，债券持有人身份从公司债权人转换成为公司股东。

二、增资扩股的财税处理

在增资扩股融资实践中，增资扩股融资分为“平价增资”“溢价增资”和“折价增资”三种情况。具体的财税处理如下：

（一）"平价增资"的财税处理

"平价增资"是指新投资者投入被投资企业的资金等于新投资者在被投资企业所占的投资比例乘以接受新投资者投资后的被投资企业的净资产公允价值。或者说，被投资企业的旧投资者在接受新投资者投资后的被投资企业所占的投资比例乘以接受新投资者投资后的被投资企业的净资产公允价值，等于新投资者投资前的被投资企业的净资产公允价值。"平价增资"行为对被投资者企业的新旧股东都没有产生所得，因此，都没有产生纳税义务。

【案例分析42：某企业新投资者"平价增资"后的财税处理分析】

（一）基本情况介绍

自然人C投资100万元成立B公司（即B公司的注册资本为100万元），持有B公司100%的股权，截至2020年12月31日，B公司的净资产账面价值为500万元，公允价值为800万元。为了扩大经营，C计划引入新的战略投资者A个人进行增资扩股，增加注册资本。双方签订的增资协议如下：A投入200万元现金参股，A在B公司所占的股权比例，按照A投入的资金占增资后的B公司净资产公允价值的比例确定，即A占B公司的股权比例为20%［200÷（200+800）］。请分析该增资扩股业务的财税处理。

（二）B公司的会计处理

假定A投入的200万元在B公司体现的实收资本为a，则：a÷(a+100万元)=20%，解得：a=25万元，因此，B公司的账务处理如下：

借：银行存款	2 000 000
贷：实收资本——A	250 000
资本公积——资本溢价	1 750 000

（三）涉税处理分析

增资后，B 公司的净资产为 1 000 万元，其中，C 拥有 B 公司的净资产或权益为 800（1 000×80%）万元，与增资前 B 公司净资产的公允价值 800 万元是相等的；A 拥有 B 公司的净资产或权益为 200（1 000×20%）万元，与增资时投入 B 公司的资金 200 万元是相等的。这就是所谓的“平价增资”行为。

本案例中，增资前，B 公司的原股东自然人 C 将其实际占有 B 公司净资产公允价值的部分 160（800×20%）万元转移给了新投资者自然人 A 的同时，享有新投资者自然人 A 投入资金 200 万元中的 160（200×80%）万元，即 B 公司原股东自然人 C 因为增资扩股并没有获得额外的利益或所得，没有产生纳税义务。同样，自然人投资者 A 和被投资企业 B 公司也没有产生纳税义务。

（二）“折价增资”的财税处理

“折价增资”是指新投资者投入被投资企业的资金小于新投资者在被投资企业所占的投资比例乘以接受新投资者投资后的被投资企业的净资产公允价值。或者说，被投资企业的旧投资者在接受新投资者投资后的被投资企业所占的投资比例乘以接受新投资者投资后的被投资企业的净资产公允价值小于新投资者投资前的被投资企业的净资产公允价值。“折价增资”后的被投资企业以后发生股权转让时，计算股权转让所得的历史基础是不变的，而且股权转让价格是以后发生股权转让时点的公允价，不会产生国家税收流失问题。目前为止，因“折价增资”后的被投资企业的新股东拥有的净资产溢价没有征税的法律依据，不征收所得税。

【案例分析 43：某企业新投资者“折价增资”后的财税处理分析】

（一）基本情况介绍

自然人 C 投资 100 万元成立 B 公司（即 B 公司的注册资本为

100万元），持有B公司100%的股权，截至2021年12月31日，B公司的净资产账面价值为500万元，公允价值为800万元。为了扩大经营，C计划引入新的战略投资者A个人进行增资扩股，增加注册资本。双方签订的增资协议如下：A以100万元资金参股，占B公司20%的股权比例。请分析该增资扩股业务的财税处理。

（二）B公司的会计处理

假定A投入的100万元在B公司体现的实收资本为a，则：a÷（a+100万元）=20%，解得：a=25万元。因此，B公司的账务处理如下：

借：银行存款　　1 000 000

　贷：实收资本——A　　250 000

　　资本公积——资本溢价　　750 000

（三）涉税处理分析

增资后，B公司的净资产为900万元，其中，C拥有B公司的净资产或权益为720（900×80%）万元，小于增资前B公司净资产的公允价值800万元，即少80万元；A拥有B公司的净资产或权益为180（900×20%）万元，比增资时投入B公司的资金100万元多80万元。这就是所谓的“折价增资”行为。

本案例中，增资前，B公司的原股东自然人C将其实际占有B公司净资产公允价值的部分160（800×20%）万元转移给了新投资者自然人A的同时，享有新投资者自然人A投入资金100万元中的80（100×80%）万元，即B公司原股东自然人C因为增资扩股，将其原拥有的B公司净资产公允价值的80（900×20%－100）万元转移给了A个人。增资后，C拥有B公司净资产公允价值的720（900×80%）万元，比增资之前的权益少了80万元；A拥有B公司净资产公允价值的180（900×20%）万元，比增资时投入的100万元资金多了80万元。

对于B公司而言，其净资产的公允价值是900万元（增资前净资产公允价的800万元+增资的100万元），注册资本为125万元（其中，自然人股东C的权益资本为100万元，自然人投资者A的权益资本为25万元）。这就意味着B公司自然人投资者A少付出80万元获得B公司20%的股权，而投资者A少付出的80万元是B公司原自然人股东C买的单。由于B公司以后发生股权转让时，计算股权转让所得的历史基础是不变的，而且股权转让价格是以后发生股权转让时点的公允价，不会产生国家税收流失问题。对于自然人股东A在B公司拥有的净资产公允价增加80万元，没有征税的法律依据，不征收个人所得税。

（三）“溢价增资”的财税处理

“溢价增资”是指新投资者投入被投资企业的资金大于新投资者在被投资企业所占的投资比例乘以接受新投资者投资后的被投资企业的净资产公允价值。或者说，被投资企业的旧投资者在接受新投资者投资后的被投资企业所占的投资比例乘以接受新投资者投资后的被投资企业的净资产公允价值大于新投资者投资前的被投资企业的净资产公允价值。“溢价增资”后的被投资企业以后发生股权转让时，计算股权转让所得的历史基础是不变的，而且股权转让价格是以后发生股权转让时点的公允价，不会产生国家税收流失问题。目前为止，因“溢价增资”后的被投资企业的旧股东拥有的净资产溢价没有征税的法律依据，不征收所得税。

【案例分析44：某企业新投资者“溢价增资”后的财税处理分析】

（一）基本情况介绍

自然人C投资100万元成立B公司（即B公司的注册资本为100万元），持有B公司100%的股权，截至2020年12月31日，B

公司的净资产账面价值为500万元，公允价值为800万元。为了扩大经营，C计划引入新的战略投资者A个人进行增资扩股，增加注册资本。双方签订的增资协议如下：A以100万元资金参股，占B公司1%的股权比例。请分析该增资扩股业务的财税处理。

（二）B公司的会计处理

假定A投入的100万元在B公司体现的实收资本为a，则：a÷（a+100万元）=1%，解得：a=1万元。因此，B公司的账务处理如下：

借：银行存款	1 000 000	
贷：实收资本——A		10 000
资本公积——资本溢价		990 000

（三）涉税处理分析

增资后，B公司的净资产为900万元，其中，C拥有B公司的净资产或权益为891（900×99%）万元，大于增资前B公司净资产的公允价值800万元，即多91万元；A拥有B公司的净资产或权益为9（900×1%）万元，比增资时投入B公司的资金100万元少91万元。这就是所谓的“溢价增资”行为。

本案例中，增资前，B公司的原股东自然人C将其实际占有B公司净资产公允价值的部分8（800×1%）万元转移给了新投资者自然人A的同时，享有新投资者自然人A投入资金100万元中的99（100×99%）万元，即B公司原股东自然人C因为增资扩股而拥有B公司净资产公允价值的891（900×99%）万元，比增资之前的权益多了91万元；A拥有B公司净资产公允价值的9（900×1%）万元，比增资时投入的100万元资金少了91万元。

对于B公司而言，其净资产的公允价值是900万元（增资前净资产公允价的800万元+增资的100万元)，注册资本为101万元（其中自然人股东C的权益资本为100万元，自然人投资者A的权益资本为1万元)。这就意味着B公司自然人投资者A多付出91万元获得B公司1%的股权，而投资者A多付出91万元是B公司原自然人股东C获得的额外收益。由于B公司以后发生股权转让时，计算股权转让所得的历史基础是不变的，而且股权转让价格是以后发生股权转让时点的公允价，不会产生国家税收流失问题。对于自然人股东C在B公司拥有的净资产公允价增加91万元，没有征税的法律依据，不征收个人所得税。

（四）涉税分析结论

关于增资扩股融资的涉税处理问题，总结如下：

第一，“平价增资”行为对被投资者企业的新旧股东都没有产生所得，因此，都没有产生纳税义务。

第二，“折价增资”后的被投资企业以后发生股权转让时，计算股权转让所得的历史基础是不变的，而且股权转让价格是以后发生股权转让时点的公允价，不会产生国家税收流失问题。目前为止，因“折价增资”后的被投资企业的新股东拥有的净资产溢价没有征税的法律依据，不征收所得税。

第三，“溢价增资”后的被投资企业以后发生股权转让时，计算股权转让所得的历史基础是不变的，而且股权转让价格是以后发生股权转让时点的公允价，不会发生国家税收流失问题，目前为止，因“溢价增资”后被投资企业的旧股东拥有的净资产溢价没有征税的法律依据，不征收所得税。

总之，在现有的税收政策的情况下，企业发生增资扩股的环节，无论怎样增资，只要没有发生资本溢价转增资本的情况下，都不发生征税义务。

第三节 “资本公积、盈余公积和未分配利润”转增资本的个税处理

“资本公积、盈余公积和未分配利润”转增资本的个人所得税处理，要分股权收购前和股权收购后两种情况处理。

一、股权收购前“资本公积、盈余公积和未分配利润”转增资本的个税处理

（一）股份制企业转增资本的个税处理

股份制企业以未分配利润、盈余公积和除股票溢价发行外的其他资本公积转增注册资本和股本的，要按照“利息、股息、红利所得”项目，依据现行政策规定计征个人所得税。股份制企业用股票溢价所形成的资本公积金转增股本不属于股息、红利性质的分配，对个人取得的转增股本数额，不作为个人所得，不征收个人所得税。

《国家税务总局关于股份制企业转增股本和派发红股征免个人所得税的通知》（国税发〔1997〕198 号）规定：“股份制企业用资本公积金转增股本不属于股息、红利性质的分配，对个人取得的转增股本数额，不作为个人所得，不征收个人所得税。”虽然该文件明确规定资本公积金转增股本不征税，但是，在随后的《国家税务总局关于原城市信用社在转制为城市合作银行过程中个人股增值所得应纳个人所得税的批复》（国税函〔1998〕289 号）进行了相应的补充说明，国税发〔1997〕198 号文件中所说的资本公积金转增个人股本不需要征税，专指股份制企业股票溢价发行收入形成的资本公积金转增个人股本不作为应税所得，不征收个人所得税。而与此

不相符合的其他资本公积金转增个人股本，应当依法征收个人所得税，包括企业接受捐赠、拨款转入、外币资本折算差额、资产评估增值等形成资本公积金转增个人股本要征收个人所得税。

（二）非股份制企业转增资本的个税处理

非股份制企业以未分配利润、盈余公积和资本公积转增注册资本和股本的，要按照“利息、股息、红利所得”项目，依据现行政策规定计征个人所得税。

现实中存在不少企业投资者为了增加企业和股东自己的资本，在实际不增加投资资金的情况下，采取对资产评估增值，来增加企业权益的资本公积金，然后再将增加的资本公积金分配转增投资者个人股本。例如，一有限责任公司以168万元购买一块土地，经有关部门评估增值为1 000万元后，通过“实收资本”和“资本公积”科目，将1 000万元全部分配到5个股东名下，根据资本公积金转增股本（除股本溢价外）须缴纳个人所得税的规定，虽然该公司股东只是增加了股本，并未收到实际的利益，也没有现金流，仍然要按照持股比例，对每个股东转增的数额征收20%的个人所得税。

盈余公积和未分配利润来源于企业在生产经营活动中所实现的净利润，所以盈余公积和未分配利润转增个人资本实质上是把净利润分配给股东，是对股东股份的重新量化，个人应当缴纳个人所得税。《国家税务总局关于股份制企业转增股本和派发红股征免个人所得税的通知》（国税发〔1997〕198号）和《关于转增注册资本征收个人所得税问题的批复》（国税函〔1998〕333号）都作出规定，盈余公积金转增个人资本应按照“利息、股息、红利所得”项目征收个人所得税。

例如，某有限责任公司A由甲、乙、丙三个自然人投资设立，投资比例为5∶3∶2。为了扩大资本总额，决定用企业600 000元的盈余公积金转增资本。则股东甲应纳个人所得税＝600 000×50%×20%＝60 000元，股东乙应纳个人所得税＝600 000×30%×20%＝36 000元，股东丙应纳个人

所得税 =600 000×20%×20% =24 000 元，上述税款由 A 公司代扣代缴。

【案例分析 45：非股份制企业资本公积转增资本的个税处理】

（一）基本情况介绍

一家非股份制企业原注册资本 3 000 万元，股东 3 人（均为自然人），每人 1 000 万元。三年后，另一股东投入 2 000 万元参股，参股时增加注册资本 1 000 万元，资本公积 1 000 万元。紧接着，将资本公积 1 000 万元转增注册资本，每人 1 250 万元，像这种情形，原来的三个股东增加的 250 万元注册资本要征个人所得税吗？

（二）涉税分析

《企业会计准则指南》（2006）规定，企业收到投资者出资额超出其在注册资本或股本中所占份额的投资属于资本溢价（或股本溢价），应计入资本公积。根据《国家税务总局关于股份制企业转增股本和派发红股征免个人所得税的通知》（国税发〔1997〕198 号）规定，股份制企业用资本公积金转增股本不属于股息、红利性质的分配，对个人取得的转增股本数额，不作为个人所得，不征收个人所得税。又根据《国家税务总局关于原城市信用社在转制为城市合作银行过程中个人股增值所得应纳个人所得税的批复》（国税函〔1998〕289 号）的规定，国税发〔1997〕198 号文件中所说的"资本公积金"，是指股份制企业股票溢价发行收入所形成的资本公积金。此转增股本由个人取得的数额，不作为应税所得征收个人所得税。企业经营过程中因赢利而形成的留存收益是企业所有者的权益，但未转入实收资本，新加入的投资者如要分享这部分留存收益，也应该付出大于按一定投资比例计算的出资额。因此，新股东出资超过其注册资本 1 000 万元部分作为资本溢价，应是对老股东的一种补偿。

综合以上分析，企业用该资本公积增资，自然人股东取得的增资部分，应作为应税所得，征收个人所得税，即原来的三个股东增加的250万元注册资本要征个人所得税。

二、股权收购后的“资本公积、盈余公积和未分配利润”转增资本的个税处理

当企业发生股权转让时，转让企业原账面金额中存在的“资本公积、盈余公积和未分配利润”在股权转让之前未转增股本，而在股权交易时将“资本公积、盈余公积、未分配利润”等一并计入股权转让价格，并缴纳了所得税。如果该企业的股权100%转让给自然人股东后，对该企业以盈余积累转增个人股本行为是否征收个人所得税？考虑到转增股本的企业原账面金额中的盈余积累是由原股东创造并拥有，原股东在转让股权过程中没有事先转增股本，而是将其一并计入了股权交易价格中，新自然人股东为此已经支付了对价，如对其此次转增股本征税，则存在重复征税问题，有违税负公平原则。为支持企业正常重组行为，考虑到企业股权转让过程中，盈余积累与股权转让所得存在相互转化的可能性，税收政策方面，对于原股东转让股权前事先利润分配与新股东事后利润分配应尽量保证税负平衡，不应由于原股东事先利润分配与新股东事后分配而产生较大税负差异。《国家税务总局关于个人投资者收购企业股权后将原盈余积累转增股本个人所得税问题的公告》（国家税务总局公告2013年第23号）明确了个人投资者收购企业股权后，将企业原账面金额中的“资本公积、盈余公积、未分配利润”等盈余积累转增股本的个人所得税问题。具体处理如下：

（一）税务处理原则

一名或多名个人投资者以股权收购方式取得被收购企业100%股权，企业被收购之前，该企业原股东未将原有“资本公积、盈余公积、未分配利润”等盈余积累转增股本（注册资本、实收资本等），而在股权交易时将其一并计入股权转让价格，股权转让方（原股东）已经履行了所得税纳税义

务。股权收购完成后，企业将原账面金额中的盈余积累转增股本。鉴于转增股本的盈余积累已全部或部分计入个人投资者（新股东）股权收购价格中，为避免重复征税，对新股东取得的已计入个人投资者股权收购价格中的盈余积累转增股本的部分，原则上不宜征收个人所得税。

（二）收购企业股权后将原盈余积累转增资本的两种个人所得税处理策略

第一，新股东以不低于净资产价格收购股权的，企业原盈余积累已全部计入股权交易价格，新股东取得盈余积累转增股本的部分，不征收个人所得税。

第二，新股东以低于净资产价格收购股权的，企业原盈余积累中，对于股权收购价格减去原股本的差额部分已经计入股权交易价格，新股东取得盈余积累转增股本的部分，不征收个人所得税；对于股权收购价格低于原所有者权益的差额部分未计入股权交易价格，新股东取得盈余积累转增股本的部分，应按照“利息、股息、红利所得”项目征收个人所得税。对于新股东以低于净资产价格收购企业股权后转增股本按照下列顺序进行：先转增应税的盈余积累部分，然后再转增免税的盈余积累部分。

第三，新股东将所持股权转让时，其财产原值为其收购企业股权实际支付的对价及相关税费。

【案例分析46：收购企业股权后将原盈余积累转增资本的第一种个税处理策略】

（一）基本情况介绍

甲企业原账面资产总额8 000万元，负债3 000万元，所有者权益5 000万元，其中，实收资本（股本）1 000万元，资本公积、盈余公积、未分配利润等盈余积累合计4 000万元。假定多名自然人投资者（新股东）向甲企业原股东购买该企业100%股权，股权收购价6 000万元，新股东收购企业后，甲企业将资本公积、盈余公积、未分配利润等盈余积累 4 000 万元向新股东转增实收资本。请分析其中的涉税处理。

（二）涉税分析

在新股东 6 000 万元股权收购价格中，除了实收资本 1 000 万元外，实际上相当于以 5 000 万元购买了原股东 4 000 万元的盈余积累，即 4 000 万元盈余积累都计入了股权交易价格。甲企业将资本公积、盈余公积、未分配利润等盈余积累 4 000 万元向新股东转增实收资本时，不征收个人所得税。

【案例分析 47：收购企业股权后将原盈余积累转增资本的第二种个税处理策略】

（一）基本情况介绍

甲企业原账面资产总额 8 000 万元，负债 3 000 万元，所有者权益 5 000 万元，其中，实收资本（股本）1 000 万元，资本公积、盈余公积、未分配利润等盈余积累合计 4 000 万元。假定多名自然人投资者（新股东）向甲企业原股东购买该企业 100%股权，股权收购价 4 500 万元，新股东收购企业后，甲企业将资本公积、盈余公积、未分配利润等盈余积累 4 000 万元向新股东转增实收资本。

（二）涉税分析

在新股东 4 500 万元股权收购价格中，除了实收资本 1 000 万元外，实际上相当于以 3 500 万元购买了原股东 4 000 万元的盈余积累，即 4 000 万元盈余积累中，有 3 500 万元计入了股权交易价格，剩余 500 万元未计入股权交易价格。甲企业向新股东转增实收资本时，其中所转增的 3 500 万元不征收个人所得税，所转增的 500 万元应按“利息、股息、红利所得”项目缴纳个人所得税。

第四节　股权布局控税涉及股权收购和资产收购的涉税处理

一、股权收购和资产收购的相关法律规定

（一）股权收购和资产收购的内涵

1. 股权收购的内涵

所谓股权收购，是指一家企业（以下称为“收购企业”）购买另一家企业（以下称为“被收购企业”）的股权，以实现控制被收购企业的交易。从股权收购定义看，股权收购交易的对象是被收购企业的股权。在股权收购过程中，涉及收购企业、被收购企业及被收购企业股东三方。基于以上分析，实现对被收购企业的控制是股权收购的重要特征。

股权收购与股权转让是有区别和联系的。两者的联系在于股权收购是股权转让的一部分，因为股权收购是被收购企业的股权转让给第三方企业，而股权转让既包括被转让方企业的股东之间的股权转让，也包括被转让方企业的股权转让给第三方企业。股权收购是站在收购方而言的民事行为，而股权转让是站在转让方而言的民事行为。

2. 资产收购的内涵

所谓资产收购，是指一家企业（以下称为“受让企业”）以股权支付、非股权支付或两者组合的支付对价形式，购买另一家企业（以下称为“转让企业”）实质经营性资产的交易。在理解资产收购的概念时，要注意资产收购与一般的资产买卖（或资产转让）和企业合并间的区别。

（1）资产收购与一般的资产买卖（或资产转让）的区别

资产收购是指涉及实质经营性资产的交易，与《企业会计准则第 20 号——企业合并》第三条所称的业务合并相似，即一家企业必须是购买另一家企业内部某些生产经营活动或资产的组合，该组合一般具有投入、加工处理过程和产出能力，能够独立计算其成本费用或所产生的收入，但不构成独立法人资格的部分。同时，企业在购买这些资产组合后，必须实际经营该项资产，以保持经营上的连续性。比如，甲企业单纯购买乙企业的机器和设备就不是资产收购，仅是一般的资产买卖，或称为资产转让。

（2）资产收购与企业合并的区别

资产收购是一场企业与企业之间的资产交易，交易的双方都是企业。而企业合并是一场企业与企业股东之间的交易，即合并方企业与被合并方企业的股东之间就被合并企业进行的一场交易。因此，相对于企业合并而言，资产收购不涉及法律主体资格的变更或者法律权利义务的概括承受，可以避免被收购方向收购方转嫁债务。在资产收购中，只要购买方对所购资产支付了合理对价，就不再承担被收购方的任何债务。这样就可有效避免因出卖方债务不如实告知，或者发生或有债务带来的债务风险。

（二）股权收购和资产收购应准备的法律资料

根据《企业重组业务企业所得税管理办法》（国家税务总局公告 2010 年第 4 号）第二十三条和第二十四条的规定，企业发生股权收购或资产收购业务，应准备以下资料：

1. 当事方的股权收购或资产收购业务总体情况说明，情况说明中应包括股权收购或资产收购的商业目的；

2. 双方或多方所签订的股权收购或资产收购业务合同或协议；

3. 股权收购应由评估机构出具所转让及支付的股权公允价值，资产收购应由评估机构出具资产收购所体现的资产评估报告；

4. 证明股权收购或资产收购符合特殊性税务处理条件的资料，包括股权比例、支付对价情况，以及 12 个月内不改变资产原来的实质性经营活动和原主要股东不转让所取得股权的承诺书等；

5. 工商等相关部门核准相关企业股权变更事项证明材料；

6. 税务机关要求的其他材料。

（三）收购前必须对被收购方进行尽职调查

一般而言，股权收购或资产收购通常涉及以下方面的风险：

1. 法律风险。目标公司的主体资格、劳动用工，目标公司经营管理的合法性、目标公司资产、债权债务等；

2. 财务风险。目标公司的资产状况、经营能力、经营状况、竞争能力等；

3. 其他风险。目标公司的技术能力、目标公司所涉及环境保护事项等。

基于规避收购风险的考虑，收购方在收购前必须聘请律师事务所或财务税务顾问，对被收购方进行全方位的尽职调查。

二、股权收购和资产收购的税务处理

在实务中，股权收购主要涉及企业所得税和印花税两个税种，而资产收购主要涉及增值税和企业所得税。笔者在此主要介绍股权收购和资产收购的企业所得税处理。

（一）股权收购业务的企业所得税处理

《财政部 国家税务总局关于企业重组业务企业所得税处理若干问题的通知》（财税〔2009〕59 号）的有关规定，股权收购业务的企业所得税处理分为一般性税务处理和特殊性税务处理。

1. 股权收购业务的一般性税务处理

（1）收购企业的税务处理

①支付对价涉及的所得税处理。当收购企业支付的对价包括固定资产、

无形资产等非货币资产时，虽然财税〔2009〕59 号文件未明确规定应确认所涉及非货币资产的转让所得或损失，但由于资产的所有权属发生了变化，因此，收购企业以固定资产、无形资产等非货币资产进行支付的，应按税法规定确认资产的转让所得或损失。

②取得被收购企业股权计税基础的确定。由于收购企业支付的对价无论是股权支付，还是非股权支付，均是按公允价值支付的，依据财税〔2009〕59 号文件的规定，收购企业应按公允价值确定被收购企业股权的计税基础。

（2）被收购企业股东的税务处理

①放弃被收购企业股权涉及的所得税处理。在股权收购过程中，被收购企业股东放弃被收购企业股权，而取得收购企业支付的股权和非股权，其实质应分解为两项业务，即先转让被收购企业股权，然后再以转让收入购买股权或非股权支付，因此，依据财税〔2009〕59 号文件的规定，被收购企业股东应确认股权转让所得或损失。

②取得股权支付和非股权支付计税基础的处理。由于被收购企业股东确认了放弃被收购企业股权的转让所得或损失，因此，对其取得的股权支付和非股权支付，均应按公允价值确定计税基础。

2. 股权收购业务的特殊性税务处理

（1）股权收购业务的特殊性税务处理的条件

根据财税〔2009〕59 号文件第五条、第六条和《财政部 国家税务总局关于促进企业重组有关企业所得税处理问题的通知》（财税〔2014〕109 号）文件的规定，在对股权收购业务进行特殊性税务处理时，应同时符合以下条件：

①具有合理的商业目的，且不以减少、免除或者推迟缴纳税款为主要目的；

②股权收购，收购企业购买的股权不低于被收购企业全部股权的 50%，

且收购企业在该股权收购发生时的股权支付金额不低于其交易支付总额的85%。

③企业重组后，连续12个月内不改变重组资产原来的实质性经营活动；

④重组交易对价中涉及股权支付金额符合上述规定的比例；

⑤企业重组中取得股权支付的原主要股东，在重组后连续12个月内不得转让其所取得的股权。

（2）收购企业涉及的税务处理

①支付对价涉及的所得税处理。收购企业支付非股权对价涉及的所得税问题，同前面所述一般性处理规定。即根据财税〔2009〕59号文件的规定，无论是一般性处理还是特殊性处理，凡收购企业支付对价涉及非股权等其他非货币性资产的，均应按税法规定确认其转让所得或损失。即对股权收购方而言，非股权支付对应的资产转让所得，应该直接按照其公允价值扣除计税基础计算。

②取得被收购企业股权计税基础的确定。根据财税〔2009〕59号文件第六条第（二）项的规定，收购企业取得被收购企业股权的计税基础，以被收购股权的原有计税基础确定。

（3）被收购企业股东涉及的所得税处理

①放弃被收购企业股权是否确认股权转让所得或损失。为支持企业进行重组，缓解纳税人在资金上的纳税困难，依据财税〔2009〕59号文件的规定，符合特殊处理条件的股权收购业务，被收购企业股东可暂不确认股权转让所得或损失。这里应注意，如果被收购企业股东除取得收购企业的股权外，还取得收购企业支付的非股权支付，被收购企业股东应确认非股权支付对应的股权转让所得或损失。公式如下：

非股权支付对应的资产转让所得或损失＝（被转让资产的公允价值－被转让资产的计税基础）×（非股权支付金额÷被转让资产的公允价值）

《国家税务总局关于企业重组业务企业所得税征收管理若干问题的公告》（国家税务总局公告2015年第48号）第一条第（三）项规定："资产收购中当事各方，指收购方、转让方。"第一条第（二）项规定："股权收购中当事各方，指收购方、转让方及被收购企业。"基于以上税法规定，资产收购和股权收购中的收购方、转让方及被收购企业，对交易中股权支付暂不确认有关资产的转让所得或损失，其非股权支付仍应当在交易当期确认相应的资产转让所得或损失。

例如，甲公司以本公司20%的股权（公允价值为5 700万元）和300万元现金作为支付对价，收购乙公司持有的丙公司80%的股权（计税基础1 000万元，公允价值6 000万元）。由于甲公司收购丙公司股权的比例大于50%，股权支付占交易总额比例为：5 700÷6 000＝95%，大于85%，假定同时符合特殊处理的其他条件。虽然依据财税〔2009〕59号文件规定，乙公司可暂不确认转让丙公司股权的全部转让所得，但应确认取得非股权支付额300万元现金对应的股权转让所得，即应确认股权转让所得为：（6 000－1 000）×（300÷6 000）＝250万元。

②取得股权支付和非股权支付计税基础的确定。虽然财税〔2009〕59号文件规定，符合特殊处理条件的股权收购业务，在涉及非股权支付的情况下，应确认非股权支付对应的资产所得或损失，并调整相应资产的计税基础，但未明确应如何调整相应资产的计税基础。按照所得税对等理论，被收购企业股东应以被收购企业股权的原计税基础，加上非股权支付额对应的股权转让所得，作为取得的股权支付额和非股权支付额的计税基础。其中，非股权支付额的计税基础应为公允价值，所以取得收购企业股权的计税基础，应为被收购企业股权的原计税基础，加上非股权支付额对应的股权转让所得，减去非股权支付的公允价值。

仍以上例说明：乙公司取得现金资产的计税基础应为300万元，取得甲公司股权的计税基础应为1 000＋250－300＝950万元。未来乙公司转让甲公司股权时允许扣除的计税基础为950万元，而不是初得时的公允价值

5 700 万元。可见，财税〔2009〕59 号文件对股权收购特殊处理的规定，并不是让被收购企业的股东真正享受所得税的免税待遇，而是支持企业并购重组，允许其递延缴纳企业所得税而已。

【案例分析 48：某企业收购股权的财务和特殊性税务处理分析】

（一）案情介绍

A 公司以本企业 20% 的股权（股本 1 000 万元，公允价值 5 700 万元）和 300 万元现金作为支付对价，收购 C 公司持有的 B 公司 80% 的股权（计税基础 1 000 万元，公允价值 6 000 万元）。由于 A 公司收购 C 公司股权的比例大于 50%，股权支付占交易总额比例为：5 700 ÷ 6 000 = 95%，大于 85%，假定同时符合特殊处理的其他条件。企业所得税率为 25%，根据材料进行有关的税务和财务处理。

（二）税务处理

依据财税〔2009〕59 号文件规定，C 公司可暂不确认转让 B 公司股权的全部转让所得，但应确认取得非股权支付额 300 万元现金对应的股权转让所得，即应确认股权转让所得为：（6 000 - 1 000）×（300 ÷ 6 000）= 250 万元。C 公司取得现金资产的计税基础应为 300 万元，取得 A 公司股权的计税基础应为：1 000 + 250 - 300 = 950 万元。

（三）财务处理

（1）C 公司（A 和 C 非同一控制）的财务处理。

借：长期股权投资——A	57 000 000
银行存款	3 000 000
贷：长期股权投资——B	10 000 000

投资收益　　　　　　　　　　　　50 000 000

C公司取得的“长期股权投资——A”计税基础为950万元，投资收益中只确认应纳税所得250万元，调减应纳税所得额＝5 000－250＝4 750万元。该调减应纳税所得额的财务和税务处理如下。

在财务处理上：

借：所得税费用——应交企业所得税

11 875 000（4 750万元×25%）

贷：递延所得税负债　　　　　　　　11 875 000

在税务处理上：

C公司在企业所得税汇算清缴中发生的特殊性税务处理，填写A105100“企业重组及递延纳税事项纳税调整明细表”时，应进行纳税调减，填写示范如表7－1所示。

表7－1　A105100“企业重组及递延纳税事项纳税调整明细表”

行次	项目	一般性税务处理			特殊性税务处理（递延纳税）			纳税调整金额
		账载金额	税收金额	纳税调整金额	账载金额	税收金额	纳税调整金额	
		1	2	3(2－1)	4	5	6(5－4)	7(3＋6)
1	一、债务重组							
2	其中：以非货币性资产清偿债务							
3	债转股							
4	二、股权收购				50 000 000	2 500 000	－47 500 000	－47 500 000

假设将来以10 000万元转让“长期股权投资——A”，投资收益为：10 000－5 700＝4 300万元，而应纳税所得＝10 000－950＝

9 050 万元，调增应纳税所得额 =9 050 －4 300 =4 750 万元。调增应纳税所得额的财务和税务处理如下。

在财务处理上：

借：递延所得税负债　11 875 000（4 750 万元 ×25%）

　　贷：所得税费用——应交企业所得税　　11 875 000

在税务处理上：

C 公司在转让股权当年度的企业所得税汇算清缴中，填写 A105030“投资收益纳税调整明细表”时，应进行纳税调增处理，填写示范如表 7 －2 所示。

（2）A 公司的账务处理。

借：长期股权投资——B　　60 000 000

　　贷：股本　　10 000 000

　　　　资本公积——股本溢价　　47 000 000

　　　　银行存款　　3 000 000

A 公司如果以被收购企业股权 950 万元 + 现金 300 万元 = 1 250 万元作为计税基础，则 A 公司将来转让该投资反而要多缴税。为什么？因为资本公积溢价是不缴企业所得税的，现在没有调减，将来却要调增（这就是个问题，因此收购企业取得被收购企业股权的计税基础，以被收购股权的原有计税基础确定的被收购股权，应当理解为被 C 公司购买的 A 公司股权计税基础 6 000 万元）。

（二）资产收购企业所得税的税务处理及例解

根据财税〔2009〕59 号文件的规定，资产收购企业所得税的税务处理分为一般性的税务处理和特殊性的税务处理。两者的税务处理有很大的不同，现分别介绍如下：

表 7－2　　**A105030"投资收益纳税调整明细表"**

行次	项　目	持有收益			处置收益							纳税调整金额
		账载金额	税收金额	纳税调整金额	会计确认的处置收入	税收计算的处置收入	处置投资的账面价值	处置投资的计税基础	会计确认的处置所得或损失	税收计算的处置所得	纳税调整金额	
		1	2	3(2－1)	4	5	6	7	8(4－6)	9(5－7)	10(9－8)	11(3＋10)
1	一、交易性金融资产											
2	二、可供出售金融资产											
3	三、持有至到期投资											
4	四、衍生工具											
5	五、交易性金融负债											
6	六、长期股权投资				4 300 万元	9 050 万元	5 700 万元	950 万元	4 300 万元	9 050 万元	4 750 万元	4 750 万元
7	七、短期投资											
8	八、长期债券投资											
9	九、其他											
10	合计(1＋2＋3＋4＋5＋6＋7＋8＋9)				4 300 万元	9 050 万元	5 700 万元	950 万元	4 300 万元	9 050 万元	4 750 万元	4 750 万元

1. 资产收购的一般性税务处理

根据财税〔2009〕59 号文件的规定，资产收购的一般性税务处理应按照以下规定进行：

（1）被收购方应确认资产转让所得或损失。

（2）收购方取得资产的计税基础应以公允价值为基础确定。

（3）被收购企业的相关所得税事项原则上保持不变。

基于以上规定可知，在一般税务处理下，资产收购的所得税处理和一般意义上的企业资产买卖交易（资产转让）的税务处理原则是完全一致的，即被收购方按资产的市场价格或公允价值，与计税基础的差额确认资产转让所得或损失。收购方如果是用非货币性资产进行交换的，应分两步走，先按公允价值销售确认非货币性资产转让所得或损失，再按公允价值购买资产。由于资产收购不涉及企业法律主体资格的变更，因此，被收购企业的相关所得税事项原则上保持不变。

2. 资产收购的特殊性税务处理

（1）特殊性税务处理的条件

根据财税〔2009〕59 号文件的规定，资产收购的特殊性税务处理应同时符合以下 5 个条件：

①资产收购要有合理商业目的。

②资产收购不能以减少、免除或者推迟缴纳税款为主要目的。

企业如果以减少、免除或者推迟缴纳税款为主要目的，刻意使资产收购中的股权支付比例符合特殊性税务处理的，税务机关可予以否决。

③企业在收购另一家企业的实质经营性资产后，必须在收购后的连续 12 个月内仍运营该资产，从事该项资产以前的营业活动。

比如，甲企业购买了乙企业的一个玩具生产车间，如果其在购买后 12 个月内，将玩具生产线变卖，利用该场地重新购置设备从事服装加工，则不能适用资产收购的特殊性税务处理。

④资产收购中受让企业收购的资产不低于转让企业全部资产的 50%，且受让企业在该资产收购发生时的股权支付金额不低于其交易支付总额的 85%。

在计算以上 50% 和 85% 的比例时要注意两点：

一是在计算受让企业收购的资产不低于转让企业全部资产的 50%，应以转让企业原来资产的计税基础进行确定。由于财税〔2009〕59 号文本身没有明确计算有关 50% 比例的资产价值应当使用公允价值还是计税基础。但从交易过程判断来看，转让企业可能有一部分资产并没有实际参加交易，这部分资产的公允价值是不易合理确定的，而且特殊处理的本意是要延续其计税基础。因此，计算此处有关资产比例前提指标时，还是应当以计税基础为数据来源。

二是计算股权支付金额不低于其交易支付总额的 85% 时，应以公允价值进行确定。

（2）资产收购的特殊性税务处理

根据《财政部 国家税务总局关于企业重组业务企业所得税处理若干问题的修订》（财税〔2009〕59 号文件）、《财政部 国家税务总局关于促进企业重组有关企业所得税处理问题的通知》（财税〔2014〕109 号）的规定，在对资产收购业务进行特殊性税务处理时，应同时符合以下条件：①转让企业取得受让企业股权的计税基础，以被转让资产的原有计税基础确定；②受让企业取得转让企业资产的计税基础，以被转让资产的原有计税基础确定。

总之，受让企业收购的资产不低于转让企业全部资产的 50%，即通常所说的资产收购应当近似于企业的一个整体资产转让行为，仅涉及少部分营业资产的转让不适用特殊性税务处理。同时，股权支付的金额不低于其交易支付总额的 85%。只有以上条件同时满足，资产收购才能适用特殊性税务处理。

【案例分析50：某企业资产收购的财务和特殊性税务处理分析】

（一）案情介绍

A公司于2021年1月1日将非现金资产转让给B公司，B公司向A公司支付本公司股权和非股权支付额，完成A公司资产转让（具体构成见表7-3、表7-4）。

表7-3　　B公司支付资产构成情况　　单位：万元

类别	账面价值	公允价值	计税基础	备注
股权支付	6 250	14 000	6 250	
债券	400	800	450	
现金	200	200	200	
合计	6 850	15 000	6 900	

表7-4　　A公司转让时点资产构成情况　　单位：万元

类别	账面价值	公允价值	计税基础	备注
生产线	4 000	5 500	4 500	转让
办公楼	3 000	9 000	3 400	转让
存货	1 000	500	1 100	转让
货币资金	150	150	150	不转让
合计	8 150	15 150	9 150	

根据以上材料分析其中的财务和税务处理。

（二）税务和财务处理分析

1. A公司方面的转让涉税分析

首先，特殊税务处理的法律依据。

根据财税〔2009〕59号第五条、第六条和《财政部 国家税务总局关于促进企业重组有关企业所得税处理问题的通知》（财税〔2014〕109号）文件的规定，交易各方对其交易中的股权支付部分，可以按以下规定进行特殊性税务处理：“资产收购，受让企业收购的资产不低于转让企业全部资产的50%，且受让企业在该资产收购发生时的股权支付金额不低于其交易支付总额的85%，可以选择按以下规定处理：①转让企业取得受让企业股权的计税基础，以被转让资产的原有计税基础确定。②受让企业取得转让企业资产的计税基础，以被转让资产的原有计税基础确定。”

受让企业B公司收购的资产占转让企业A公司全部资产的比例＝交易前收购资产的计税基础÷交易前全部资产的计税基础＝9 000÷9 150×100%＝98%＞50%

受让企业B公司在该资产收购发生时的股权支付金额占其交易支付总额的比例＝14 000÷15 000×100%＝93%＞85%

假设其他条件亦符合规定，则上述A公司的资产转让应适用特殊性税务处理。A公司资产转让应适用免税重组，即不确认资产转让所得或损失。

其次，计算非股权支付额应纳税所得额。

财税〔2009〕59号第六条规定：“企业重组符合本通知第五条规定条件的，交易各方对其交易中的股权支付部分，可以按以下规定进行特殊性税务处理：重组交易各方按本条（一）至（五）项规定对交易中股权支付暂不确认有关资产的转让所得或损失，其非股权支付仍应当在交易当期确认相应的资产转让所得或损失，并调整相应资产的计税基础。非股权支付对应的资产转让所得或损失＝（被转让资产的公允价值－被转让资产的计税基础）×（非股权支付金额÷被转让资产的公允价值）。”

《国家税务总局关于企业重组业务企业所得税征收管理若干问题的公告》（国家税务总局公告2015年第48号）第一条第（三）项规定：“资产收购中当事各方，指收购方、转让方。”第一条第（二）项规定：“股权收购中当事各方，指收购方、转让方及被收购企业。”基于以上税法规定，资产收购和股权收购中的收购方、转让方及被收购企业，对交易中股权支付暂不确认有关资产的转让所得或损失，其非股权支付仍应当在交易当期确认相应的资产转让所得或损失。

因此，本案例中，非股权支付对应的资产转让所得 =(15 000 - 9 000) ×(1 000 ÷ 15 000) = 400 万元。应纳税额为：400 × 25% = 100 万元。

再次，确定收到股权及非股权支付的计税基础。

依据财税〔2009〕59 号第六条规定：“企业重组符合本通知第五条规定条件的，可以选择按以下规定处理：1. 转让企业取得受让企业股权的计税基础，以被转让资产的原有计税基础确定。”由规定可知：转让企业取得受让企业股权的计税基础，以被转让资产的原有计税基础确定。被转让资产的原计税基础是 9 000 万元，转让企业取得股权的计税基础应是 9 000 万元的一部分。转让企业取得债券的计税基础应该是其公允价值 800 万元，取得现金 200 万元。由于非股权支付部分对应的转让资产需要确认 400 万元的所得，即这些非股权支付部分对应的转让资产的原计税基础应是：1 000 - 400 = 600 万元，则转让企业取得股权对应的被转让资产的原计税基础是：9 000 - 600 = 8 400 万元或 9 000 + 400 - 1 000 = 8 400 万元。即非股权支付额的计税基础应为公允价值，取得收购企业股权的计税基础应为被收购企业股权的原计税基础，加上非股权支付额对应的股权转让所得，减去非股权支付的公允价值。

最后，A 公司的会计处理及纳税调整分析。

借：长期股权投资	140 000 000
交易性金融资产	8 000 000
银行存款	2 000 000

贷：固定资产——生产线　　　　　　40 000 000

　　　　　　——办公楼　　　　　　30 000 000

　　库存商品　　　　　　　　　　　10 000 000

　　营业外收入——资产处置利得　　　70 000 000

A公司获得的长期股权投资的账面价值大于计税基础5 600（14 000－8 400）万元，增加未来期间的应纳税所得额，进而增加未来期间的应缴所得税，会计处理上视同应纳税暂时性差异，应确认与其相关的递延所得税负债。即：

借：所得税费用　　14 000 000（5 600万元×25%）

　贷：递延所得税负债　　　　　　　14 000 000

上述营业收入7 000万元当中，其中6 000（15 000－9 000）万元为特殊资产收购，暂不确认有关的资产转让所得，但400万元为非股权支付对应的资产转让所得，所以在当年汇算清缴时，可作纳税调减5 600（6 000－400）万元处理（时间性差异），1 000（9 000－8 000）万元为转让不动产和存货计税基础与账面价值差异。假设在以前年度进行了纳税调增处理，则可在当年度汇算清缴时作纳税调减处理。

A公司在当年度企业所得税汇算清缴时，应填写A105100“企业重组及递延纳税事项纳税调整明细表”，填写示范如表7－5所示。

当股权和债券今后卖出或清理时，则应在账面会计处理上，同时作纳税调增5 600（6 000－400）万元处理（时间性差异）。

2. B公司方面的转让涉税分析

（1）非股权支付额应纳税所得额。B公司非股权支付部分的债权投资产生的资产转让所得＝800－450＝350万元。

表 7-5 A105100“企业重组及递延纳税事项纳税调整明细表”

行次	项目	一般性税务处理			特殊性税务处理（递延纳税）			纳税调整金额
		账载金额	税收金额	纳税调整金额	账载金额	税收金额	纳税调整金额	
		1	2	3(2-1)	4	5	6(5-4)	7(3+6)
1	一、债务重组							
2	其中：以非货币性资产清偿债务							
3	债转股							
4	二、股权收购							
5	其中：涉及跨境重组的股权收购							
6	三、资产收购				60 000 000	4 000 000	-56 000 000	-56 000 000

(2) 确定取得转让企业资产的计税基础。依据《关于企业重组业务企业所得税处理若干问题的通知》(财税〔2009〕59 号)第六条和《财政部 国家税务总局关于促进企业重组有关企业所得税处理问题的通知》(财税〔2014〕109 号)的规定，交易各方对其交易中的股权支付部分，可以按以下规定进行特殊性税务处理：“资产收购，受让企业收购的资产不低于转让企业全部资产的50%，且受让企业在该资产收购发生时的股权支付金额不低于其交易支付总额的85%，可以选择按以下规定处理：2. 受让企业取得转让企业资产的计税基础，以被转让资产的原有计税基础确定。”由规定可知：

①转让企业取得受让企业股权的计税基础，以被转让资产的原有计税基础确定。生产线、办公楼及存货的原计税基础应该为9 000 万元。但是这部分9 000 万元的计税基础不仅对应B公司的发行股份，也对应B公司转移的债券投资和现金。由于转移债券

投资和现金的部分还是适用一般性税务处理规定的，按照等价交换原则判断，这部分转移债券和现金取得的收购资产的计税基础之前已推断为600万元，因此与股权支付部分对应的“生产线、办公楼及存货”部分，应按原计税基础8 400万元确定。

②以公允价值为标准，可得出生产线、办公楼及存货的计税基础。与非股权支付部分对应的“生产线、办公楼及存货”的计税基础为600万元，因此，合计判断取得“生产线、办公楼及存货”的计税基础应是8 400 + 600 = 9 000万元。至于9 000万元在具体这三种资产之间应该如何分配，按照其各自公允价值进行比例分配。

生产线计税基础 = 9 000 × 5 500 ÷（5 500 + 9 000 + 500）× 100% = 3 300（万元）

办公楼计税基础 = 9 000 × 9 000 ÷（5 500 + 9 000 + 500）× 100% = 5 400（万元）

存货计税基础 = 9 000 − 3 300 − 54 000 = 300（万元）

3. B公司的会计处理及纳税调整分析

B公司用股权支付和支付补价（债券和现金1 000万元）与A公司的不动产和存货进行交换，应按照非货币性交换进行会计处理。即B公司换入A公司的不动产和存货的入账价值 = B公司换出资产的公允价值14 000 + 支付的补价（债券和现金）1 000 = 15 000万元。

B公司换入A公司的生产线、办公楼和存货以各自的公允价值占总公允价值的比例进行分配：

生产线的入账价值 = 15 000 × 5 500 ÷ 15 000 = 5 500（万元）

办公楼的入账价值 = 15 000 × 9 000 ÷ 15 000 = 9 000（万元）

存货的入账价值 = 1 500 × 500 ÷ 15 000 = 500（万元）

则会计处理为：

借：固定资产——生产线　　55 000 000

　　　　　　——办公楼　　90 000 000

　　库存商品　　5 000 000

　　贷：长期股权投资　　62 500 000

　　　　交易性金融资产　　4 000 000

　　　　库存现金　　2 000 000

　　　　投资收益　　81 500 000

投资收益8 150万元中，其中7 750（14 000－6 250）万元为特殊重组收益，暂不确认有关资产的转让所得，因此，在当年汇算清缴时应纳税调减7 750万元。350（800－450）万元是非股权支付，应确认资产转让所得，另外的50（8 150－7 750－350）万元是账面价值6 900万元与计税基础6 850万元的差额，如以前年度已进行了纳税调增，可在所得税汇算清缴时进行纳税调减。

B公司在当年度企业所得税汇算清缴时，应填写A105100“企业重组及递延纳税事项纳税调整明细表”，填写示范如表7－6所示。

表7－6　A105100“企业重组及递延纳税事项纳税调整明细表”

行次	项目	一般性税务处理			特殊性税务处理（递延纳税）			纳税调整金额
		账载金额	税收金额	纳税调整金额	账载金额	税收金额	纳税调整金额	
		1	2	3(2－1)	4	5	6(5－4)	7(3＋6)
1	一、债务重组							
2	其中：以非货币性资产清偿债务							
3	债转股							

续表

行次	项目	一般性税务处理			特殊性税务处理（递延纳税）			纳税调整金额
		账载金额	税收金额	纳税调整金额	账载金额	税收金额	纳税调整金额	
		1	2	3(2－1)	4	5	6(5－4)	7(3＋6)
4	二、股权收购							
5	其中：涉及跨境重组的股权收购							
6	三、资产收购				77 500 000	0	－77 500 000	-77 500 000

参考文献

［1］曾弘毅．股权激励实操手册［M］．天津：天津人民出版社，2020.

［2］罗中赫．合伙人制度［M］．北京：中国纺织出版社，2021.

［3］李琼嘉．合伙人思维［M］．北京：中国纺织出版社，2021.

［4］仝宝雄．公司控制权顶层设计［M］．北京：中国纺织出版社，2021.

［5］于胜．股权最重要的事［M］．北京：中国人民大学出版社，2020.

［6］单海洋．非上市公司股权激励实操手册［M］．北京：中信出版社，2017.

［7］卢庆华．公司控制权［M］．第2版．北京：机械工业出版社，2021.

［8］王美江．合伙人裂变与股权密码［M］．北京：人民邮电出版社，2019.

［9］单海洋．别让股权陷阱害了你［M］．北京：北京大学出版社，2019.

［10］藏其超．股权战略［M］．广东：广东经济出版社，2016.

［11］周晓林，董冬冬．股权控制战略［M］．北京：人民邮电出版社，2019.

［12］郑指梁，吕永丰．合伙人制度［M］．北京：清华大学出版社，2017.

［13］杨晓刚．股权激励一本通［M］．北京：人民邮电出版社，2017.

［14］郑指梁．合伙人制度［M］．北京：清华大学出版社，2020.

［15］顾鸣杰，周全．股权思维［M］．北京：中国纺织出版社，2021.

［16］李利威．一本书看透股权架构［M］．北京：机械工业出版社，2020.

反侵权盗版声明